제주 해민정신의 이해

육짓것의 제주 문화 읽기

육짓것의 제주 문화 읽기
제주 해민정신의 이해

초판 1쇄 발행 2023년 12월 20일

지은이 최미경
펴낸이 장길수
펴낸곳 지식과감성#
출판등록 제2012-000081호

교정 김서아
디자인 정윤솔
편집 정윤솔
검수 이주희, 이현
마케팅 김윤길, 정은혜

주소 서울시 금천구 벚꽃로298 대륭포스트타워6차 1212호
전화 070-4651-3730~4
팩스 070-4325-7006
이메일 ksbookup@naver.com
홈페이지 www.knsbookup.com

ISBN 979-11-392-1532-8(03980)
값 18,000원

• 이 책의 판권은 지은이에게 있습니다.
• 이 책 내용의 전부 또는 일부를 재사용하려면 반드시 지은이의 서면 동의를 받아야 합니다.
• 잘못된 책은 구입하신 곳에서 바꾸어 드립니다.

지식과감성#
홈페이지 바로가기

제주 해민정신의 이해

육짓것의
제주 문화 읽기

최미경 지음

발간사

    송성대 교수님의 퇴직을 기다려 이어도연구회의 연구위원으로 모셨다. 대학자답게 매일같이 출근하여 온종일 책을 읽다 가시는 일상이었다. 그러한 일상 중에서 젊은 연구원들의 스승이 되어 해양아카데미 강의를 해 오셨다. 그의 강의는 늘 감탄할 만큼 명쾌했다. 돌아가시기 직전까지 이어도연구회의 연구위원으로 넘치는 역할을 해 주셨다. '이어토피아', '이어도 항로'라는 신조어를 탄생시킨 장본인이기도 하다.

    나이가 든다는 건 나를 아끼는 스승, 선배, 친구가 세상을 떠나는 소식을 담담히 받아들여야 하는 숙명을 요구한다. 2021년 1월 송성대 교수님이 돌아가셨다. 그와의 이별을 준비하지 못했던지라 그를 떠나보내는 마음을 추스르는 데 힘이 들었다. 나는 송 교수님이 떠나고 나서야 그의 학문적 궤적을 짚어 보았다. 가늠하기 힘든 그의 지적 용량, 칼날 같은 비판, 미래를 내다보는 혜안이 부러웠다. 연구의 깊이와 폭을 재단할 수 없는 대학자의 저서 『문화의 원류와 그 이해』에는 제주인의 지역 정신은 해민정신이고 제주를 선도해 온 세력은 해민이었다는 주장을 펼친다. 그의 주장을 뒷받침하는 방대한 자료를 웬만한 학문적 관심이나 애정 없이는 읽어 내는 일조차 쉽지 않은 일이었다. 그의 책을 읽고 두 번에 걸쳐 제주의 소리에 칼럼을 쓰는 데도 엄청난 노력을 요구했다.

나는 제주인의 집단 무의식 속에 해민정신이 전해져 왔다는 그의 의견에 동조한다. 그리고 그가 주장한 해민정신이 미래의 제주를 이끌 제주 정신이라고 생각한다. 우선 그의 해민정신을 널리 알리는 일이 중요하다고 생각했다.

작가 최미경은 이어도연구회에서 가장 가까이, 가장 오랫동안 송성대 교수님을 모셨던 연구원이다. 고인도 최미경을 많이 아끼고 제주 문화와 육지 문화를 비교하는 데 많은 대화를 나눈 것을 지켜보았기에 적임자라고 생각했다. 가닥을 잡지 못해 애쓰는 최미경에게 말했다. "송 교수님과 나눈 이야기를 전해 주듯 써 보게. 감히 완벽히 해민정신을 쓸 수 있다는 오만을 버리게. 부족한 부분은 또 다른 학자가 이어 갈 것이네."

최미경이 쓴 『육짓것의 제주 문화 읽기』는 제주인이 아닌 육지인의 시각에서 본 해민정신에 대한 해석이란 점에서 의의가 있다고 생각한다. 학자 출신이 아니라 부족한 점도 있지만 나름 송 교수님의 주장을 알기 쉽게 잘 이야기해 주었다고 생각한다.

송 교수님과 함께했던 제주대학을 한번 돌아보았다. 내가 법정 대학 앞에 심은 토종 감나무는 홍시를 주렁주렁 매단 채 늙어 가고 있었다. 곱게 물든 감나무 잎이 나뒹구는 교정에서 송성대 교수님을 그리워하며 그의 학문적 업적이 『육짓것의 제주 문화 읽기』를 통해 많은 사람의 입에서 회자되기를 바란다.

제주대학교 前 총장
이어도연구회 이사장 고충석

서문

> "이 책을 송성대 교수님의
> 영전에 바칩니다."

 어느 날 송성대 교수님이 나를 부르시더니 파일 하나를 복사해 주셨다. 파일명은 '해민정신4판.hwp'였다. 어찌 이 파일을 제게 주시느냐 여쭸더니 "최 선생 공부하세요. 최 선생에게는 꼭 그럴 기회가 올 겁니다. 문장 해석력이 뛰어나니 공부하면 곧잘 할 겁니다."라고 하셨다.
 그때는 이 파일의 무게를 알지 못했다. 이후 1,000페이지에 달하는 『문화의 원류와 그 이해』를 주시면서도 나중에 공부하는 데 참고하라고 하셨다. 제주학센터에서 「이어도 설화 스토리텔링 방안 연구」라는 논문을 쓸 때 『문화의 원류와 그 이해』를 읽고 또 읽었다. 송 교수님은 내가 쓴 논문을 3일간에 걸쳐서 꼼꼼히 살펴 읽으시고 이어도연구회 학술발표회에서 여러 학자가 모인 데서 말씀하셨다. "최미경은 제주의 최경리가 될 겁니다."
 나는 당시 아무것도 가진 것 없이 아무것도 피울 수 없을 것 같은 황량한 겨울 들판에 서 있었다. 아무도 나의 가능성에 관심조차 없던 때였다. 송 교수님의 파격적인 칭찬에 장안에 모인 사람들의 눈이 내게로 쏠렸다. 나는 수줍은 겸손 대신 앞으로 나아갈 당당함을 선택했다. '그래 지금이라도 공부를 해 보자.'

그렇게 내 마음에 공부에 대한 열망의 씨앗 하나를 던져 주고 송 교수님은 두 달도 채 안 되어 돌아가셨다. 눈이 펑펑 내리는 날 송 교수님의 부음을 들었다. 슬픔도 아니고 원망도 아닌 묘한 감정으로 잠을 이루지 못했다. 교수님의 두꺼운 책을 차근차근 읽으며 날이 밝기를 기다려 조문을 했다.

송 교수님이 돌아가시자 고충석 총장님은 제주인의 지역 정신으로 '해민정신'의 의의에 대해 지대한 관심을 두기 시작했다. 『제주의 소리』에 두 번에 걸쳐 칼럼을 쓰시더니 급기야는 알기 쉽게 Rewriting 해 보라고 하셨다. 파일을 고쳐 쓰는 형식으로 Rewriting 작업이 진행 중일 때 제주대학교 지리학과 제자들이 스승의 뜻을 기려 『제주문화의 원류 해민정신』이라는 책의 출간을 앞두고 있다는 소식을 전해 왔다.

이제 어떻게 해야 하나 고민에 빠졌다. 이도 저도 할 수 없는 날들이 지나가고 있었다. 한 줄의 글도 쓰지 못하고 한 페이지의 책도 읽지 못했다. 작열하는 태양이 내리쬐는 해바라기 꽃밭에서 커피 한잔을 마시고 돌아와 낮잠에 빠졌다. 송 교수님이 꿈에 나타나 "최 선생. 뭘 그리 고민합니까? 최 선생 말로, 최 선생 문장으로 쓰세요."라고 말씀하셨다.

과감히 판을 뒤집었다. 그리고 송 교수님과 나눴던 대화를 떠올렸다. 교수님은 나에게 육지의 농촌 문화를 묻곤 하셨다. 그리고 제주의 풍속에 대해 말씀해 주길 즐기셨다. 생전에 교수님과 나눴던 말씀들을 기억해 내 점으로 나타내 보았다. 이 책은 그 점들을 모아 직선 하나를 그었을 뿐이다.

  제주인이 아니라 제주학의 관점에서 보면 잘못된 점도 있을 것이다. 학자가 아니라 학문적으로도 부족한 면이 있을 것이다. 어떠한 질타도 감내할 수 있는 용기를 주신 건 고충석 총장님이었다. "누가 송성대 교수님의 해민정신을 제대로 해석해 낼 수 있겠느냐. 장님 코끼리 만지기는 매한가지일 것이다. 어찌 보면 자네는 돌아가시기 전까지 가장 가까이서 대화를 많이 나눈 사람이 아니냐. 그 대화를 정리한다 생각하고 네 방식대로 써 보아라."라는 말씀에 용기를 내기로 했다. 쓰고 지우기를 반복하여 송 교수님의 거작을 감히 내 방식대로 설명해 보았다. 여기에 있는 모든 학문적 이론은 송 교수님의 말씀이다. 혹 내 학문이 부족하여 잘못된 내용이 있더라도 송 교수님은 이해해 주실 것이다. 이제 막 공부를 시작한 학생의 마음으로 이 글을 썼다는 점을 참작하여 독자 여러분의 애정 어린 이해와 관심 바란다.

2023년 12월
이어도연구회에서 최미경

목차

발간사 ··· 4
서문 ··· 7

1장 지리와 문화
1. 지리적 환경과 다양한 문화 ································· 14
2. 천리부동풍 백리부동속 ·· 19
3. 뜬 땅에 거센 바람 ·· 22
작가의 말 ··· 27

2장 제주인의 정체성
1. 신들의 벗 ·· 34
2. 해상왕국 탐라의 후예 해민 ································· 43
3. 자기 완결적 구조의 광풍촉석(狂風矗石) ············· 57
작가의 말 ··· 67

3장 제주의 지역 정신
1. 관제 이데올로기 삼무 정신 ································· 74
2. 개체적 대동주의 해민정신 ··································· 85
작가의 말 ··· 93

4장 척박한 환경
1. 석다가 만든 삶 ·· 98
2. 거대한 물허벅 한라산 ·· 112
3. 메마른 땅에 가난한 백성(地瘠民貧) ················· 122
작가의 말 ··· 135

5장 제주인의 삶과 문화

1. 의식주 이야기 ·· 142
2. 이어도 이야기 ·· 154
3. 궨당 이야기 ··· 165
작가의 말 ·· 171

6장 여성 중심 사회

1. 여성 중심 사회 ·· 178
2. 경제적 주체로 살아온 해녀 ································ 191
3. 해녀가 짊어지는 삶의 무게 ································ 203
작가의 말 ·· 213

7장 느영나영 따로 또 같이

1. 개체적 자작농의 평등 사회 ································ 220
2. 노동 등가의 수눌음 ·· 233
3. 배타성 이야기 ·· 244
작가의 말 ·· 253

8장 제주인의 삶 속에 나타난 해민정신

1. 안거리-밖거리 주거 경관의 독립성 ····················· 260
2. 제주 해녀의 공동체 문화 ···································· 274
3. 관용적 신앙 공동체의 개방성 ····························· 290
작가의 말 ·· 300

참고문헌 ·· 303

1장

지리와 문화

1. 지리적 환경과 다양한 문화
2. 천리부동풍 백리부동속
3. 뜬 땅에 거센 바람

1. 지리적 환경과 다양한 문화

인간의 삶은 지리적 환경에 따라 그 모습이 달라진다. 강, 산, 산맥, 바다 등의 지리적 특성에 따라 인간이 할 수 있는 것과 없는 것이 나누어지기에 인간은 자연의 지배를 받는다.[1] 지리학에서는 자연환경이 인간의 생활 무대가 되어 삶을 변화시키는 데 능동적인 역할을 한다고 본다. 자연을 이해하면 그에 따른 현상으로 나타나는 문화를 보다 더 잘 이해할 수 있다.

문화지리학자 송성대는 『제주인의 해민정신』에서 "사면이 바다로 둘러싸인 지리적 특성에 의해 제주의 문화가 한반도 문화와 다를 수밖에 없다."라는 점을 설파했다. 증보판인 『문화의 원류와 그 이해』에서는 제주 문화를 한반도는 물론, 이웃 나라 일본과 중국과 비교해 설명하였다. 제주 섬의 문화는 반도인 '육지[2]'와 비교해도 독특한 점이 많이 있다. 송성대는 이러한 문화 현상에 대하여 '왜 다른가?'보다는 '어떻게 달라졌는가?'라는 질문을 갖고 제주의 독특한 문화를 탐구하는 것이 중요하다고 하였다.

인간의 삶은 지리적 환경에 따라 그 모습이 달라진다. 강, 산, 산맥, 바다 등의 지리적 특성에 따라 인간이 할 수 있는 것과 없는 것이 나누어지기에 인간은 자연의 지배를 받는다.[3] 지리학에서는 자연환경이 인간의 생활 무대가 되어 삶을 변화시키는 데 능동적인 역할을 한다고 본다. 자연을 이해하면 그에 따른 현상으로 나타나는 문화를 보다 더 잘 이해할 수 있다.

문화는 개인이나 인간 집단이 삶을 유지하면서 자연을 변화시켜 온 물질적, 정신적 과정의 산물이다. 성격이 개인의 운명을 결정하듯이 집단의 운명은 집단의 성격, 즉 지역 정신에 따라 좌우된다. 그래서 각 집단은 시대에 따른 올바른 지역 정신을 찾아내어 집단의 발전을 꾀해야 한다.

지역 문화는 상징적이고 상상적인 매개체로 지역 정체성을 표현한다. 배타적 지역주의는 바람직하지 않지만, 삶의 이데올로기나 일관된 감정으로서의 주체적 지역주의는 지역의 정체성을 찾는 데 중요한 역할을 한다. 제주인의 정체성을 알아내기 위해서는 제주의 환경을 잘 관찰해야 한다. 제주의 환경을 고찰하면 우리 제주인만이 갖는 고유한 정신세계를 알 수 있다.

문화는 참으로 광범위한 의미를 지닌 말이다. 사회의 지적·음악적·예술적·문학적 결과물은 물론 의식주, 언어, 풍습, 종교, 학문, 예술, 제도 등 사람이 사회 속에서 배우고 전달받고 만들어 낸 생각이나 행동 방식을 모두 문화라고 한다. 일부 인류학자들은 '중층 기술(thick description)'로서의 문화를 강조하여, 사람이 일상적인 삶의 과정에서 행하는 모든 생활 방식을 문화라고 하기도 한다. 한 사회의 가치, 실천, 상징, 제도 인간관계 등이 모두 문화에 해당한다는 것이다.

문화지리학에서 문화는 현상이고 지리는 구조라고 한다. 문화지리학을 알면 세상을 재미있게 읽고 합리적인 문화를 창조해 낼 수 있다. 문화는 사회를 이해하고 각 사회에서 나타나는 차이점을 분석하며 그 사회의 정치경제적 발달을 설명하는 데 중요한 요소이다. 문화의 위상에 대하여 대니얼 패트릭 모니이헌(Daniel Patrick Moynihan)은 "보수의 핵심적 진리는 사회의 성공을 결정짓는 것이 정치가 아니라 문화이고, 진보의 핵심적 진리는 정치가 문화를 바꿀 수 있다고 생각하는 것"이라고 했다. 문화지리학은 자연과 사회학의 심연을 넘나들어 정신적 가치인 이념을 찾아내는 '지리학의 꽃'이라 할 수 있다.[4]

새뮤얼 헌팅턴(Samuel Huntington)은 『문명의 충돌(THE CLASH OF CIVILIZATIONS)』이라는 책에서 탈냉전 시대에 들어오면서 문화 정체성의 상징물이 중요해지기 시작했다고 주장한다. 깃발, 십자가, 초승달 같은 문화 정체성을 나타내는 상징물이 사람들에게 의미 있는 것으로 받아들여지고 있기 때문이다. 탈냉전 세계에서 사람과 사람을 가르는 가장 중요한 기준은 이데올로기나 정치, 경제가 아니라 문화이다.

제주도의 문화는 '화산재로 된 산고원야(山高原野)의 풍다도(風多島)'라는 환경을 기반으로 이해해야 한다. 제주인들은 지리적으로 독특한 환경에서 한반도와는 다른 독특한 제주만의 문화를 형성해 왔기 때문이다.

지역 문화는 해당 지역 사람들이 살아가는 삶의 특성을 가장 잘 보여 줄 수 있다. 특히 제주는 한반도와 멀리 떨어져 있는 지리적 특성 때문에 지역 문화의 독창성이 잘 보전되어 있는 곳이다. 현대 사회의 문화는 그 지역의 집단만이 누리는 것이 아니다. 인류 보편적이면서도 사람들의 마음을 움직여 감동을 줄 수 있는 특수성을 가진 것이라면 무엇이든 재창조하고 산업화함으로써 높은 부가가치를 올릴 수 있는 매우 중요한 콘텐츠이기 때문이다.

제주는 어느 지역보다 문화의 다양성을 많이 간직한 곳이다. 해양문화적 요소, 독자성과 토착성, 민중성 등이 그것이다. 지배 계급 중심의 역사를 형성한 한반도와 달리 제주는 민중 지향 성향이 특히 강하다. 이데올로기나 학문적 이념보다 생존·생활 속에서 나타난 삶의 문화가 강한 토착성을 형성하였다. 한반도에서 멀리 떨어진 제주에서 나타난 독특한 문화는 그 어느 지역보다 척박한 자연환경을 터전으로 나타난다. 이러한 환경에서 살면서도 자존적 삶을 살았던 제주인의 정체성은 무엇이고 지역정체성은 무엇일까?

지역 정신은 지역 정체성(Jejuian Identity), 제주성(Jejuity)에서

찾을 수 있다. 혁신적 변화에서 제주성의 개념을 찾아내는 것도 중요하지만 제주성이라는 개념을 매개로 하여 얻을 수 있는 현실적인 시대정신이 무엇인지를 찾아내는 일이 더 중요하다. 지역의 혁신을 위해서는 먼저 지역 정신이 무엇인지부터 알아야 한다. 일상적인 자원이라도 그 가치를 찾아내고 발전시켜 새로운 가치를 창출할 수 있어야 한다. 급변하는 시대에서 제주인은 변화에 대한 두려움 없는 혁신자가 되어야 한다. 풍요롭고 의미 있는 생활을 영위하기 위한 최선의 적응 전략을 세우는 것이 혁신자들의 몫이다. 제주성을 세계화하려는 데 급급해하지 말고 세계적으로 보편타당한 정신을 찾아내는 것이 중요하다. 시대에 맞는 보편타당한 지역 정체성을 부각하여 지역 발전을 이루기 위한 부단한 노력이 필요하다. 이런 제주인의 정체성을 대변할 정신이 바로 해민정신이다.

  송성대는 한반도와 멀리 떨어진 척박한 화산섬에서 바다를 배경으로 부지런하고 검소한 생활로 자기 완결적 구조를 갖추고, 개체적 대동주의를 실천하며 살아온 제주인들을 '해민'이라고 정의하였다. 때론 자연에 맞서고 때론 순응하면서 생성한 삶의 방식이 개체적 대동주의, 즉 '해민정신'이라고 주장하였다. 이 책은 제주 해민들의 삶 속에 나타난 해민정신을 통해 미래 세대들에게 전해 줄 제주인의 지혜와 슬기를 찾아가는 여정이 될 것이다.

2. 천리부동풍 백리부동속

중국에는 '천리부동풍(千里不同風), 백리부동속(百里不同俗)'이라는 말이 있다. 천 리 밖 사람들의 습관이 같지 않고, 백 리 밖 사람들의 풍습이 다르다는 말이다. 프랑스의 "피레네산맥 이쪽의 정의(正義)가 저쪽에서는 불의(不義)다."라는 말과 일맥상통하는 말로 지리적 환경에 따라 문화가 다름을 나타내는 말이다.

지리학은 '무엇' 못지않게 '왜'라는 질문이 중요하다. 제주에 관한 수많은 책이 있다. 토박이들이 쓴 책도 있고 육지인이 쓴 책도 있다. 제주 토박이들이 쓴 책들은 제주 사람들이 살아온 모습을 생생히 들려주고 육지인들이 쓴 책은 제주의 독특한 자연환경에 대한 감상을 생생히 들려준다. 그러나 왜 이렇게 척박한 환경에서 살게 되었는지, 어떻게 독특한 문화를 형성하게 되었는지에 대한 설명은 찾아보기 힘들다.

C. 라이트 밀스(Charles Wright Mills)는 사고만 하고 관찰하지 않거나, 관찰만 하고 사고하지 않음을 경계했다. 지리학은 관찰하여 기술하는 데는 익숙하나, 관찰하여 사고하는 데는 미숙한 부분이 있다. 지금까지 지리학은 과정보다는 현상에 관심이 집중되었기 때문이다. 왜 그렇게 되었는지에 따른 구조적인 문제를 따지지 않고 가시적인 것만으로 현상을 이해하려고만 하였다. 지리학자는 눈에 보이는 것만을 사진 찍어 보여 주는 카메라맨이 되어서는 안 된다. 보이지 않는 본질적인 요소를 탐구하고 그에 대한 상관관계를 밝혀내야만 진정한 지리학자라고 할 수 있다. 우리는 제주의 자연환경을 잘 관찰하여 화산재로 된 풍다도라는 독특한 환경이 제주 문화에 어떻게 영향을 미쳤는지 잘 살펴볼 필요가 있다. 지리학은 인간이 자연의 무엇을 왜 어떻게 이용하고 있는가를 탐구하는 학문이기 때문이다.[5]

중국에는 '천리부동풍(千里不同風), 백리부동속(百里不同俗)'이라는 말이 있다. 천 리 밖 사람들의 습관이 같지 않고, 백 리 밖에 사는 사람들의 풍습이 다르다는 말이다.[6] 프랑스의 "피레네산맥 이쪽의 정의가 저쪽에서는 불의다."라는 말과 일맥상통하는 말로 지리적 환경에 따라 문화가 다르다는 것을 나타내는 말이다.

지리학에서 '지역이란' 단순히 땅을 말하는 것이 아니라, 사람들이 사는 곳을 말한다. 땅과 인간은 상호 영향을 주고받으며 그 과정에서 독특한 지역성을 만들어 낸다. 지역성이라는 용어에는 문화의 다원성, 고유한 문화를 내포하고 있다. 지역 정신의 근원은 '지역 집단 보존의 욕구'이다.

지리적 환경에 따른 문화의 고유성은 지리학에서만 주창되는 것이 아니라 철학, 인류학 등 다른 분야의 학문에서도 거론된다.[7] 인류지리학에서는 인류의 거주 지역을 지도화하고, 민족의 분포를 토지와 관련지어 연구한다. 정신은 현실 세계에 주어진 여러 가지 조건에 의해 그 존재와 활동을 규제받고 있지만 동시에 이 현실 자체를 형성하는 힘이다.[8] 인류의 신체와 정신은 자연의 영향을 받기 때문이다.[9] 이렇게 인간은 지리적 특성에 따라 독특한 문화를 형성하며 다른 모습으로 살아간다.

마른 땅에 잘 자라는 식물이 있고 진 땅에 잘 자라는 식물이 있듯이 사람들도 자기가 처한 자연환경에 적응하면서 삶과 죽음을 반복해 왔다. 그렇게 살아가는 삶의 방식이 그 지역의 지역 문화라고 할 수 있다. 높은 한라산 아래 드넓게 펼쳐진 척박한 땅, 비바람마저 거센 제주에서 사람들은 어떤 지역 정신으로 자연을 극복하며 살아왔는지에 관한 이야기를 시작해 보려 한다.

3. 뜬 땅에 거센 바람

> 제주도의 지역 정신은 '화산회토로 된 산고원야(山高原野)의 풍다도(風多島)'라는 지리적 환경을 배경으로 설명해야 한다. 문화지리학에서 '문화'는 현상이고 '지리'는 자연, 즉 구조이다. 자연을 잘 이해하면 현상으로서의 문화를 잘 이해할 수 있다.

우리나라는 삼면이 바다로 둘러싸인 반도 국가이다. 제주도는 한반도에서 멀리 떨어져 온면(全面)이 바다로 둘러싸인 섬이다. 섬의 한가운데 우뚝 솟은 한라산 백록담에는 여름까지도 겨우내 쌓인 눈이 녹지 않아 녹담만설(鹿潭晚雪)을 이루며 자연 경관적 가치가 매우 뛰어나다.

한라산은 대한민국에서 가장 높은 산이다. 초등학교 때, 우리나라에서 가장 높은 산은 백두산이고 두 번째로 높은 산은 한라산이라고 배웠다. 그때만 해도 남북으로 분단된 지 얼마 되지 않은 상황이었다. 분단의 아픔은 희미해졌지만, 분단의 골은 더 깊어졌다. 우리나라에서 가장 높은 산을 백두산이라고 하기에는 민망한 상황이 되었으니 한라산이 대한민국에서 가장 높은 산이라고 해 두자.

한라산은 망망대해를 항해하는 바다 생활자들에게 이정표 역할을 할 만큼 높은 산이다. 높이에 따라 산악 지대, 중산간 지대, 해안 지대로 구분한다. '장님 코끼리 만지듯'이란 말은 어느 일면만 보고 전체를 안다고 생각하는 사람들에게 하는 말이다. 꼬리를 만진 장님은 코끼리가 부드러운 털로 되어 있다고 하고 상아를 만진 장님은 큰 뿔이 나 있다고 할 것이며, 다리를 만진 사람은 기다란 기둥 같다고 할 것이다.

한라산이 그렇다. 제주시에서 보는 한라산은 깊은 골짜기가 거대한 암석을 덮은 형태로 웅장하다. 백록담과 산록부 깊은 계곡이 아름다운 골짜기를 이룬 모습이다. 서귀포에서 보는 한라산은 손을 뻗으면 닿을 듯 말듯 훨씬 가깝게 느껴진다. 부드러운 곡선 형태로 어머니의 품에 안긴 듯 포근한 느낌이 든다. 해거름 무렵 한복 저고리처럼 길게 늘어진 산 그림자는 고즈넉한 신비감마저 자아낸다.

계절의 여왕 5월, 백록담에 흰 눈을 담뿍 담은 상태에서 한라산의 산허리에서는 진분홍빛 꽃신을 신은 듯 진달래가 피어난다. 2천여 종의 다양한 식물이 자생하고 있는 한라산은 동서남북 어디에서든 삶의 이정표가 되어 주었다. 제주시 사람들은 방향을 얘기할 때 '한라산 방향으로 100m 올라오라, 바다 방향으로 100m 내려오라.'라고 하고 서귀포 사람들은 반대로 말한다. 제주시에서는 한라산 방향이 남쪽이고 서귀포에서는 한라산 방향이 북쪽이기 때문이다.

한라산을 남북으로 나누면 제주시와 서귀포시가 되고, 동서의 끝에는 성산과 한경이 있다. 동서로 긴 타원형인 이 땅의 모습은 남북이 다르고 동서가 다르다. 동쪽에서는 바다에서 뜬 해가 하늘을 붉게 물들이며 한라산 골짜기로 지고, 서쪽에서는 한라산에서 뜬 해가 홍시처럼 익어 바다로 뚝 떨어진다.

〈한라산으로 지는 해〉
동쪽에서는 바다에서 해가 떠서
한라산으로 해가 진다.

〈바다로 지는 해〉
서쪽에서는 한라산에서 해가 떠서
바다로 해가 진다.

[그림 1] 제주의 일몰

제주인의 삶 역시 신비를 간직한 한라산과 닮았다. 우산 모양의 용암 평원 위에 화산재가 덮인 '뜬 땅'에서 강인한 모습으로 다채로운 삶을 살아왔기 때문이다. 지리학에서 '지역'이란 단순히 토지만을 의미하는 것이 아니라 그 토지에 사람들이 생활하고 있음을 전제한다. 이때 토지는 그 땅에 사는 사람들과 상호 영향을 주고받으며 상관자로서 존재하게 되며, 그 과정에 독특한 지역성이 나타난다.[10]

토양지리학에서는 화산재로 된 뜬 땅을 화산회토라고 한다. 세계적으로 0.3%밖에 분포하지 않은 화산회토는 제주도의 역사, 문화 형성과 불가분의 관계가 있다. 제주도는 전체 면적의 80%가 뜬 땅이다. 화산회토(火山灰土)인 '뜬 땅'은 아무리 많은 비가 오더라도 비가 그치고 나면 금방 부석부석 말라 버린다. 이러한 지형 때문에 제주에서는 물이 아주 귀했다. 비는 많이 내렸지만, 물을 머금을 수 없는 땅이었기 때문이다.

⟨동쪽 당근밭⟩
뜬 땅 동쪽에서는
뿌리채소를 심는다.

⟨서쪽 양배추밭⟩
된 땅 서쪽에서는
잎채소를 심는다.

[그림 2] 동쪽은 뜬 땅, 서쪽은 된 땅

그래서 제주에서는 논농사 대신 밭농사를 지었다. 작물이 뿌리를 내릴 수 있는 뜬 땅은 화산 활동기 때 북서풍의 영향을 받아 한라산 남동쪽 해안을 비롯해 화산 분출원 인근의 중산간 산악 지대에 널리 분포되어 있다. 동쪽인 성산, 남원 쪽은 화산회토라서 보리, 조, 콩 등 곡류의 품질이 좋지 않아 서쪽보다 경제적인 면에서 더 가난하게 살았다. 서쪽인 애월, 한경, 한림 등에서는 보리쌀이 하얗고 부드러워 맛이 좋아 쌀밥에 버금가는 맛이었다. 70년대 이후 상황은 역전되었다. 동쪽 땅은 배수가 잘되어 환금성 작물인 고구마, 무, 당근 등 뿌리채소가 잘 자라고 밀감 농사도 지을 수 있었기 때문이다.

서쪽 땅은 현무암(조면암)이 풍화하면서 생성된 용암 풍화토로 구성되어 있다. 색깔이나 성질이 화강암에서 생성된 흙과 비슷한 양상을 보인다. 생산력이 높은 암갈색 토양에서 유적지가 발견되고 고인돌이 세워진 것을 보면 고대 이래 사람들은 이런 토양에서 주로 거주해 왔음을 알 수 있다. 다소나마 점토질이 있어서 '된 땅'이라 부르며 대체로 갈색 토량은 한라산 북서부, 해발 200m 이하 해안 지대에 주로 분포한다. 유기물의 함량은 적지만 약산성 토양이라 화산재보다는 상대적으로 비옥하다. 제주에서는 화산 쇄설물인 자갈과 바윗덩어리가 많이 덮인 밭도 '작지왓(磊田)'이라 하여 귀히 여겼다. 그나마 자갈이 물을 머금고 있어 보수력을 높여 주기 때문이다.

작가의 말
이어도연구회와 송성대 교수님

송성대 교수님이 제주대학교 대학원장을 마치고 2010년 이어도연구회의 연구위원으로 오셨다. 나는 송성대 교수님을 송 원장님이라고 불렀다. 원장님의 출근을 앞두고 이사장이신 고충석 총장님이 말씀하셨다.

"자네가 일곱 번 윤회해야 만날 수 있는 대학자께서 연구회로 출근을 하시니 특별히 잘 모시도록 하게. 송 원장님 같은 대학자를 모시게 된 것을 영광으로 알고 원장님 책상이나 기타 등등 필요한 것들을 불편함이 없도록 준비해 드리게."

많은 훌륭한 분들이 연구회에 머물다 가셨지만 송 원장님은 진정한 어른이셨다. 점심때 총장님과 만나면 원장님은 후배인 총장님께도 깍듯한 예를 다했다. 송 원장님의 총장님에 대한 사랑도 지극하였다.

"최 선생. 제주에 고 총장만큼 고급 어휘를 사용하는 사람 본 적 있습니까? 없습니다. 내가 고 총장을 좋아하는 이유 중 가장 큰 이유는 융합적인 사고와 그의 박학다식함입니다. 성격이 급한 어른이라 보필하기 어려운 거 압니다. 그래도 큰어른을 모시다 보면 최 선생도 어느새 성장해 있을 겁니다. 힘내세요."라며 나에게 늘 격려의 말씀을 해 주셨다.

송 원장님은 이어도 해양아카데미 강사로도 활동하셨는데 매번 강의 평가에서 1위를 차지하였다. 그는 강의에서 고 총장님의 어머니 같은 분이 대표적인 해민이라고 하였다. 고 총장님의 자서전에는 해상 상인인 어머니를 소개하고 있다.[11]

"어머니는 소위 '해상 상인'이었다. 어머니는 조그만 발동선에 우도의 미역과 천초를 가득 싣고 부산과 여수의 거래처에 납품하였다. 지금 생각하면 그야말로 작은 발동선에 엄청나게 많은 미역과 천초를 싣고 그 먼바다를 다녔으니 상당히 도전적인 분이셨다. 내 어머님 같은 분들을 두고 오래전부터 제주 섬에서 전해오는 명언이 있다. '저승 돈 주워다가 이승에서 쓰는 사람'이라고 한다. 그만큼 목숨을 걸고 바다 건너 육지를 왕래했다는 뜻일 것이다."

송 원장님은 평상시에도 해상 상인이었던 고 총장님의 어머님뿐 아니라 당신의 어머님에 대한 사랑도 지극하셨다. 어찌 보면 제주 여성, 특히 제주 어머니의 힘에 대해 높은 가치를 부여하고 제주 여성이 육지 여성보다 강인한 힘이 있다고 말씀하셨다.

돌이켜 보면 미래학에도 관심이 많으셨다. 내가 대학원에 다닐 때 송 원장님은 내게 요즘 무슨 공부를 하느냐고 묻곤 하셨다. 나는 IOT 기술에 대해 말씀드렸더니 매우 관심 있게 들으시고는 과거보다 미래에 관심을 두어야 발전을 한다고 말씀하셨다. 어느 날엔가는 '화장실 줄 서기' 문화에 대해 설파하셨다. 당시 줄서기 문화는 지금처럼 '한 줄 서기'가 아니었다. 화장실 문이 5개면 각자 그 문 앞에 서 있는데 이러한 형태의 불합리성을 지적하며 한 줄 서기를 해야 한다고 하셨다. 그리고 몇 년 안 되어 한 줄 서기 문화가 생겨났다. 나는 혹시 한 줄 서기 문화를 송 원장님이 제안하셨나 하는 생각이 들기도 한다.

송 원장님이 해안동 단독 주택을 지어 이사하시고 나서 연구회 직원들을 초대한 적이 있었는데 나만 다른 일이 있어 참석하지 못했다. 원장님이 매우 아쉬워하셨다. 나는 아버지가 보내온 햅쌀 한 포대를 들고 원장님 댁을 따로 찾아갔다. 원장님이 어찌나 기뻐하시던지 슬리퍼 한 짝은 거꾸로 신고 나오셨다. 원장님은 2층 서재를 구경시켜 주셨다. 2층엔 도서관처럼 정말 많은 책이 있었는데 그 책장을 원장님이 직접 짜셨다며 자랑하셨다. 손자들이 오면 놀 수 있도록 집에 배드민턴 코트까지 갖추고 있었다.

돌담을 쌓은 에피소드도 들려주셨다. 돌에는 얼굴이 있어서 당신은 집 안쪽으로 돌담이 고르게 보이는 형태로 쌓았는데 동네 사람들이 고른 면이 바깥으로 향하게 해야 한다며 말이 많았다고 했다. 당신의 주장대로 고른 면이 집으로 향하게 담을 쌓았으나 집 안에는 화초나 채소를 심기 때문에 돌담이 많이 가려져 동네 사람들 의견대로 고른 면이 바깥으로 향하는 게 맞았다고 하셨다.

"그래서 제주말에 아기업게 말도 들어야 한다는 말이 있습니다. 돌담은 내가 잘못 생각한 겁니다."

대문 옆에는 공구를 모아 두는 창고가 따로 있었다. 그 공구 창고는 패트와 매트를 연상시켰다. 공구 창고가 너무 멋지다고 하자 원장님은 공구 창고를 만드는 일로 사모님과 견해차가 컸다면서 공구 하나하나의 쓰임을 설명해 주셨다. 사무실 집기도 고장 나면 공구함을 갖고 와서 고쳐 주셨다.

심장 수술을 받고 와서는 나에게 수술한 상처를 보여 주며 그 고통을 토로하셨다. 30cm가 넘는 흉터가 가슴에서부터 가로질러 배꼽까지 닿아 있었다. 큰따님 덕분에 좋은 병원에서 수술하고 입원 내내 과분한 대접을 받았다며 그 공을 갚기 위해서라도 건강해야 할 텐데 숨이 가쁘다고 하셨다.

나도 이후 큰 수술을 받았다. 그때야 원장님이 나에게 많은 위로를 받고 싶었는데 내가 너무 무심했다는 생각이 들었다. 퇴원하고 원장님을 뵀을 때 그 말씀을 드렸더니 내 어깨를 두드리며 말씀하셨다.

"우리 최 선생이 건강해야지요. 나는 우리 최 선생이 마치 큰딸처럼 든든하고 정겹습니다. 요즘은 몸이 많이 붓고 힘이 듭니다. 언제 가도 아쉬울 게 없는 나이고 이상할 게 없는 몸입니다. 이미 재산 상속도 다 마쳤습니다."

이때 이미 원장님은 자신의 앞날을 예견하신 듯하였다.

어느 날 원장님이 나에게 말씀하셨다.

"우리 최 선생은 부자 냄새를 압니까?"

"예? 부자 냄새요?"

"어릴 적 김식이 집에 가면 부자 냄새가 났습니다."

나는 그 냄새가 무엇이었냐고 여쭈었다.

"그 집에 가면 계피 냄새가 났습니다. 벽에서도 책에서도 계피 향이 배여 있었는데 그때 어찌나 그 냄새가 부럽던지요."

"그러셨어요? 원장님, 육지에서 계피차는 그리 귀한 음식은 아니에요. 저희 할아버지 살아 계실 때는 어머니가 수정과를 자주 했거든요."

한겨울에 항아리에서 설컹설컹 살얼음이 언 수정과를 떠서 먹으면 시원하고 맛

있었다.

"수정과는 어떻게 만듭니까?"

나는 계피를 끓인 다음 설탕을 조금 넣고 곶감이나 잣을 띄어 내는데 우리 집에서는 주로 곶감을 동동 띄워서 먹었다고 말씀드렸다.

"제주에서는 잣도, 곶감도 귀한 음식이죠. 제주에서는 음식이란 배고픔을 채우면 그만이었지 손님 접대용 음식이란 게 따로 없었죠. 나는 계피 냄새를 맡으면 어릴 적 추억이 떠오르면서 아주 풍족한 마음이 듭니다."

나는 종종 아이들에게도 만들어 주고 있다고 말씀드리며 겨울에 아버지가 곶감을 보내오면 수정과를 해서 가져오겠다고 말씀드렸지만, 약속을 지키지 못했다.

원장님은 일식집 머리 지리를 좋아하셨다. 그때는 원장님께 지리 한 그릇 사 드릴 형편도 시간도 없었다. 돌이켜 보면 내가 어렵고 곤궁한 처지에 나를 많이 응원하고 격려해 주신 분인데 고맙다는 말씀도 제대로 드리지 못했다. 그저 반갑게 손을 맞잡아 주시면 고개만 깊게 숙였다. 지금 나를 아끼는 사람들이 언제까지 내 곁에 있지는 않을 것이다. 그게 누구든 나에게 고마움을 베푼 분들에게는 그때그때 고맙다는 인사를 해야겠다고 생각했다.

2장

제주인의 정체성

1. 신들의 벗
2. 해상왕국 탐라의 후예 해민
3. 자기 완결적 구조의 광풍촉석(狂風矗石)

1. 신들의 벗

'신들의 고향'이라고 불리는 제주에는 수많은 신화와 민요가 전해진다. 다양한 자연 경관에 깃든 1만 8,000여 신을 벗 삼아 제주인들은 상상력을 키워 나갔다. 그리스 로마 신화 못지 않게 제주의 신화도 체계적이고 다채로운 이야기들이 가득하다. 신들이 충만한 세계를 만들었던 제주 선민들은 어딘가에 얽매이지 않고 자유분방함을 즐기며 신들의 벗으로 살았기에 고대 그리스인들의 정신세계와도 닮았다고 할 수 있다.

신화는 인류 문명의 모태이다. 문명의 많은 부분이 신화 속에 상징적으로 제시되어 있어 사람들은 신화에 많은 관심을 둔다. 특히 제주 신화는 본풀이라는 독특한 형태로 구전되고 있다. 일반적 명칭으론 서사 무가인 제주의 본풀이들은 제주 심방들이 구연하는 독특한 특성이 있다. 설화나 소설처럼 이야기 구조로 되어 있으면서 고정적인 인물이 등장하여 주인공을 중심으로 이야기가 진행되는 방식을 갖추며 무당이나 심방이 모시는 신의 유래와 능력 등에 관한 이야기로 무속 의식인 굿을 행하는 과정에서 구연이 되므로 무속 신화라고도 할 수 있다.

특히 본풀이는 전승되는 과정에서 구전문학이나 기록 문학의 자료를 수용하는 경우가 많다. 이것은 개방적 성격을 지닌 무속의 기본 특성으로 인해 사회의 변화에 따라 그것을 수용하여 새로운 형태로 발전시켜 나갔기 때문이다. 본풀이의 보편성과 개별성을 제대로 파악하여 새로운 형태의 콘텐츠로 만들어 나가는 것이 필요하다.[12]

'신들의 고향'이라고 불리는 제주에는 수많은 신화와 민요가 전해진다. 제주의 독특한 자연경관에 깃든 1만 8,000여 신을 벗 삼아 제주인들은 상상력을 키워 나갔다. 그리스 로마 신화 못지않게 제주의 신화도 체계적이고 다채로운 이야기들이 가득하다. 대별 왕과 소별 왕의 개벽 신화, 설문대 할망의 개국 신화를 비롯하여 자청비, 강림 차사, 남선비 등 수많은 신이 제주인의 삶 속에 좌정하고 있다. 이러한 신화들은 아직도 민간 신앙에서 구전되며 토속 신앙의 근거가 되고 있다.

외부와 철저히 격리된 섬이란 지형 조건은 제주 사람들에게 역경이

자 고난이었지만 한편으로는 다른 지역과 다른 독특한 무형 문화유산을 남겼다. 제주에서 전승되는 무속 의례 중 '제주칠머리당영등굿'은 1980년, 큰 규모를 자랑하는 '제주 큰굿'은 2001년 국가 무형 문화재로 지정되었다. 제주의 굿은 다채로운 제주 신화와 함께 마을 공동체에 전승되는 소중한 무형 문화유산이다. 제주의 굿은 주민들이 마을의 뿌리를 공유하고, 공동체의 무사 안녕을 함께 비는 소박한 믿음에서 비롯됐음을 알 수 있다.

바다를 배경으로 살아가는 제주인들에게 변화무쌍한 날씨는 생사를 보장할 수 없었다. 바다에서 목숨을 잃는 일이 허다해서 오늘날까지도 민간 신앙이 여전히 남아 있으며, 마을마다 토지나 주민의 생사화복 등 제반 사항을 수호하는 신을 모신 신당이 있다.

본향당은 마을의 최고의 당으로 '한집' 또는 '토주관(土主官, 土地官)'이라고도 부른다. 본향당의 신체(神體)는 신목(神木)인 경우가 일반적이며 그 옆에 당집이 있다. 본향당 신의 계보에 따라 분파가 되어 새로운 당이 설립되기도 하는데, 이를 '가지 가른 당'이라고 한다. 마을의 본향당에 본향당 신 이외에 각종 직분을 가진 신이 모셔지기도 한다. 육아·치병을 관장하는 일뤳당[七日堂], 사신(蛇神)계의 여드렛당, 어업을 관장하는 해신당(海神堂)·개당(浦堂)이 있으며, 한마을에 여러 개의 당이 공존하기도 한다.

본향당의 당제는 정기적인 의례와 부정기적인 의례로 나누어진다. 정기적 의례로는 신과세제(新過歲祭), 영등굿, 마불림제와 백중제(百中祭), 신만곡대제(新萬穀大祭) 등이 있다. 정기적인 의례에는 주로 부녀자들이 각각 제물을 등에 지고 와서 당에 모여 제를 지냈는데, 당제의 집행은 당에 매인 심방[堂專屬巫]이 맡는다. 특히 신과세제는 마을의 신년제로 음력 정월 초하루부터 보름 사이, 날짜를 잡아 제를 올리는데 송당 본향당의 신과세제는 음력 13일이다. 마을의 안녕과 생업의 풍요 등을 기원하는 제이지만 제물은 개별적으로 준비하는 것이 이채롭다. 이때 제물은 '가는 대구덕'에 담아 오는데 시어머니가 며느리가 시집올 때 장만해 주는 풍습이 있다. '가는 대구덕'은 정성을 쏟아 마련한 제물을 담거나 친척에게 부조할 음식을 담아 가는 대나무로 만든 바구니이다.

영등굿은 음력 2월 초하루와 13~15일 사이의 어느 날에 제를 올리는 것으로, 본향당에서 굿을 하지만 본향당 신을 위한 굿이라기보다 영등신을 모시는 굿이다. 어촌에서 이 굿은 소라·전복·미역 등 해녀 채취물의 풍요를 비는 데에 목적이 있다. 바다를 삶의 터전으로 살아가는 해녀의 삶에서 당집은 매우 신성시되는 곳이다.

제주시 동쪽 마을 하도리에서는 영등굿을 '요왕(용왕)맞이 굿'이라고도 한다. 하도리는 마을 규모가 커서 5~7일간에 걸쳐 굿을 하였고, 굿을 하는 기간은 마을 사람들의 축제이기도 하다. 하도리의 각시당은 옥황상제의 셋째 공주가 부왕의 명을 거역한 후 속세로 귀양 와 좌정하고 단골들을 보살피는 당신이 되었다는 것이다.

각시당의 영등굿은 본향당의 삼신할망의 신체를 모셔 오는 것에서부터 시작한다. 영등바람이 매섭게 몰아치는 날 마을 사람들은 가족의 안녕과 마을의 무사 안녕을 기원하며 바다에서는 풍어를, 농사에서는 풍농을 비는 의식을 갖는다. 당제를 지내는 해녀들의 모습은 어떠한 역경과 고난 속에서 가족을 위해 헌신하는 강인한 제주 여성의 삶을 떠올리게 했다.

하도리 각시당도 음력 2월 13일 영등할망(바람신)에게 해녀들과 어부 그리고 타지에 나가 있는 신앙민들의 무사 안녕과 풍요한 해산물 채취를 기원하는 의례를 치르는데 이곳의 심방은 하도리 본향당의 매인 심방이 모든 의례를 주도한다. 제주인들은 영등할망이 음력 1월 13일 제주에 들어와서 2월 15일에 우도로 나간다고 생각했다. 영등할망이 지나가면서 전복, 소라 등 해산물을 다 먹어 버려 영등할망이 지나간 길에는 해산물이 없다고 전해진다. 이때 사람들이 영등신에게 정성을 들이면 이를 가상히 여겨 바다와 땅에 씨를 뿌리고 지나간다고 믿었기에 영등굿을 하는 날에는 몸과 마음을 깨끗이 하고 정성을 다한다.

'요왕맞이'란 해신인 용왕을 맞이하는 제의 절차이다. 해양업에 종사하는 사람이면 바다 생활을 탈 없게 해 달라고 하고, 해상 사고로 바다에서 돌아가신 조상이 있다면 조상의 영혼을 빌어 드린다. 바다 생활에서 넋 나간 일이 있어, 그로 인해 시름시름 앓는 이가 있다면 '넋들임'의 제의로 용왕제에서 요왕맞이가 있다.

영등굿에서는 씨드림과 씨점 의례가 있다. 씨드림은 심방과 단골인 해녀들이 바다에 좁쌀을 뿌리는 의식을 말하는데 좁쌀을 뿌리는 것은 바다의 해산물의 씨앗을 뿌려 달라고 비는 의식이다. 심방은 영등제를 지내는 과정에서 좁쌀을 한 손 가득 쥐어 돗자리에 뿌려 씨점을 친다. 좁쌀이 잘 흩어져 멀리멀리 날아가는 정도를 보고 해산물의 풍흉을 점치는 의식이다. 씨점에서 좁쌀이 잘 흩어지지 않고 뭉치면 흉년이 든다고 예상했다. 이때 심방과 단골들은 좁쌀을 한두 되 정도 들고 바다로 나아가 뿌리면서 용왕님께 간절한 기도를 드리는 의식이 '씨드림'이다.

각시당의 단골 대부분은 해녀인데 이들은 각기 정성스럽게 준비한 제물을 제물 구덕에 담아와 제단에 올린다. 삶과 죽음의 경계를 오가는 해녀들로서는 신에게 의존하는 것은 당연한 일인지도 모른다. 모든 이들의 무사 안녕을 기원하는 굿판이 끝날 무렵에는 각자 갖고 온 쌀로 쌀점을 봐 주며 심방의 액막이가 끝나고 각자 준비해 온 재물들을 조금씩 떼서 바다에 바치는 의례(고시레)를 하며 바다를 향하여 올 한 해 바다에서 무탈하기를 바라는 간절한 기도를 올리는 것으로 한 판 굿을 마무리한다.

갯ᄀ 용녀 부인님은
이디 각시당 뱅듸에
ᄒ두디 간 좌정 ᄒ연,
가는 선(船) 오는 (船)
일만 해녀 ᄎ지 ᄒ여
어물 어장선을 ᄎ지 하여,
외지간 ᄎ손 타국간 ᄎ손
앞길을 볼라주던 한집님.

[그림 3] 하도리 각시당

각시당은 해녀들이 삶의 터전으로 삼고 있는 바닷가에 있다. 지금은 각시당이 위치한 곳에 해안 도로가 생기고 '올레길'이 지정되면서 당제가 열리는 날엔 올레꾼과 관광객들이 독특한 제주 굿을 관람하기 위해 많이 찾고 있다. 각시당 안내판에는 본풀이의 내용이 적혀 있다. 안사인 심방의 '이어도 요왕국 본풀이'의 내용도 비슷하다. 이어도 요왕국 본풀이에는 요왕 따님에게 이어도에서 오는 선(船), 가는 선(船)에서 인정을 받아 먹고살라고 한다. 여기서 인정은 일종의 통행세이다. 하도리 각시당의 본풀이 내용도 비슷하다.

마불림제와 백중제는 보통 음력 7월 14일 또는 15일에 하는데, 당신의 신의(神衣)를 보존하고 있는 당에서 장마가 끝난 뒤 그 신의를 내놓아 곰팡이를 없앤다. 신만곡대제는 주로 음력 9월이나 10월, 수확한 곡식을 탈곡하지 않고 이삭째로 제물을 마련하여 올린다. 이외에도 마을에 불운이 있을 때는 택일을 하여 마을제를 지낸다. 소의 질병 방지나 잃어버린 소를 찾아 주기 위해 제를 지내기도 한다. 소를 찾기 위한 목적의 신당은 제주도 동부 지역에만 있는데 그 이유는 주로 동쪽에서 소를 방목해 기르는 경우가 많았기 때문이다.[13]

개인별로 출산·질병·불운한 일이 있을 때나 멀리 출타할 일이 있어도 당에 가서 기원한다. 개인별 기원은 당굿이라 하지 않고, "당에 간다.", "할망듸 간다(할머니에게 간다)"라고 한다. 우도에서 우도 도항선을 운영하는 강○정 박사의 부모님은 매월 초하룻날과 보름날에는 돈짓당이라는 당을 찾는다고 하였다. 어머니는 당에 가는 날이 다가오면 사나흘 전부터 바깥 외출을 삼간다고 하였다. 그 이유가 무엇이냐고 물었더니 길가에서 죽은 짐승이라도 보면 부정을 탈까 봐서라고 하였다. 사나흘간 특별히 언행을 조심하고 당일 아침에는 목욕재계하고 이른 아침 당을 찾는다고 하였다. 신기하게도 지성으로 당에 다니면서 간간이 있던 선박에서의 사고나 인사 사고가 없어졌다고 한다. 강 박사의 말에 의하면 "꼭 신이 있어 사고를 막아 주었다기보다는 마음이 해이해질 만하면 당에 가기 위해 조심하고 근신하는 삶의 태도가 사고를 막아 주는 역할을 하고 있지 않을까 생각한다."라고 하였다.

제주도의 본향당은 마을을 지켜 주는 수호신을 모신 당으로 마을 주민의 통합 기능을 부여하고 지역 사회를 이끌어 나가는 기능을 하였다. 본향당 굿을 할 때는 심방에 의해 본풀이가 재현되는데 본풀이는 현재까지도 구전되는 살아 있는 신화이다. 가장 널리 알려진 본풀이로는 '송당 본풀이'가 있다. 이외에 서귀동, 세화리, 월정리, 사계리 등이 많이 알려진 본향당이다. 마을 곳곳에서는 아직도 신과세제(新過歲濟)라는 큰굿을 하고 있다. 제주의 토속 신앙이 종교처럼 힘을 가지지 못하고 이론적으로 무장하지 못했을지라도 외지인들에 의한 탄압과 억압을 견디는 삶의 구심점 역할을 하며 제주인들에게는 신앙이 되었다.

제주인들은 신과의 관계에서도 지극히 인간적이고 소박한 관계를 맺으며 자연에 대한 친화력으로 삶과 조화를 이루며 정서적으로 풍요로운 신앙생활을 이뤄 나갔다. 다른 지역보다 교육열도 높고 경제적 자립도가 뛰어나며 역사적으로 큰일이 일어날 때는 선봉에 서 온 제주의 당찬 여인들이지만 먼 곳으로 이사를 하더라도 마을의 수호신이 좌정한 본향당에 와서 신고식을 치른다.

　신들이 충만한 세계를 만들었던 제주 선민들은 어딘가에 얽매이지 않고 자유분방함을 즐기며 신들의 벗으로 살았기에 고대 그리스인들의 정신세계와도 닮았다고 할 수 있다. 동양인을 대표하는 중국인은 문자라는 도구가 생긴 후부터 그것을 조상의 업적을 기록하는 데에 사용했고, 후손을 교육해 조상의 영광을 저버리지 않도록 하는 데에 전력을 다했다. 동양을 대표하는 중국은 신화를 역사화·정치화했고, 서양을 대표하는 그리스인들은 역사를 신화화·예술화했다. 제주인들은 그리스인처럼 예술화는 할 수 없었지만, 중국처럼 정치화하지 않고 모험이 가득한 이야기로 신화화했다.

2. 해상왕국 탐라의 후예 해민

제주인들은 사나운 폭풍과 파도와 싸워 이겨야 하는 바닷사람 즉 해민이 되어야 했다. '해민'은 선박을 소유한 선주, 그 밑에서 일하는 선원, 바다로 나가 교역 활동에 종사하던 해상 상인, 반농반어 생활을 하는 포작인과 잠녀, 그들의 안녕을 비는 심방 등 바다 관련 생활자들이다. 그들이야말로 '대해의 참치'처럼 '천하의 대붕(大鵬)'처럼 대자적으로 넓은 바다를 배경으로 살아온 열린 기층 민중이었다.

🔶 해상왕국 탐라

　제주는 천년의 역사를 가진 해상왕국이었다. 약 180만 년 전 바다의 지층을 뚫고 뜨거운 마그마가 솟구치며 바닷물과 만난 마그마가 강력한 수중 폭발을 이어 갔다. 이렇게 백만 년의 세월이 흐른 뒤 이곳에 타원형의 섬이 만들어졌다. 섬이 지닌 척박한 환경을 극복하기 위해 탐라인들은 주변 국가들과 부단히 교류하며 살았다. 고대 국가에서 힘을 키우는 중요한 요인은 사람과 물자가 얼마나 빨리 이동하냐에 달려 있었다. 뛰어난 항해 수단을 지닌 탐라인들은 중국, 일본, 동남아 지역을 왕래하며 해상 교통의 요충지 역할로 나라의 명성을 쌓아 갔다.

　탐라인들이 외국과 교역했던 흔적은 여기저기에서 찾아볼 수 있다. 고산리 유적은 신석기 시대 기원전 3,000년 전 유적으로 추정되며 상모리 패총에서 발견된 무문토기들은 한반도와의 교류를 알려 준다. 삼양동에서는 청동기 말에서 초기 철기 시대에 해당하는 원형의 주거 형태가 발견되었다. 집터의 형태와 유물들은 기원전 6세기경 송국리 유적에서 발견된 것과 유사한 형태이다. 곽지리 패총에서는 군곡리 토기인 점토 띠무늬 토기가 출토되었다. 애월읍에는 탐라인들이 만든 정교한 석축이 남아 있다. 수천 년 전 탐라인들이 외국과 교역을 했던 흔적이다. 이러한 몇 가지 사례들도 보아 제주도는 대외적으로 교섭과 교역의 장이었음을 알 수 있다.[14]

　탐라 주변의 바다는 암초가 많아서 배를 운항하기 어려워 이런 지형에 유리한 배를 만들어 내니 이 배가 바로 해상왕국의 전성기를 이끈 탐라 교역선이다. 탐라인들은 바다에서 생활하고 선박을 능숙하게 다룰 줄 아는 해양인이었다. 한반도에서 삼국 시대가 이어지자 탐라는 고구려, 백제, 신라와도 각각 교역을 이어 간다. 476년(문주왕 2년), 탐라 국왕이 백제에 사신을 보내 토산품을 바치니 문주왕이 크게 기뻐하여 은솔(恩率)이라는 관직을 내렸다는 기록이 남아 있다. 해양 문화의 특성은 '무정부성', '호족성'에 있다.

498년 동성왕은 탐라가 공물을 바치지 않는다며 병력을 이끌고 공격을 개시하자 탐라가 항복하여 백제의 속국이 되었다. 이때 탐라가 백제에 정치적으로 복속된 것은 아니고 독자적인 정치권력을 갖고 외교권을 행사했던 것으로 보인다. 탐라와 백제 사이에 이용되었던 항로는 많았다. 나주, 무주, 부안, 금강 하구 등 서남해안의 모든 항구에서 출항하면 제주도에 닿을 수가 있었다. 그중에서도 가장 단거리로 항해하는 도중에 지형지물을 볼 수 있는 곳은 해남 지역이었다.

660년 신라가 당나라와 손을 잡고 백제를 멸망시키는 큰 사건이 일어난다. 663년 백제 부흥 운동이 일어나 신라와 당나라, 백제와 왜가 연합한 백강 전투가 벌어지는데 탐라는 백제와 왜의 연합팀에 참전한다. 백제 부흥 운동이 실패로 돌아가고 완전히 멸망하자 탐라는 신라에 항복하여 독립국의 지위는 유지한 채 조공을 바치는 관계가 된다. 탐라국은 고구려와 백제가 멸망할 때에도 독립국으로 살아남았지만, 생존을 위해 당나라와 왜에 꾸준히 사신을 파견하여 외교를 펼쳐 독립국의 지위를 잃지 않았다.

후삼국을 통일한 고려가 한반도에 새로운 지배자로 등극하자 결국 탐라도 고려에 굴복하게 되고 938년, 탐라는 고말로를 고려의 조정으로 보내 태조를 알현하자 태조 왕건은 그에게 성주의 작위를 내린다. 이때부터 탐라국은 왕의 칭호 대신 성주라는 칭호를 사용하게 되는데 성주는 별의 나라 탐라의 주인이라는 뜻이다. 탐라가 육지와 교류하려고 항해할 때 별자리를 이용하던 풍습을 반영한 것이다. 958년 고려 광종 때 최초의 과거제도가 시행되고 외국인을 대상으로 빈공과가 실시된다. 탐라인들도 빈공과에 응시한 것으로 보아 고려가 탐라를 독립된 국가로 대했음을 알 수 있다.[15]

🐄 목축의 시대

1105년 고려 숙종 때 탐라국의 지위를 박탈하여 탐라군으로 명칭이 바뀐다. 탐라 토착 세력인 고 씨와 양 씨에게 지방 자치가 허용되지만 고려 정부의 강력한 통제를 받다가 고종 시대에 이르러 탐라(耽羅)라는 이름마저 빼앗기고 바다 건너 큰 고을이라는 뜻의 제주(齊州)로 이름이 바뀐다.

고려는 1231년부터 30년 가까이 몽골의 침략을 받게 되고 최 씨 무신 정권의 사병 집단이었던 삼별초가 몽골의 계속된 침략에 맞서 끈질기게 싸우는 삼별초의 난이 발생한다. 삼별초는 제주도 애월에 방어 시설로 항파두리에 토성을 구축하고 진압군과 맞서 싸워 몇 차례 승리를 거두기도 하지만 1273년 1만 2천여 명의 여몽 연합군에 패해 결국 전멸하게 된다. 이후 제주도는 약 100년 동안 원나라의 지배를 받게 되는데, 원(元)은 온갖 죄인들과 왕족 관리들을 제주도로 유배시킨다.

원나라는 말을 키우기 좋은 환경을 가진 제주도에 탐라총관부를 설치하고 제주도에 수많은 말들을 데리고 왔다. 초원을 조성하기 위해 나무를 불태워 버려 지금도 한라산 해발 600m까지는 드넓은 초원이 펼쳐져 있다. 원의 세력이 약화되고 명나라가 일어나자 공민왕은 반원 정책을 펼치며 제주에 대한 지배권을 찾아오기 위해 원에 〈탐라계품표〉를 보낸다. 1374년 명나라는 제주의 말 2,000필을 요구해 온다. 하지만 제주에는 원의 잔존 세력 목호들이 있었다. 목호들은 원에서 파견한 목장을 경영하는 관리들이었다. 그들은 "원의 황제가 방축한 말을 명나라에 보낼 수 없다."라며 저항한다.

고려 정부에 대항하여 1374년 '목호의 난'이 일어나니 최영이 이끄는 진압군이 제주로 들어온다. 목호들을 진압하는 과정에서 제주인의 피해도 이만저만 아니었다. 목호들이 원나라 사람들이긴 했지만, 그들은 독특한 목축 기술이 있었고 제주도 여자와 결혼하여 자식을 낳고 뿌리를 내렸기 때문이다. 그래서 제주인들은 고려 정부 편에 서기보다는 목호들과 손을 잡았기에 목호를 토벌하러 온 최영이 이끄는 진압군에 무참히 짓밟히고 말았다.

🍲 수탈과 억압의 시대

고려가 망하고 조선에 이르러 태종은 중앙 집권 체제를 강화하고 제주목과 대정현 정의현으로 구성된 제주 삼읍을 설치해서 제주를 통치했다. 제주 목사는 군사, 행정, 사법권을 갖고 왕실용 물품을 바치는 진상을 걷고 군사 요충지로서 제주 방위를 위해서 역을 부과하였다. 매년 특산물을 진상해야 하는 일은 제주인들에게 너무나 가혹한 일이었다.

한반도에서는 방납의 폐단을 막기 위해 이이, 류성룡에 의해 수미법을 시행하다가 광해군 이후에는 진상품을 쌀로 교환하여 바치는 대동법이 시행되었다. 하지만 제주에서는 쌀이 나지 않았고 무엇보다 제주에서 바치는 진상품은 대체할 수 없는 특산품이었기 때문에 소용이 없었다. 관덕정의 진상품을 보관하던 장소인 예고(禮庫)에는 전복, 표고, 미역, 감귤 등이 진열되어 있다. 특히 감귤이 진상되면 황감제라는 과거가 열릴 정도로 귀한 물품이라서 관리들은 감귤의 진상에 사활을 걸었다. 꽃이 다 열매가 되지는 않는데도 감귤꽃이 피는 봄에 꽃 수를 헤아려 갔다. 가을에 그 꽃 수만큼 귤을 바쳐야 하는 제주 백성들의 고통은 이루 말할 수 없었다. 오죽하면 뜨거운 물을 부어 집 안에 있는 감귤나무를 몰래 없애 버리기도 했다.

조선 세종 때는 제주의 인구가 1만여 명에서 6만여 명까지 급증하면서 범죄자들을 평안도와 황해도로 강제 이주시키고 실업자는 충청도와 전라도로 이주시켰다고 전해진다. 하지만 성종에서 인조 시대에 이르는 약 150년 동안 인구가 급속도로 감소하게 되는데 제주도에 흉년이 거듭되면서 굶주린 난민들이 불법적으로 섬을 이탈했고 전라도와 경상도 해안에 정착한다. 이렇게 출륙한 제주인을 '두무악'이라고 했다. 언어도 다르고 생활 방식도 달랐기 때문에 반도의 주민들에게 기피 대상이 되었고 결국, 그들만의 마을을 이루고 살게 된다. 해산물을 채취해서 관에 납품하는 일을 하던 '두무악'들은 차츰 육지에 적응해서 경제적 기반을 구축하다가 17세기에 들어서야 양인과 동등한 지위를 가지게 된다.

한편, 제주도민이 자꾸 육지로 이탈하자 조정에서는 출륙 금지령이 내려진다. 제주에서 밖으로 나갈 수도 없고 밖에서 제주로 들어올 수도 없어 제주는 바다 위의 감옥이 되고 말았다. 제주도는 수도인 한양과 가장 멀고 육지와는 격리되어 있는 지리적 상황 때문에 조선 후기에 이르러서는 죄인들의 유배지로 전락하였다. 조선 500년간 광해군을 비롯한 왕족부터 당파에 휘말린 선비, 승려나 도적에 이르기까지 각계각층에서 200여 명의 유배인이 제주에 머물다 해배의 기쁨을 갖기도 하고 죽음을 맞이하기도 하였다.

그중 선조의 손자 이건은 『제주풍토기』에서 "가장 괴로운 것은 조밥이고, 가장 두려운 것은 뱀이며, 가장 슬픈 것은 파도 소리이다."라는 기록을 남겨 당시 제주의 실상을 가늠하게 해 준다. 1402년 조선 태종 때 명목상 이어 오던 탐라의 성주가 스스로 나라 이름과 성주의 세습을 포기하니 탐라가 제주의 이름으로 거듭나며 탐라국은 영원히 역사 속으로 자취를 감추게 된다.

다반사로 일어나는 표류사

탐라 시대 때부터 한반도는 물론 중국, 일본, 유구국 그리고 필리핀, 베트남까지 항해하여 교류하였다. 바람에 돛을 달고 뱃사람의 경험에 의존해야만 했던 항해에서 안전한 목숨을 보장하기는 어려웠다. 큰 바다 한가운데 구백여 리의 물길에서 파도가 넘나드는 제주의 바닷길은 어느 바닷길보다 더 험난했다.

육지와 멀리 떨어진 섬 제주에서는 바닷길을 통해서만 육지로 왕래해야 했고 바다를 삶의 터전으로 살아온 제주에서 표류는 다반사로 있는 일이었다. 제주에서 떠난 배가 중국이나 유구, 안남, 일본 등지에 표류하였다가 천신만고 끝에 살아 돌아오는 이들이 있었다. 살아 돌아온 이들은 표류 경위와 표류하여 도착한 곳의 사정들을 기록으로 남겨 그 시대의 험한 뱃길을 가늠하게 했다.

기록으로 남겨진 표해의 역사도 많다. 아버지의 초상을 치르러 가던 중 풍파에 휩쓸려 표류하다가 지금의 이어도로 추정되는 백해를 지나 중국 강남을 관통하여 북경을 거쳐 한양으로 돌아온 최부, 나라에 진상하는 말 세필을 싣고 제주에서 출항하였다가 31일간 표류 끝에 지금의 베트남인 안남국을 다녀온 김대황, 향시에 급제하고 대과를 치르기 위해 한양으로 가던 중 추자도에서 표류하여 유구국까지 갔다 온 장한철의 『표해록』은 잘 알려져 있다.

이 외에도 홍어 장사 문순득이라는 사람은 유구국을 거쳐 스페인 사람들이 지배했던 여송국(필리핀), 포르투갈 사람들이 살았던 마카오까지 다녀왔다. 문순득의 이야기는 『자산어보』로 유명한 정약전에 의해서 『표해시말』이라는 책에 자세히 기록되어 전해지고 있다.

척박한 땅의 가난한 백성들

바다를 배경으로 살았던 탐라 시대와 달리 조선에 이르러 바닷길이 막히자 제주는 중산간의 땅을 일구기 시작한다. 부지런히 땅을 일구면 누구나 내 땅을 소유할 수 있었지만, 생산량은 형편없었다. 잉여 생산량이 없으니 부를 이루기는 더더욱 어려웠다. 부는 잉여 생산이 있을 때 나타나는데 척박한 땅은 드넓게 펼쳐졌지만 거기서 생산할 수 있는 작물은 상품 가치가 없는 수수, 기장, 조 등이었고 그나마 생산량도 적었다. 제주의 주곡인 보리와 조는 쌀처럼 교환적 가치가 크지 않았다. 그래서 제주인들은 넓은 농토가 있어도 수수, 조 등의 서속식량(黍粟食糧)을 양적으로 남을 만큼 생산하지 않았다.

뭍에서는 겨우 가족이 먹고살 정도의 최소한의 한계 식량만을 내주었기 때문에 제주인들을 바다를 밭 삼아 일구어 냈다. 중산간 지대의 빈부 격차가 거의 없는 자작농 형태의 농사와 해안가의 고기를 잡는 어부와 해녀들의 물질, 목축업이 생산 활동의 큰 틀이 되었다. 섬 안에서 자급할 수 없는 쌀과 소금, 옷감, 의식주와 관련된 생필품의 구매는 말이나 말총, 귤, 바다에서 나는 해산물을 팔아 구할 수 있었다. 특히 제주의 미역은 최고의 인기를 구가했다. 바닷물에는 풍부한 광물질 성분들이 뒤섞여 있어 해조류에는 몸에 유익한 온갖 미네랄과 비타민, 단백질을 균형 있게 품고 있다.

조선의 유교 문화가 섬으로 들어오기 전까지 제주 사람은 동아시아 바다를 누비며 해외 문물을 받아들였고 넓은 바다로 지평을 열어 가는 해양 민족이었다. 바다로 둘러싸인 섬의 특성을 생활에 잘 적용하며 조선술과 항해술을 이용해 바다를 개척하며 찬란한 해양 문화를 일구었다. 조선 중기까지만 해도 대선단을 이루어 한반도에 진출하여 해양 활동을 하였다. 그러한 해양 활동이 교역이 되었건, 어로가 되었건 바다에 의존하여 생활한 진취적이고 모험적인 사람들로 배를 집 삼아 생활한 해민이었다.

누가 제주 해민인가?

제주인의 삶 속에서 해민 문화를 빼고 제주 문화를 논할 수 없다. 제주 해민들은 공권력에 구속되지 않고 바다를 배경으로 참치처럼 이동 생활을 했던 사람들이었다. 제주에서는 해산 활동을 하는 사람을 '보자기'라 칭했다. 한자어로는 '포작인(浦作人)'이라 하는데 이 말이 '보재기'에서 왔는지 아니면 한자어가 먼저 생기고 그 음이 전화하는 과정에 '보재기'가 되었는지는 분명치 않다. 국어사전에 '보재기'는 "바닷속에 들어가서 조개, 미역 따위의 해산물을 따는 일을 하는 사람"이라 명시되어 있는데 남녀를 구분하고 있지 않다. 제주에서는 남자 어로자를 '포작부(浦作夫)' 혹은 '포작인(浦作人, 鮑作人)', '보자기'라고 한다.

좀녀가 숨비질을 하는 반면, 포작인들은 자맥질을 하여 해산물을 채취했다. 숨비질과 자맥질의 차이점은 수중 동작에 따라 달라진다. '숨비질'은 숨을 길게 참아 물속 깊이 잠수하여 눈으로 확인 후 채취[目採]하는 것을 말한다. '자맥질'은 발을 땅에 딛고 선 헤엄(立泳)을 치며 이동하다가 순간적으로 머리를 물속에 담가 해산물을 손으로 더듬어 채취[觸採]하는 것을 말한다. 숨비질이 물속에서 '수평적으로' 몸을 이동시키는 것이라면, 자맥질은 '물속에서 팔다리를 놀리며 수직적으로' 몸이 떴다 잠겼다 하는 짓'을 말한다.

해녀의 제주어는 '줌녜'이다. 바다를 배경으로 살아온 포작인(浦作人)을 농민에 대비되는 단어 해민(海民)이라 정의하면 제주인의 정신을 해석하고 이해하는 데 도움이 될 것이다. 이러한 해민에는 해상 상인뿐 아니라 선단의 선주, 고기잡이 어부, 포작인, 해녀 등이 포함된다. 이들의 안전과 풍어를 기원해 주는 '심방(무속인)' 등 바다를 삶의 터전으로 살아온 바다 생활자들을 '해민'이라 정의할 수 있다.

제주인들은 사나운 폭풍과 파도와 싸워 이겨야 하는 바닷사람 즉 해민이 되어야 했다. 제주인들은 논농사 지대의 농민처럼 뿌리박음에 연연하지 않고 기존의 법칙이나 권위에도 얽매이지 않았다. 그들은 어로방술이 뛰어났고 공동체 정신을 발휘하며 살았다. 편안한 현실에 안주하기보다는 새로운 모험을 찾아 나서는 적극적 인간으로 역경을 피하려 하지 않고 정면으로 도전하려는 의지가 넘쳐났다. 정력적이고 과감하며 모험심이 강한 그들은 무엇보다 자주적이고 합리적으로 행동해야만 살아남을 수 있었다. 융통성을 발휘하여 개방적인 사고로 이치에 맞게 생각하고 이성적 판단에 따라 소신대로 행동하는 습성을 지닌 사람들이었다.

드넓은 바다 위에서의 삶은 배타적일 수 없었고 독선적일 수도 없었다.[16] 해민은 진취적이며 개척 정신이 투철한 사람들이었다. 바다와 밀접한 연관을 맺고 있는 제주의 문화와 역사 속에서 제주인들은 지배 계급 중심이 아니라 민중 지향의 공동체적 삶을 살았다. 현기영의 장편 소설 『바람 타는 섬』에서도 바다밭을 생활 터전으로 살아가는 해녀들의 공동체 문화는 인류가 꿈꾸는 이상형이라고 말한다.

일제 강점기 제주 해녀들은 일본이나 러시아 블라디보스토크와 사할린, 중국 랴오둥반도까지 출가 물질을 나간 진취적인 여성들이었다. 그들은 성취 욕구가 강한 바닷사람이었다. 이에 더하여 개인이 스스로 책임지길 좋아했으며 자신의 발전과 공동체의 발전을 위해 미래를 계획하는 삶을 살았다.

제주 해상들은 단순히 부를 거머쥐기만 하지 않았다. 나눔의 정신을 실천했다. 실제로 거상 김만덕은 여자의 몸으로 굶어 죽어 가는 백성들을 살려 냈다. 1795년 태풍이 제주를 강타해 그나마 척박한 땅에서 수확할 농작물이 없었다. 조정에서는 2만 섬의 쌀을 내려보냈지만, 바다에서 침몰하고 말았다. 김만덕은 자신의 재산을 털어 쌀 5백 섬을 사 와 아사 직전의 백성들을 구해 냈다. 그녀의 나눔 정신은 지금까지 이어 와 제주를 뛰어넘어 21세기 한국의 시대정신이 되었다.

민족의 신화, 역사, 동화 등에 나타난 집단 무의식은 유전한다. 따라서 집단 무의식은 문화 유전인자의 심리학적 표현이다. 제주의 해민 정신은 제주인의 무의식 속에 자연스럽게 흘러들었다. 논농사 지대의 농민처럼 한곳에 뿌리내리는 관례에 얽매이지 않았고 기존의 법칙이나 권위에도 굴하지 않았다. 편안한 현실에 안주하기보다 새로운 세상을 찾아 모험을 떠나는 적극적이고 개방적인 인간이었다. 새로운 땅, 새로운 기술을 찾아다니는 그들의 좌우명은 '일신우일신(日新又日新)'이었다.

제주 사람들의 삶에서 바다라는 환경을 빼고 제주의 문화를 논할 수 없다. 제주 이전, 탐라인들은 소수의 사람만이 해안선 용천 부근에 살면서 반농반어의 생활을 하고, 대부분 사람은 해외로 나가 무역을 하였다. 제주의 역사가 바다와 친밀감을 느끼고 독자성이 있음은 지리학뿐만 아니라 역사학 분야에서도 인정한다. 예부터 동아시아의 여러 국가들은 바다를 배경으로 살아갔다. 진수의 『삼국지 위지 동이전』에는 "주호가 배를 타고 한·중을 왕래하며 장사를 했다."라는 기록이 있고 『속 일본기』에는 탐라의 불교 음악이 일본에 전해졌음을 알 수 있는 대목이 나온다. 당시 일본이 당나라를 왕래하려면 탐라를 거쳐야 했기에 탐라는 한반도를 비롯하여 주변 국가들과 잦은 왕래를 통해 물물의 교류가 이루어졌음을 짐작할 수 있다.[17]

제주인은 논이나 밭 등 장소에 매여 사는 농민이 아니었다. 드넓은 바다를 항해하며 배 만드는 법과 항해술 익혀 먼바다를 자유롭게 누비고 다닌 해민이었다. 해민은 자연에 순응하기도 했지만, 자연에 도전하고 맞서 싸우며 용감하고 자유롭게 살았다. 제주 섬의 조상들이 남긴 삶의 정신은 바로 '자유'이고 제주 해민이 누렸던 자유는 바로, 제주인의 지역 정신이자 인류의 보편적 가치가 있는 정신이라 할 수 있다.

해상왕국 탐라 시대를 지나 제주의 해민도 조선 왕조라는 틀에 구속되지 않고 드넓은 바다를 자유롭게 이동하면서 바다 생활을 영위했던 사람들이었다. 제주는 고립된 섬이라는 조건에 화산섬이라서 땅이 척박하다는 악조건이 더해져 부지런하지 않으면 생존 자체를 위협받았다. 그들 스스로 자강·자립하지 않으면 살아남을 수가 없었다. 각 개체의 자강·자립이야말로 생존의 수단·방법이었기 때문이다. 비록 탐라국은 역사에서 사라졌지만, 오랫동안 탐라 문화의 동질성을 보존한 곳이 제주이다. 정치적으로 탐라국은 소멸했지만, 탐라의 문화는 생생하게 살아서 제주인의 숨결로 전해져 오고 있다.

3. 자기 완결적 구조의 광풍촉석(狂風矗石)

제주 사람은 '자기 완결적 구조의 광풍촉석(狂風矗石)'이라고 할 수 있다. 서귀포 앞바다에 서 있는 외돌개처럼 거센 폭풍우 속에서도 쓰러지지 않고 혼자서 자존 자립의 삶을 산다는 뜻이다. 가뭄, 폭우, 바람의 강한 영향을 받는 제주에서는 흉년이 들어도 고립되어 외부의 도움조차 받을 수 없었다. 이런 자연재해는 빈번한 일이어서 사람들은 자기 자신을 스스로 지켜내야 했다. 그래서 제주 사람은 어떤 상황에서든 스스로 살아남아야 하는 자기 완결적 구조를 갖추는 삶을 살았다.

『오즈의 마법사』는 미국 캔자스 지방의 시골 마을에서 헨리 아저씨, 엠 아주머니, 강아지 토토와 함께 사는 도로시의 모험 이야기이다. 어느 날 거센 회오리바람이 몰아쳐 도로시가 사는 집이 하늘 높이 날아가 버리고 만다. 한참을 날던 집은 쿵 소리와 함께 낯선 곳에 도로시를 떨어뜨려 놓는다. 홀로 떨어진 도로시는 강아지 토토와 함께 집으로 돌아가기 위한 기상천외한 모험을 하게 된다. 태풍은 어린 소녀 도로시가 사자에게는 용기를, 양철나무꾼에게는 따뜻한 가슴을, 허수아비에게는 지혜를 찾아 주는 용감한 소녀로 만들어 줬다.

제주 사람은 이런 도로시처럼 '자기 완결적 구조의 광풍촉석(狂風矗石)'이라고 할 수 있다. 광풍촉석은 서귀포 앞바다에 서 있는 외돌개처럼 거센 폭풍우 속에서도 쓰러지지 않고 혼자서 자존 자립의 삶을 산다는 뜻이다. 제주에서는 일 년에 서너 번의 태풍이 지나간다. 어디 태풍뿐인가. 가뭄, 폭우, 바람의 강한 영향을 받는 제주에서는 흉년이 들어도 고립되어 외부의 도움조차 받을 수 없었다. 이런 자연재해는 빈번한 일이어서 사람들은 자기 자신을 스스로 지켜 내야만 했다. 그래서 제주 사람은 어떤 상황에서든 스스로 살아남아야 하는 자기 완결적 구조를 갖추는 삶을 살았다.

바람, 비, 가뭄 등 3재(三災)에 시달리는 삶을 사는 제주 사람들은 흉년이라도 들면 고립무원한 섬에서 늘 아사의 위험에 노출되어 있다. 중앙 조정에서 구호물자를 보내도 제주에 도착하기 전에 풍랑을 맞아 전복되는 일이 잦았다. 18세기 초, 숙종 때에 극심한 흉년으로 도민들이 아사 지경에 이르자 숙종은 수차례에 걸쳐 곡식과 소금 그리고 약재 등을 보내어 구제하기도 했다. 당시 숙종은 구호품이 안전하게 도착했다는 소식을 듣고 안도하여 다음의 시를 읊었다.[18]

천리 남쪽 바닷길이 건너기 어렵다더니(千里南溟利涉難)
바람 높아 쌀 보내줌 또한 쉽지 않구나(風高移粟亦間關)
배들 모두 탈 없었다고 알려 왔으니(報來船舶皆無恙)
하늘 뜻이 분명 불쌍한 백성 수하라는 것일세(天意分明濟寡鰥)

임금의 이러한 백성 사랑에 감복한 제주 백성들은 숙종이 승하하자 박계곤(朴繼昆) 등 35명이 자진하여 상경하여 무덤을 조성하는 능역(陵役)에 자진하여 임금의 은혜를 기리는 시를 남겼다.

선대왕의 성덕을 이고 싶은데(願載先大王盛德兮)
뜻밖에 명릉의 역사로세(意外明陵之役事)
가련한 제주 백성의 고독함이여(可憐濟州民之孤獨兮)
천리를 멀다 않고 산릉 역소에 왔네(不遠千里赴山陵之役所)
슬프다, 선대왕의 승하하심이여(噫先大王之昇遐兮)
누가 우리를 가련히 여기고 아껴줄까(誰爲我而愛憐)
엎드려 하늘에서 조감하시길 비오니(伏願旻天之有照兮)
만인을 대신하여 임금님 돌보소서(代萬民而願回天顔)

중앙 조정에서 구휼(救恤)을 받기가 얼마나 어려웠는지를 알 수 있는 대목이다. 은혜에 보답할 줄 아는 제주인들에 대해 중앙 조정은 대단히 높은 평가가 내려졌다. 이처럼 제주인은 어떤 상황에서도 스스로 살아남지 않으면 안 되는 긴장된 삶을 살아야 함을 의미한다.

제주는 중앙에서 보면 변방 중 변방이었다. 제주 사람들은 용천수가 나는 해안을 따라 살면서 반농반어의 생활을 하였고, 많은 사람이 해외로 나가 장사를 하며 살았다. 그들은 농민이 아닌 자유로운 해민이었다. 조선 조정에서 임명되어 내려온 경래관이나 유배해 온 유학자들은 제주인들도 논농사를 짓는 육지의 백성처럼 순종적일 것으로 생각했지만, 지내면서 살펴보니 제주인들은 불의에 굴하지 않고 생각이 깊고 지혜가 많은 사람이었다고 기록을 남겼다.

제주 사람의 성질이 날쌔고, 사납고, 제멋대로라고 하여 표한방사(慓悍放肆)하다고 표현하기도 한다. 이 말은 다소 공격적으로 느껴지기도 하지만 척박한 환경에서 공격성은 살아남기 위해 어쩔 수 없이 길러진 집단 무의식일지도 모른다. '창자 값하라(자존심을 살려라)', '멜에도 베설은 싯나!(하찮은 것에도 자존심은 있다)'라는 말에서 알 수 있듯 불의에 처하면 물불을 가리지 않고 맹진하는 성격을 가졌다. 잘못된 일은 바로잡으려 하는 구인일기(九忍一起) 하는 호민의 기질도 있었다.

제주인들의 삶을 유교적인 잣대로 재단할 수는 없다. 토호 세력도, 지주(地主)도 소작인(小作人)도 없는 제주에서는 누구나 풍족하지는 않았지만 당당하고 평등한 정신적 자유를 누리며 살았다. 해가 뜨면 일하러 나가고, 해가 지면 집에 들어와 쉴 수 있는 자유가 보장된 사람들이었다. [19] 동질적 동족 집단이 아닌 이질적 혼성 집단일수록 약속과 그 이행은 더 중시되기 마련이다. 위계를 중시하는 동족 집단에서는 '도덕' 나아가 '충성'이 강조되었으나, 평등을 중시하는 혼성 집단에서는 '윤리' 나아가 '신의'가 중요했다.[20]

오래전 MBC에서 『탐나는도다』라는 주말 연속극을 방영한 적이 있다. 시대적 배경은 조선 인조 때이고 남자주인공은 소현세자를 왕으로 추대하려 했다는 누명을 쓰고 제주로 유배를 오게 된다. 상군 해녀 최 씨의 집에 머물게 되는데 상군 해녀의 딸 '버진'은 유배 온 양반을 '귀양다리'라 부르며 어떤 경외감도 갖추지 않고 오히려 마구잡이로 구박한다. 버진의 어머니 상군 해녀 최 씨도 진상품을 감경받는 대신 먹여 주고 재워 줘야 하는 사람 정도로만 여기고 주인으로서 귀찮은 객 취급하며 양반이라고 하여 어떠한 예우나 위축되는 마음을 보이지 않는다. 오히려 생활에 적응하지 못해 좌충우돌하는 선비에게 측은지심을 가질 뿐이다. 고산 윤선도나 다산 정약용이 전라도에 유배 가서도 엄청난 규모의 학단을 꾸리고 양반 대접을 받았던 것과는 상충하는 이야기이다.

제주인들은 정치적 통제뿐 아니라 사회적 통제로부터도 자유로운 삶을 추구했다. 특히 가족 및 사회적 통제로부터의 자유(Liberalism)가 더 독특하게 나타난다. 사람만 자유를 누리는 것이 아니라 산야에 노니는 마소들도 자유로웠다. 제주시에서 한라산을 넘어 서귀포로 넘어가다 보면 지금도 한가롭게 풀을 뜯고 있는 마소를 만난다. 바다를 바라볼 수 있는 질펀한 벌판에 고삐도 없이 마음대로 들판을 누비며 풀을 뜯고 있는 마소를 보는 것만으로 평화로운 마음이 든다. 하지만 사람이든 짐승이든 제주에서 살아나려면 자기 몸을 지켜 낼 힘을 가져야 했다. 사시사철 푸른 초원에 먹을거리는 넘쳐났지만 거세게 내려치는 비바람도 폭풍 한설도 이겨 내야 했다.

바다가 주는 선물

제주 사람들의 풍부한 상상력과 지혜의 원인은 바다 생활에서 찾아볼 수 있다. 그들의 영특함과 상상력이 바다와 관련되어 있음은 다음과 같이 설명할 수 있다.

첫째, 목숨을 담보로 살아온 제주인들은 샤머니즘을 굳게 믿었다. 심방이 초자연적인 존재가 되어 신과 인간 사이에서 중재자가 되었다. 강·호수·산 등 자연마다 인격이 주어진다는 사고방식은 인간의 영적인 측면을 강화했다. 인간의 영혼과 몸은 자연계와 접촉하는 공간과 시간이 많을수록 건강해지고 힘이 강화된다고 생각했다. 제주인들은 샤머니즘의 자연관을 통해서 자연을 친구처럼 여겼다. 자연과 대화하고 자연을 이해하며 자연과 더불어 생존할 수 있는 천성을 갖추고 직관력을 길렀다. 제주인의 직관력은 자연은 물론 신과도 벗하는 초월적인 사고방식에서 길러졌다.

둘째, 바다의 유목민들이라 불렸던 제주인들은 급변하는 상황에 따라 문제 해결을 위해 부단한 고민을 해야 했다. 안정된 육상 생활에서 벗어나 망망대해에서의 생활은 엄습해 오는 고독과 생명을 위협하는 온갖 심리적 자극들과 싸워야만 했다. 일엽편주의 배를 타고 거친 풍파를 헤치며 살아남아 목적지까지 항해하는 데에는 입체적인 지혜와 기술이 필요했기 때문이다.

셋째, 바다를 배경으로 산다는 것은 예기치 않은 상황과 맞닥뜨려야 한다. 때론 폭풍우에 떠밀려 바다를 표류하기도 하고 때론 순풍에 돛을 달고 망망대해를 평화로운 마음으로 항해하는 때도 있을 것이다. 주인이 없는 바다에서 배 한가득 고기를 잡아 생계를 잇기도 하고 고기잡이 나간 배가 뒤집혀 목숨을 잃게 되는 일도 바다에서는 다반사로 일어나는 일이었다. 『오즈의 마법사』에서 토네이도에 휩쓸린 도로시의 모험 이야기처럼 제주의 수많은 신화는 바다 생활자로 살아온 제주인들의 삶에 모험심이 아로새긴 이야기들이다.

바다에서 목숨을 잃는 경우도 많았지만, 제주인들은 의외로 건강하게 장수하는 사람들이 많았다. 바닷가에 사는 사람이 내륙에 사는 사람보다 더 건강한 이유는 바다 냄새와 파도 소리가 원기를 북돋아 주고 스트레스를 줄여 주기 때문이라고 한다. 파도 소리는 뇌의 알파파를 활성화해 피로를 해소하고 집중력을 높여 준다는 연구 결과가 있다.

제주 사람들은 요오드 성분이 많이 함유된 미역, 모자반, 톳, 청각 등 해조류의 음식을 많이 먹으며 살았다. 특히 미역은 두뇌 발달을 촉진하는 것으로 알려졌다. 미역에는 철분, 칼슘과 아이오딘 함유량이 많아 신진대사를 촉진하는 작용이 있다. 고려 시대 이전부터 고래가 새끼를 낳은 후 미역 줄기를 뜯어 먹는 것을 보고 고려인들은 산모에게 미역을 먹게 했다고 한다. 제주뿐 아니라 한반도에서도 오래전부터 미역국을 산후조리용 음식으로 이용했고 제주의 미역을 최상품으로 쳐 주었다.

🍯 아기 구덕

제주 사람들은 태어나자마자 아기 구덕에 실려 산과 들과 바다에서 온갖 외부의 자극을 받으며 살아왔다. 제주 여성들은 아기를 낳고 몸조리할 여유도 없이 바로 일터로 나가야 했다. 흔히 제주 남자들이 놀고먹는 것처럼 알고 있지만 실은 그렇지 않다. 바깥에서는 밭을 갈고 집에 들어와서는 아기를 돌보고 밥을 하는 등 현대인처럼 남녀의 일을 구별하지 않았다. 한반도에서는 남자들이 아기를 안는 것도 흉이 되었지만, 제주에서는 남자들이 주로 집에서 아기를 돌봤다. 현대인처럼 가사 노동에서 남녀를 가리지 않았다.

남자들이 외부인들의 눈에 띄지 않은 것은 남자의 높은 사망률 외에도 노동의 성적 역할이 한반도와 달랐기 때문이었다. 제주 남자들은 아기도 보고 취사도 했지만, 목축(테우리), 밭갈이, 거름 내기, 우마차를 이용한 수확물의 운반, 작물의 파종이나 수확, 가옥 수리, 농기구 만들기, 돌담 쌓기, 삯 노동 등 큰 힘을 이용하는 일이었다. 이러한 노동들은 일회적이거나 간헐적으로 일어나며 집안이나 동네 안에서 이루어지는 일들이었다.

바다에서 물질을 할 때는 아이를 데리고 갈 수 없었지만, 밭일을 할 때는 어머니가 아기를 아기구덕에 재워 놓고 일을 하였다. 밭에서는 나무 그늘에 아기구덕을 내려놓고 일을 했다. 아기가 구덕에서 나와 흙을 집어 먹기도 했다. 논농사 지역에는 노부모가 집에 남아 아이를 돌보는 역할을 했지만, 제주에서는 남녀노소 할 것 없이 모두 일터로 나가야 했기에 집에 남아서 아기를 돌볼 사람이 없었다. 병든 자가 아니면 모두 밭이나 바다의 일터로 나갔기 때문이다. 제주에서 벼슬을 지낸 경래관이나 유배 생활을 하며 보낸 학자들의 기록에도 그 합리성을 인정했는지 제주 남성들의 아기 보는 것에 대해 이상하다고 기록한 예는 없다.

요람에 해당하는 아기구덕은 일반 구덕보다 길이는 길고 아기가 충분히 담길 정도로 높이가 높다. 중간 정도 높이에 질긴 끈을 안쪽으로 그물처럼 엮어 그 위에 아기를 눕혔기 때문에 통풍이 잘된다. 구덕 아래에는 보릿짚을 깔아 오줌을 싸면 아래로 흘러내렸다. 이동할 때는 아기를 구덕에 누이고 짊어지고 다녔다. 한쪽 발로 구덕을 흔들면서 손으로는 다른 일을 했다.

제주도의 아기구덕은 흔들의자처럼 흔들게 되어 있어 고정된 동양식의 요람보다는 서양 것과 닮아 있다. 아기구덕은 들고 다니며 한 손 혹은 한 발을 얹어 흔들면서 밥을 짓고 바느질을 하고 심지어 드러누워 자면서도 흔들 수 있는 일거다사(一擧多事, multi tasking)의 효율적 노동이 가능하다. 방 안에 이불을 깔아 둘 필요가 없어 늘 정리 정돈이 잘되어 있어 공간을 넓게 사용할 수 있다. 겨울에는 보릿짚을 깔아 보온 효과가 있고 오물 처리를 쉽게 할 수 있다. 여름에는 보릿짚 대신 통기성 좋은 삼베를 해먹(Hammock)처럼 얽어매어 시원하다. 동서양을 막론하고 아기의 잠자리 용구가 따로 있다 하더라도 크고 무거워서 주로 집 안에서만 이용되었다. 아기구덕처럼 생산 현장에서도 이용할 수 있는 포터블한 것은 아니었다.

아기구덕(침대)에 의한 격리 양육은 '개(個)'를 중요시하고 그것에 가치를 두는 문화의 소산이다. 한반도에서는 아이를 업고 안아서 키우는데 '사이(의존)'를 중요시하고 그것에 가치를 두는 문화이다. 인간의 두뇌 발달은 3살 이전에 뇌세포를 연결해 주는 두뇌 신경 회로가 얼마큼 '외부의 자극'을 받아 제대로 형성되느냐와 관련된다. 제주 사람들이 독립적이고 영특하다는 평가를 받는 것은 태어나자마자 바로 이 포터블한 아기구덕에 실려 산과 들과 바다의 온갖 외부의 자극을 받으며 살아온 것도 하나의 이유이다.

　한반도의 아기들은 사람의 품에서 벗어나면 '이탈 쇼크'로 온 동네가 떠나가라 울어 댔는데 오죽하면 「호랑이와 곶감」이라는 전래동화가 전해져 올 정도이다. 아기가 하도 울어서 온갖 방법으로 달래도 울음을 그치지 않자 호랑이가 잡아간다고 겁을 준다. 그래도 앙앙 울어대던 아기는 "옜다. 곶감이다."라는 말에 울음을 뚝 그치자 그 말을 들은 호랑이가 곶감이 무서워서 줄행랑을 쳤다는 이야기이다. 한반도인의 의존적 의식 구조는 '업고 안고(負之抱之)' 키우는 육아 방식에서 찾고 있기도 하다.[21]

　한반도의 아이들이 부모 혹은 조부모의 등에서 '오냐오냐' 업혀서 자랐다면 제주인들은 아기 때부터 바쁜 엄마를 따라 들로 산으로 삶의 현장에 던져졌다. 송성대는 태어나서부터 엄마 품에 안길 시간 없이 구덕에서 키워졌기에 제주인들이 더 독립적이고 어려서부터 산과 들을 접했기에 상상력이 더 풍부하고 유연한 사고를 갖게 되었다고 하였다.

작가의 말
넋들임

　제주에서는 밤에 아이들이 이유 없이 울면, '침 맞으러 가야겠네.'라는 말을 한다. 실제로 침을 놓는 집들이 더러 있었고 침을 맞고 와서는 거짓말처럼 울지 않게 되었다고들 한다. 또 체기가 있으면 '체를 내려야 한다.'라고 한다. 내가 살던 동광양 물통이라 부르던 이도동에도 체 내리는 집이 있었다. 나는 침집에 가거나 체 내리는 집에 가진 않았다. 그런데 넋 들이는 집에는 가 봤다.

　남편과 나의 컨셉을 말해 준 이가 있었다. city boy와 country girl이었다. 나는 촌년답게 강인한 정신력으로 제주 생활에 적응해 나가고 있었다. 남편은 떠나온 도시를 그리워했다. 한 달이 멀다 하고 서울행을 강행했고 육지에서 친구라도 내려오면 그 일행을 공항에 마중 나가서 공항에서 배웅까지 해야 집으로 돌아왔다. 도회적인 분위기와 세련된 매너와 특유의 친근함으로 잘 운영하던 컴퓨터 판매장도 점점 사양길에 접어들었다. 남편은 점점 마음의 길을 잃고 술에 의지했다. 남편의 병은 점점 깊어 가고 있어 어느 해인가는 백일기도를 드리면 상황이 나아질까 싶어서 백일기도를 시작했다. 나의 기도는 늘 한결같고 지극했다. 남편의 병이 낫게 해 달라는 것이었다.

　태고종이었던 그 절집의 노스님은 육지에 새 절을 지어 이사를 나가고 젊은 비구니 스님이 잠깐 계시다가 백일기도를 다닐 무렵에는 노스님의 아들이라는 분이 와 계셨다. 백일기도를 시작한 지 열흘쯤 지났을 무렵 젊은 주지 스님은 뜻밖에도 나에게 남편을 데리고 가서 넋을 들이라고 하였다.

"예? 스님! 어찌 스님이 무속 신앙인 넋을 들이라고 하십니까?"

"보살님, 스님이고 신부고 목사고 다 처방 따라 말씀을 드려야 하지 않겠습니까? 스님이라고 넋 들이는 집 가라고 말하지 말라는 법이 어디 있습니까? 보살님이 백날, 천 일 기도해 봐도 소용없습니다. 문제가 처사님에게 있으니 우선 처사님 모시고 가서 넋을 들여 보세요."

스님은 넋 들이는 할머니 집의 약도를 그려 주며 직접 전화까지 해 주셨다. 아무 날 이러저러한 사람이 가거든, 넋이나 잘 들여 주라는 당부까지 해 주셨다.

파란 대문 집

최미경

바닷가 마을 무릉리
거문 돌담에 흰 화살표가 그려진
파란 대문 집에 사는 할머니에게
넋을 들이러 갔다.

키도 크고 어질고 착한
법 없이도 산다는 그의
넋을 들이러 갔다.

광대뼈가 드러난 볼을 겨우 덮은 살가죽
척추가 드러난 등을 덮기도 모자라
젓가락 같은 다리가 허우적거린다.

땡그랑 땡그랑 방울 소리를 매단 채
하얀 창호지 더미들이 펄럭거리며
한때는 세상을 밝히는
불꽃 기둥이고자 했던 넋을 부른다.
창창했던 그의 넋을 불러들인다.

풀밭에 내던져진 작대기처럼
쓰러진 그를 태우고
바닷가에 차를 세웠다.

집채만 한 파도가 차창을 두드리며
기세등등한 푸름을 자랑하는 바닷물로
그의 넋이 걸어간다.
무릉리 봄 바다로 성큼성큼 걸어 들어간다.

무릉리 농협에서 바닷가 방향 골목으로 들어가면 담벼락에 하얀 화살표 그려진 집이 나온다고 했다. 나는 남편을 데리고 그 집을 찾아갔다. 할머니는 두유를 좋아하니 두유 한 박스, 소주 한 병, 돈 삼만 원을 챙겨 가라는 스님의 말씀에 따라 농협에서 운영하는 슈퍼에 들러 물건을 샀다. 슈퍼 점원은 대번에 넋

들이는 집에 가는 사람임을 알아보고 쌀과 초는 안 사 가느냐고 물었다. 나는 우선 스님이 준비해 가라는 것만 사서 슈퍼를 나왔다.

넋 들이는 할머니의 집 담벼락에는 하얀 페인트로 화살표가 그려져 있었다. 파란 대문을 열고 들어가자 도도한 모습의 할머니가 다소 까탈스러운 행동으로 우리를 맞이하였다. 신발을 밖에 벗고 들어와야 한다는 둥, 앉으면서 전화기 수화기를 좀 건드렸는데 매우 화를 냈던 기억이 난다. 할머니는 내가 가져간 술과 돈을 벽장문을 열고 쌀바가지에 올리더니 창호지가 달린 칼을 꺼내 넋들임을 시작했다. 연신 남편의 등을 쓸어내리며 할머니는 주문인지 위로의 말인지 모를 말을 했다.

"법 없이도 살아갈 착하디착한 조 씨 집 대주, 어디 가서 넋을 잃고 이리 헤매는고, 넋 들라, 넋 들라, 아기 어멍 잘도 착하난 착한 애기 어멍 손잡고 넋 들라, 넋 들라."

초점이 풀린 남편의 눈에서도 뜨거운 눈물이 쏟아져 내렸다. 칼을 던져서 칼끝이 밖으로 향해야 한다는데 연거푸 세 번이나 안으로 향했다. 할머니는 천 원짜리라도 몇 장 더 얹으라고 하였다. 나는 지갑에 있는 만 원짜리고 천 원짜리고 할 것 없이 지갑을 다 털어서 할머니께 드렸다. 여러 번의 시도 끝에 칼끝이 밖으로 향했다.

할머니는 절대 뒤를 돌아보면 안 된다는 당부를 하였기에 차도 후진하면 안 될 것 같아서 그대로 차를 직진하다 보니 바닷가에 이르렀다. 2월의 봄 바다는 너무나 바람이 매서웠고 그 매서운 바람에도 봄기운은 퍼져 나왔다. 남편을 부축해서 파도가 높이 치는 바닷가에 앉아 한참을 울다가 돌아왔다. 그 후로도 서너 번 정성을 다해 넋을 들이러 갔지만 결국 그는 몇 년 후 사망했다. 그의 넋은 어디에서 헤매고 있는지 알 수 없다. 넋 들이는 의식이 직접 병을 치료해 줄 수 있다고 생각하지는 않는다. 하지만 꽤 위로가 되었던 기억은 확실하다.

현용준에 의하면 넋들임 문화는 한국 본토에는 없지만, 일본 오키나와에는 무당에 의해 '마부이고 미'라는 의식이 행해지고 있다고 한다. 그렇다고 제주도의 넋들임 문화가 오키나와에서 들어왔다는 것은 아니다. 현대어로 넋들임은 '트라우마(외상 후 스트레스)로 인한 공황장애(panic disorder)'라고 말할 수 있다. 스트레스와 달리 트라우마는 노력만으로 치유되지 않는다. 트라우마는 '이전의 삶'과 '이후의 삶'을 완전히 다르게 구별 짓는 치명적인 상처다. 전문가의 도움이 필요하고, 자신의 현재뿐 아니라 과거와 미래를 아우르는 커다란 관점의 전환이 필요하다. 스트레스는 일시적이지만, 트라우마는 인생 전체에 영향을 끼치기 때문이다.

바다를 배경으로 살아온 제주에서는 각종 사고에 노출된 삶을 살기에 더욱 신앙에 의지해 살아갈 수밖에 없다. '당 오백, 절 오백'이라는 말에서 알 수 있는 것처럼 제주에서는 기독교, 천주교, 불교처럼 무속도 종교이다.

3장

제주의 지역 정신

1. 관제 이데올로기 삼무 정신
2. 개체적 대동주의 해민정신

1. 관제 이데올로기 삼무 정신

제주 정신을 나타내는 말은 수없이 많다. 삼무 정신, 정낭 정신, 수눌음 정신, 장두 정신, 조냥 정신, 혼 올레 정신, 4·3 정신 등이다. 특히 삼무 정신은 대표적으로 잘 알려진 제주인의 지역 정신이다. 제주도를 흔히 돌, 바람, 여자가 많다고 해서 삼다도(三多島)라고 하고, 도둑, 거지, 대문이 없다고 하여 삼무도(三無島)라고도 한다.

제주 정신을 나타내는 말은 수없이 많다. 삼무 정신, 정낭 정신, 수눌음 정신, 장두 정신, 조냥 정신, 혼 올레 정신, 4·3 정신 등이다. 특히 삼무 정신은 대표적으로 잘 알려진 제주인의 지역 정신이다. 하지만 이들 모두는 종개념으로 이를 포괄하는 상위 개념, 즉 유개념에 해당하는 정신을 찾아야 한다.

제주도를 흔히 돌, 바람, 여자가 많다고 해서 삼다도(三多島)라고 하고, 도둑, 거지, 대문이 없다고 하여 삼무도(三無島)라고도 한다. 이 말의 시초는 석주명이다. 나비 채집 연구가 석주명(石宙明)은 『제주도수필(濟州島隨筆)』에서 처음으로 제주도의 자연적·인문적 지역성(regional characteristics)을 '삼다(三多: 石多·風多·女多)·삼무(三無: 盜賊無·乞人無·大門無)의 섬(島)'으로 기술하였다. 제주도의 지역 문화로서 도무(盜無)·걸무(乞無)·대문무(大門無) 현상에 대해서는 산발적으로 거론되어 왔다.

영화 「남한산성」에서 척화파로 잘 알려진 김상헌(金尙憲)은 1601년 길운절(吉雲節)의 반란 음모 사건 이후 안무어사로 제주에 파견되었다. 그는 6개월간 제주에 머물면서 겪은 매일의 일상을 일기 형식의 기록으로 남겼다. 그가 남긴 『남사록(南槎錄)』에 이 섬에는 "도둑이 없다(…多壽考 無盜賊 俚語艱澁…)."[22]라는 기록이 있다.

『탐라순력도』로 잘 알려진 이형상(李衡祥)은 제주 목사로(1702~1703) 부임하여 제주의 유래 및 자연환경·사적·인물·풍속·행정 등 당시 제주의 생활을 상세히 기록한 『남환박물(南宦博物)』을 남겼다. 그는 이 책에서 '촌무도적(村無盜賊)'이라 하여 우마나 곡물, 농기 등을 들에 놓아두어도 누구 하나 가져가는 사람이 없다고 기록했다.(……村無盜賊 閭里及道路 絶無强盜 牛馬農器穀物 露置原野 而無一見偸 或有穿窬被捉者 民以爲可殺 渠亦自知其必死者 可尙俗者……).[23]

　중요한 것은 삼다·삼무라는 제주도의 지역성을 제주인들 스스로 정의한 것이 아니라 논농사 문화에 익숙한 한반도에서 온 사람들에 의해 이루어졌다는 점이다. 이동성이 없는 전통사회에서는 자신을 스스로 파악하기는 힘들고 타자와의 객관적 비교를 통해 이루어지는 것이 일반적이기 때문이다.

　석주명은 일제 말기에서 해방에 이르기까지 전국을 돌아다니면서 문헌 연구를 기반으로 실제 답사하여 조사한 지역·문화에 대한 기록을 남겼는데, 『제주도수필』도 이 중의 하나이다. 여기서 그는 종전의 도둑과 거지가 없는 제주의 이미지에 대문이 없는 것을 더하여 최초로 '삼무의 섬'이라 표현하였다. 석주명이 표현한 삼다·삼무에 대해서 이견을 주장하는 예도 있었다. 예를 들면 삼다(三多)에서 돌·바람·여자를 돌·바람·비로 주장하는 이가 있고, 가뭄·바람·수재로 주장하는 이, 돌·바람·소나무를 주장하는 이, 비석·민요·학교를 주장하는 이도 있다.

　특히 삼무(三無)에는 도무(盜無)·걸무(乞無)에 호랑이·곰·늑대 등 맹수가 없다 하여 맹무(猛無)가 들어가야 한다는 주장이 있기도 하였다. 삼무에서 맹무가 들어가야 한다는 의견은 일견 타당하다. 호랑이, 늑대 등 다른 동물을 해치는 동물들이 없는 것은 제주의 목축 문화에 지대한 영향을 끼쳤기 때문이다. 제주도에는 들판에 한가롭게 풀을 뜯고 있는 마소를 쉽게 발견할 수 있다. 육지처럼 외양간이나 마구간에서 말을 기르는 대신 드넓은 평야에 마소를 놓아 기르는 방목 문화가 발달했는데 이는 맹무 때문에 가능했다.

　제주인으로서 자리매김할 표상으로서의 정체성 찾기는 '새마을운동'과 관련하여 1979년도에 〈제주대학교 탐라 문화연구소〉가 제주도와 협력하여 '탐라 정신 연구'를 시작하였다. 제주도라는 행정 기관이 제주인의 전통적 정신을 추출하여 새마을사업을 보다 효율적으로 추진하기 위한 덕목으로 삼자는 것이었다. 〈탐라 문화연구소〉의 연구는 역사학(김종업 교수), 언어학(현평효 교수), 국문학(양중해 교수), 민속학(현용준·김영돈 교수), 경제학(고남욱 교수) 등 5개 학문 분야로 구성된 팀에 의해 이루어졌다. 그 연구의 결과가 '삼무 정신'이었고 이 '삼무 정신'이 제주인의 전통적 정신이라는 것이었다.[24]

　제18대 제주도지사로 재직한 장일훈 지사는 부임 후 도정방침을 '천혜의 원색을 살리는 개발 행정'으로 정하고 이에 따른 도정시책을 '삼다·삼무'의 구현이라 했다. 장 지사는 "바람과 돌과 여자가 많다는 삼다가 자연의 유산이라면, 대문과 거지·도둑이 없다는 삼무는 문화 유산이라고 할 수 있다."라고 말했다. "바람은 풍력 발전에, 돌은 건축 등의 특수 자재로, 여자는 도민들의 근면성에 지대한 영향을 끼쳤으며, 거지·도둑·대문이 없다는 삼무는 도민의 준법성과 평화를 나타내는 제주 정신이자 새마을정신이다."라고 설명했다.

　'삼무 정신'은 사회 각계각층은 물론 초·중등학교 교육 현장의 정신 교육 덕목으로 선정되었다. 이에 대해 학계와 언론에서는 '관제 이데올로기다.', '실체가 없다.', '표상 이념(정신)과 생활 규범을 혼동하고 있다.' 등의 강도 높은 비판을 하였다. 이러한 삼무 정신은 '왜'가 아닌 '어쨌든 하라'라는 '어용화의 도구' 혹은 '정언명령식의 강령'이었고 제주인 삶의 정향성이 무엇인지를 제시하지 못했다. 지향성을 갖는 이념과 그 이념을 갖게 한 동일시(identitification)의 대상, 표상이 되는 '롤 모델(role model)'이 없었기 때문이다. 제주인은 누구이며 그들이 어떤 지역 정신을 갖고 살았느냐에 대한 답은 이념이라야 한다. 그런데 표상이 되는 '롤 모델(role model)'에 대한 정의 없이 내세운 삼무 정신은 하나의 현상이고 규범에 지나지 않았다. 상위 개념으로서 유개념(類槪念, generic concept)과 하위 개념의 종개념(種槪念, specific concept)에 대한 지식의 결여 때문에 일어난 일이다. 결국 오늘날 '삼무 정신'은 흐지부지되어 버렸다. 삼무 현상은 지역 환경에 따른 현상이지 제주인을 하나로 규합시킬 정신이 되지 못했기 때문이다.[25]

도둑, 거지가 없는 이유

고조선 「8조금법」의 제3조는 '남의 물건을 도둑질한 자는 노예로 삼는다'이다. 예로부터 도둑이 많았다는 것을 나타내 주는 법령이다. 18세기 초, 제주목사 이형상(李衡祥)이 『남환박물(南宦博物)』에서 "우마나 곡물, 농기구 등을 들에 놓아둬도 누구 하나 가져가는 사람이 없다."라고 기록한 것처럼 제주 사람들은 이를 당연한 것으로 여겼다. 도둑이 흔한 다른 지방에서는 상상도 할 수 없는 일이었다.

한반도에는 '도적'을 소재로 한 이야기가 수도 없이 많고 각설이 타령에 나오는 도적 이야기가 많다. 각설이들은 시대를 풍자하고 체념하여 타령을 읊었다. "흉년 걱정 없으니 천석노적(千石露積) 부러울쏜가 / 도둑 걱정 없으니 고대광실 부러울쏜가"라는 내용은 역설적으로 도둑 걱정이 많았음을 나타내고 있다. 특히 삼남 지방으로 둘러싸인 지리산 주변에는 산적이 많았다. 조선 시대 영남의 선비들은 문경 새재를 넘나들 때 도적 떼에 입은 피해로 관료 사회에서 큰 문젯거리가 되었다. 연암 박지원(朴趾源)의 『열하일기(熱河日記)』에서도 사신 행차 가는 길에 병졸들이 행상들의 물건을 소매치기하거나 좀도둑질을 자주 하여 조선 사신의 행차가 지나가는 동안에는 가게 문을 닫았다고 기록했다.

제주의 전설이나 민담에서는 이러한 도둑 이야기를 찾아보기 힘들다. 삼무 정신을 규정한 학자들은 제주도에 도둑과 거지가 없는 이유를 제주 사람들이 근면 성실하고 정직하기 때문이라고 했다. 제주에는 정말 도둑과 거지, 대문이 없었을까? 송성대의 연구에 의하면 대문은 정낭이 대문 역할을 했고 도둑과 거지는 확실히 없었던 것으로 나타났다. 하지만 도둑과 거지가 없는 현상만 얘기했지 왜 그런지에 관한 얘기를 한 학자들은 없었다. 삼무 정신을 규정한 학자들은 제주도에 도둑과 거지가 없는 이유를 제주 사람들이 근면·성실하고 정직하기 때문이라고 했다. 그래서 대문을 달 필요가 없다고도 하지만 이는 다분히 견강부회적인 생각이다.

송성대는 도둑과 거지가 없는 이유를 제주의 지리적 특성에서 찾아냈다. 제주에 도둑과 거지가 없는 이유는 제주의 '고온 다습한 기후'와 중산간 지대의 '개체적 자작농 문화' 덕분이라고 정리했다. 육지와 멀리 떨어져 있어 '튀어 봤자 벼룩' 신세이기도 했지만 사는 형편이 고만고만하여 도둑질할 재물을 쌓아 놓고 살 형편이 되지 않았다. 제주에는 무주공야에 놀고 있는 넓은 평원이 있어 누구라도 부지런한 자는 밭을 칠 수 있었다. 산뿐 아니라 드넓은 바다도 있었다. 누구나 중산간의 빈터를 일구어 밭을 만들었고 바다 생물 또한 누구에게나 평등하게 주어졌다. 제주는 척박한 땅이었지만 부지런한 자에게는 '기회와 도전의 땅'이었다.

 제주도, 거제도, 진도, 남해, 강화도 등 한국의 5대 섬 중에서 제주도를 제외한 나머지 섬에서는 논농사를 짓는다. 제주도보다 훨씬 작은 목포 앞바다의 암태도와 하의도도 논농사 지역이다. 이런 섬에서도 지주와 소작인이 있었고, 암태도 소작 쟁의는 한국사에 한 획을 그을 정도로 큰 사건이었다. 한반도에서는 지주와 소작농이 있었지만, 제주는 누구든지 부지런하기만 하면 자기 토지를 소유할 수 있었다. 자급자족으로 의식주를 해결하려면 곡식뿐 아니라 옷을 짓기 위해 목화밭도 있어야 했고 지붕을 잇기 위한 '새왓'도 있어야 했다. 논농사를 짓지 않으니 볏짚마저 귀했던 제주에서는 지붕을 이을 억새를 키우는 밭이 따로 있었다. 제주에는 360여 개의 오름이 있다. 오름은 흙으로 덮여 있어 제주 사람들은 이 오름마저도 산이 아니라 밭으로 여겼다. 지붕을 이을 새를 기르고, 마소가 먹을 촐을 심었다.

 육지의 논농사에서는 보리와 벼를 이모작했는데 보릿짚은 주로 거름으로 쓰고 볏짚은 지붕을 엮는 데 사용했다. 지붕을 덮는 볏짚 외에도 벼농사에서 얻어지는 부산물은 상당했다. 볏짚은 지붕을 덮는 역할 외에도 겨우내 소의 여물이 되었다. 볏짚에 있는 미생물은 메주를 띄우는 데 중요한 역할을 했다. 벼도 쌀이 되기 전에 많은 부산물을 생산해냈다. 우선 겉껍질인 왕겨는 음식을 저장하는 데 이용되었을 뿐 아니라 화력이 오래가는 땔감이었다. 이때 '왕겨를 태울 때 바람을 일으키는 풍무'라는 기구를 사용했다. 조강지처(糟糠之妻)의 뜻은 술지게미와 쌀겨를 먹으며 어려운 시기를 함께 보낸 사람이라는 뜻인데 쌀겨 또한 소에게는 영양가 놓은 먹이였다.

한라산을 수직적으로 지역 구분을 하게 되면 200고지 이하 지역의 해안 지대, 200고지에서 600고지 사이의 중산간 지대, 600고지 이상은 산악 지대로 구분한다. 200고지 이하의 해안 지대는 그나마 물길이 있어 농사다운 농사를 지을 수 있었다. 해안 지대에서 농토를 갖지 못한 사람들은 중산간 지대로 가서 화전을 일구었다. 초목을 불태워 돌밭을 일궈 낸 화전농들은 척박한 땅이지만 자기 소유의 농토를 일구는 자작농이 되었다. 제주의 선조들은 쉬지 않고 일을 했다. 땅이 척박하니 더 많은 밭을 일궈야 먹거리를 마련할 수 있었다. 하지만 중산간 지대는 기후도 불순하고 땅도 척박하여 농사가 잘 안되었다. 무엇보다 하늘에서 비를 내려 주지 않으면 물을 댈 길이 없었다. 여기저기 빈 땅은 널렸지만, 농사를 지을 수 있는 땅은 얼마 되지 않았다. '땅부자는 일 부자'라는 말이 있을 정도로 부지런함은 제주인의 상징이었다. 척박한 땅이지만 중산간 어디라도 땅을 일궈서 자기 토지를 갖고 있었기에 남의 것을 훔칠 이유도 남에게 빌어먹을 이유도 없었다.

🏠 대문이 없는 이유

바람, 여자, 돌이 많아 삼다도라고 불리는 제주에는 예사로 바람이 분다. 바람은 제주 사람들을 못살게 굴었지만, 제주 사람들은 바람마저 원망하기보다는 숙명으로 받아들였다. 농사에는 해롭지만 큰 태풍이 지나간 바다는 고기들이 밀려들었고 해조류를 해안까지 밀어 보내기도 하고 밭에 거름으로 쓰일 모래를 밀어 올려 주었다. 제주도는 비가 많이 오는 지역이다. 일 년에 1,800㎖가 내린다.

땅이 젖은 날이 많고 바람은 사시사철 불어 댄다. 겨울엔 따뜻하고 여름엔 다소 시원하지만, 수없이 많은 태풍이 제주를 훑고 지나간다. 해안가 마을은 바람에 날린 바닷물 때문에 녹이 슬지 않은 것이 없다. 겨울바람은 몸이 떠밀리듯 강한 바람이 분다. 새끼줄을 꼬아 격자로 묶은 지붕도 사나운 태풍에 날아가기 일쑤이고 나무뿌리가 뽑히고 밭도 물에 잠긴다.

도둑과 거지가 없어 대문을 달 이유가 없다고들 하지만 제주에서 대문 대신 정낭을 단 데에는 이러한 고온 다습한 기후 때문이었다. 육지의 민가에는 사립문을 달았다. 사립문은 산에서 나는 싸릿대라는 가는 나무를 베어서 대문을 만들었다. 대나무가 많이 나는 지역에서는 대나무를 엮어서 대문을 만들기도 했다. 사립문은 영구적인 것이 아니라 가을이 되면 초가지붕의 이엉을 다시 얹듯이 나무를 다시 베어다가 새 대문을 달았다.

만약 사립문을 제주도에 달았다면 어떻게 됐을까? 습한 날씨에 금방 썩어 버려 다시 만들고 다시 만들고를 수없이 반복했을 것이다. 육지처럼 대나무나 싸릿대를 구하기도 어려웠다.

〈정낭〉
비가 많은 제주에서는 썩지 않을
나무를 걸어 마소의 출입을 막았다.

〈사립문〉
육지에서는 가는 나무로
대문을 달았다.

[그림 4] 제주도 정낭, 육지 사립문

제주에는 "한 달에 미숫가루 세 번, 수제비 세 번 해서 먹으면 집안 망한다."라는 속담이 있다. 개역은 육지의 미숫가루에 해당하는 음식으로 제주에서는 쌀이 나지 않으니 보리를 솥에 볶아서 갈아서 만든 보릿가루이다. 수제비에 해당하는 조배기는 보리를 맷돌에 갈아서 동그랗게 완자처럼 만들어서 물이 끓으면 넣어서 익혀 먹는 음식이다.

쉴 새 없이 노동해야 겨우 먹고살 수 있었던 제주에서 손이 많이 가는 분식을 해 먹는 것도 사치로 여겼다. 개역이나 조배기를 만들어 먹는 것도 사치로 여길 정도로 바삐 살아가는 제주에서는 철마다 대문을 바꿔 달 시간적 여력도 없었다. 사립문 대신 구멍이 뚫린 돌기둥에 나무로 만든 막대 세 개를 연결한 정낭이 대문 역할을 하였다.

구멍이 뚫린 돌기둥을 정주석이라고 하고 구멍 사이를 연결한 나무 막대를 정낭이라고 한다. 정낭을 단 이유는 마소의 침입을 막기 위해서였다. 제주에서는 한라산을 오르내리며 말을 이목 했다. 수평 간에 이동은 유목(遊牧)이고 수직 간 이동은 이목(異牧)이라고 한다. 추운 겨울 한라산에서 키우던 말이 먹을 게 없으면 마을로 내려와서 민가에 해를 끼치기 때문에 마소를 막을 정낭이 필요했다. 처음에는 마소의 출입을 막으려는 목적이었으나 나중에는 집주인의 상황을 알려 주는 역할을 하게 되었다.

또 다른 이유는 개체주의 사상이 강한 '부부중심가족제'를 들 수 있다. 개체주의 사회에서는 한 집단의 성원이 사회의 규칙을 어기면 같은 집단에서 자연스레 따돌림을 당한다. 공동체가 잘 발달한 제주 사회에서는 타인에게 폐가 되는 일은 스스로 삼가는 삶의 방식이 전해졌다. 스스로 공동체의 윤리 의식에서 도덕성을 갖고 살았기에 대문을 달아야만 하는 이유도 없었다.

2. 개체적 대동주의 해민정신

해민정신(海民精神)은 삼무 정신을 뛰어넘어 제주인의 정체성을 나타내는 정신이다. 자연환경에서 기인한 삼무 정신에 해민정신은 제주인의 정신세계를 입힌 이념이라고 할 수 있다. 해민의 진취적 정신이야말로 제주 기층민의 해방을 지향한 미덕이었고 제주 섬 공동체의 문화를 끌어냈다. 개체적 대동주의란 자유를 신장할 수 있도록 개체를 인정함과 동시에 평등을 지향하여 공동체 의식을 갖도록 하는 인간주의적 이념이다.

문화지리학이 지리학의 다른 분야나 일반 사회과학과 다른 점은 '풍요 영역의 체계'보다 '생존 영역의 체계'에 대해 연구 초점을 맞춘다는 점이다. 생존·생활을 위해 꼭 갖추어야 할 도구로써 지역 정신 또는 시대정신의 정립은 자칫하면 배타주의(chauvinism) 혹은 지역 이기주의로 이용될 수 있다. 올바른 지역 정신의 정립은 애향심을 함양하고 지역의 올바른 발전 방향을 제시해 주는 중요한 의의가 있다.
　송성대는 제주인의 정체성을 바다를 배경으로 살아온 해민에서 찾았고 제주를 이끌어 온 정신은 해민정신이라고 규정하였다. 제주의 지역 정신으로서 제주 해민의 정신을 이어받자는 것이 송성대의 해민정신이다. 과거, 바다로 진출했던 제주 선민들의 얼을 받아, 밀려오는 물결을 피하지 않고 의연하게 대처하는 정신(creative response)을 요구하고 있는 것이다. 그것이 곧 개방성이요, 해민정신이다. 역사 이전의 시대부터 참치처럼 넓은 세계를 항해했던 제주인의 삶에서 참된 제주 정신을 찾아야 한다.
　해민정신은 삼무 정신을 뛰어넘어 제주인의 정체성을 나타내는 정신이다. 삼무 정신은 제주 사람들의 삶의 방식을 자연환경에 국한하여 나타내고 있지만, 해민정신은 자연환경에서 기인한 삼무 정신에 더하여 제주인의 삶에 나타난 생활 양식에 정신세계를 입힌 이념이라고 할 수 있다. 일엽편주, 풍선을 탄 제주인들은 한반도를 비롯하여 중국, 일본, 유구의 해적과도 싸워야 했다. 가렴주구하는 관리, 토착 관리의 착취와 배타성에 의한 억압 등의 인재(人災), 몰아치는 사나운 폭풍과 파도의 천재(天災)와도 굴하지 않고 이겨 내야만 하는 바닷

사람, 해민이 되어야 했다. 해민의 진취적 정신이야말로 제주 기층민의 해방을 지향한 미덕이었고 동시에 제주 섬 공동체의 문화를 끌어냈다.

사면이 바다로 둘러싸인 척박한 화산섬이라는 공간에 탐라에서 제주에까지 이르는 시간 동안 해민이 있었다. 해민은 해상 상인뿐 아니라 선단의 선주, 고기잡이 어부, 포작인, 해녀 등이 포함된다. 이들의 안전과 풍어를 기원해 주는 심방(무속인) 등 바다를 삶의 터전으로 살아온 바다 생활자들을 '해민'이라 정의할 수 있다.

바다를 배경으로 살아온 제주 해민들은 자기 완결적 구조를 갖추고 도전 정신, 개방성을 갖고 살았다. 조선에 이르러 출륙 금지령이 내려지고 해양 민족으로서의 기개를 버리고 척박한 땅을 일구며 반농반어의 삶을 살아온 제주인의 DNA에는 탐라인의 후예 해민의 정신이 깃들어 왔던 것이다.

제주인의 지역 정신으로 해민정신을 내세우자 비판하는 학자들이 있었다. '해민이 제주를 대표할 수 있느냐?', '제주인들이 모두 해민이냐?'라는 지적이었다. 이에 대한 송성대의 대답은 명쾌했다.

영국의 '기사도', 일본의 '무사도'라고 하는데 영국인들이 모두 기사이고 일본인들이 모두 무사이냐? 한반도에서는 선비 정신을 내세우는데 한반도인들이 그럼 다 선비이냐? 대표적으로 그 사회를 선도해 나가고 삶을 지탱하는 사람들이 누구였느냐에 따라 기사도니, 무사도니, 선비 정신 운운하듯 제주에서는 해민이 제주의 경제를 선도했던 세력이었고 그들의 삶을 지탱해 온 해민정신이 있었다. 바다에서의 삶은 개인의 능력을 중요시하면서도 협동하지 않으면 살 수 없는 구조였다. 송성대는 '개체적 대동주의'를 실천하며 살아온 해민정신이 제주의 대표적인 지역 정신이라고 주장했다.

동서고금을 통하여 사람들이 자신의 심리적 안정이나 성취 욕구를 충족하기 위하여 자신이 소속한 지역 환경에서 가장 의미 있고 영향력 있는 사람의 정신, 행동, 태도 등을 공유하는 과정에서 지역 정신이 형성된다. 제주에서는 해민(海民)이 사회를 이끌어 왔고 선비 정신에 삼강오륜의 실천 강령이 있듯 해민정신에는 '개체적 대동주의'를 실천하며 살았다는 것이다.

무주공야의 열린 지리적 공간에서 제주인은 다른 사람들과 갈등하지 않고도 어디서든 자기 소유의 토지를 일궈 낼 수 있는 기회와 도전의 땅이었다. 다만 땅이 척박하여 잉여 생산량 또한 없어 사람들은 근면하고 부지런하여 남의 것을 탐하지 않고, 노력 없이 얻으려 하지 않았다. 그래서 도둑과 거지가 없었다. 한반도처럼 논농사가 아니라 화전을 일궈 밭농사를 지었기에 타리거생 문화가 생겨났다. 그런 삶의 방식에서 개체의 삶을 기반으로 살면서 공동체 정신을 실천하며 살아온 제주인들의 삶의 방식이 '개체적 대동주의'였다.

제주인들의 '개체적 대동주의'에서의 '개체적'은 민주에, '대동주의'는 공화에 바로 부합된다. 따라서 제주인의 개체적 대동주의의 제주이즘 즉 해민정신은 예스러우면서 획기적이고, 자연스러우면서 경쟁력을 갖춘 가장 지역적이면서 가장 세계적인 보편 정신이다. 바로 이러한 독특성을 갖는 제주 정신이기에, 해민정신으로 표상되는 제주이즘은 외부 세계와의 고립 지향이 아니라 차이점 속의 공통성을 부정하지 않으면서 인류애를 바탕으로 하여 적극적으로 대외 관계를 지니려는 세계관이라 할 수 있다.

해민은 환해(環海)의 섬사람으로서 주변국과 '동등한 고유 문명(equality with cultural uniqueness)'을 갖도록 한 '문명의 창조자'였다. 해민 중에서도 특히 육지와 바다를 오가며 경제적 주체로 살았던 해녀들의 삶의 문화에 나타난 개체적 대동주의는 앞으로 펼쳐질 새로운 시대에 걸맞은 인류 보편적인 가치를 내포하고 있다.

화산섬 제주의 환경은 척박했다. 사면이 바다로 둘러싸여 기후는 혹독했고 자원은 빈약했다. 땅이 척박하니 제주에서는 논농사는커녕 밭농사도 수확량이 적었다. 쌀을 생산하는 논농사와 비교하면 보리, 조, 콩을 생산하는 밭농사에 수익이 6배 이상 차이가 났다. 노동력은 밭농사가 논농사와 비교하면 3배 이상 더 요구되었다. 농사가 되지 않으니 제주인들은 땅을 벗어나 멀리 바다를 향해 나아갈 수밖에 없었다. 제주의 선조들은 이렇게 척박한 환경을 숙명으로 받아들이고 인고와 불굴의 정신으로 공동체 정신을 발휘하며 살아왔다. 한마디로 개체적 대동주의를 실현하며 살아온 것이다.

제주도에서의 개체 중심 이념은 단자 우대균분상속제, 신거제(新居制)와 은거분가제(隱居分家制), 수눌음, 가옥 구조 등과 관련하여 설명될 수 있다. 이에 대한 근원적인 설명은 특히 자립·자활 능력을 갖춰 남자와 대등한 입장에서 생활한 여성 문화에서 그 실마리를 찾을 수 있다. 그것은 곧 사회의 최소 단위라는 제주도형 가정 즉 제주도에만 있었던 부부중심가족제이다.

 논농사 지대와 달리 제주의 부부중심가족은 일단 분가하면 '경제적으로' 부모 형제와도 단절하여 살아갔다. 심지어 부부가 이혼하여 혼자가 되어도 마찬가지였다. 이런 특수성이 제주 사람들에게 서양의 정신적인 의미가 강조되는 개인주의와 그리고 한반도(동양)의 혈연을 중심으로 한 가족주의와 구별되는 '개체주의'를 낳도록 하였다.

 '개체적 대동주의'란 자유를 신장할 수 있도록 개체를 인정함과 동시에 평등을 지향하여 공동체 의식을 갖도록 하는 인간주의적 이념이다. 제주 섬의 개체적 대동주의는 개체(자본주의)와 집단(공동체주의)의 양립을 가능케 함으로써 양자의 긴장을 적절하게 완화·조화시킨다. 제주인들이 대동주의를 지향한다고 하더라도 전체주의로 흐르지 않았던 것은 사랑, 우정, 정의 및 모든 사회적 덕성이 자연스러운 인간적 공동귀속성과 통일의 감정에 기초하였기 때문이다. 외부의 강제성에 의한 것이 아니라, 인간적 본성에 근거를 둔 자유스러운 발로에서 온 것이기 때문이다.

 개체적 대동주의는 제주인의 삶 속에서 자연적으로 형성되어 실천된 이념으로 개인의 생활을 인정하면서도 공동체 정신을 발휘하는 제주인들의 독특한 생활 방식이다. 해녀의 공동체 생활, 어촌의 공동바당, 중산간의 공동목장 등이 제주의 공동체 정신을 잘 나타내 주고 있다. 이런 공동체 정신은 오늘날 재평가되어 소중한 가치를 인정받고 있는 제주의 정신이다.

 현대 사회에 이르러 '핵가족이다, 원자 가족이다.'라는 말이 등장하며 가족은 물론 공동체 자체가 해체되는 지경에 이르고 있다. 어떻게 하면 소중한 제주의 공동체 정신을 찾아내고 그러면서도 개인의 소중한 인권과 민주적 프라이버시를 지킬 수 있을까? 그 길은 개체적 대동주의를 실천한 제주인의 해민정신에서 그 의의를 찾을 수 있다. 능력에 관계없이 태어날 때부터 신분이 정해지는 귀속 지위 문화인 농민 사회와 달리 해민 사회는 개인의 의지와 능력으로 얻어지는 성취 지위 문화이다. 해민 사회는 농민 사회보다 기회 균등한 조건에서 '경쟁의 원리'가 적용되는 실력 사회(實力社會; meritocracy)로 가는 데에 유리하다.

그 경쟁의 원리는 위대한 사상가에 의해 제시된 것이 아니라 구성원 모두에 의해 자연스럽게 암묵적으로 형성되고 합의되었기에 불만이 있을 수 없는 구조이다. 제주인들의 경쟁은 '갈등 없는 경쟁'으로 개인 경기에서의 촉진 효과(促進效果: stimulus effect)를 내면서 단체 경기의 공조 효과(共助效果: synergy effect)를 내는 '친화 속의 경쟁'이었다. 개인의 발전 원리에 '연대의 원리'가 조화를 이뤄 인류가 지향할 가치가 있다는 것이다. 연대의 원리는 '대동(大同)'이라는 이념이 전제된다. '경쟁과 연대의 원리'는 바다 생활자들에서 나올 수 있는 정신문화로서 가장 제주적이면서 가장 세계적인 것이라 할 수 있다.[26]

신자유주의적 세계 질서를 추구하는 이 시대에 있어서 미래를 위한 진취적인 시대정신을 찾아야 할 필요가 있다. 시대정신에 부합한 제주다운 정신이 바로 해민정신이다. 탐라인들은 소수의 사람만이 해안선 용천 부근에 살면서 반농반어의 생활을 하고 대부분 사람은 해외로 나가 장사를 하였다. 그러한 탐라인들은 자유로운 해민이었고 '자유스럽기 위해' 권위에 도전하며 부당한 권위에 항거했다. 이러한 정신이 제주의 선조들이 시공을 초월하여 만든 개체적 대동주의(Individual Corporatism), 즉 해민정신(Seamen ship)이다. 송성대는 열린 시대에 제주인들의 문화를 이해하고 세계인들과 원만한 소통으로 자신은 물론 제주도의 발전에 이바지할 것을 주문했다.

작가의 말
곤밥 예찬

　제주에서 주로 짓는 농사는 보리, 조, 콩, 메밀 등이었다. 반지기 밥은 부잣집에서나 먹을 수 있었다. 보리, 조, 콩 등의 잡곡을 위주로 먹었고 그마저 넉넉하지 않아 보릿고개를 겪어야 했다. 보릿고개에는 설익은 보리를 베어다가 삶아 '섯보리밥'을 해 먹었는가 하면 바다에서 나는 파래와 톳 등의 해조류를 보리에 섞어 밥을 지어 먹었다. 고구마나 감자를 삶아 먹으면서 끼니를 때우기도 했다. 조밥, 보리밥, 고구마밥, 메밀밥, 감자밥, 피쌀밥, 섯보리밥, 감태밥, 지름밥, 팥밥, 곤밥, 파래밥, 돌밥, 무밥 등 제주 사람들이 춘궁기를 견디기 위해 얼마나 많은 노력을 해 왔는지 짐작할 수 있다.[27]

　의귀리 동네 삼촌들의 그림 이야기책에는 1970년대까지만 해도 제주에 얼마나 쌀이 귀했는지를 구술하고 있다. 곤밥은 특별한 날에만 먹을 수 있는 귀한 음식이었다. 결혼하는 날 새색시 밥상에는 달걀 세 개와 고봉으로 담긴 흰 쌀밥 한 그릇이 올라온다. 신부는 그 밥을 혼자서 먹으면 안 된다. 잔치에 구경 온 동네 사람들에게 한 숟가락씩 나눠 주어야 했다. 사람들은 손에 받아 든 그 밥알을 한 풀씩 떼어 먹었다는 것이다.[28]

[그림 5] 〈새색시 밥상에 올라온 곤밥을 손에 받아 든 사람들〉
동화『여돗할망 이야기』에서 작가 최미경은 의귀리 동네삼춘
그림 이야기책에서 모티브를 얻어 고동지와 강심이 결혼하는 장면을
설명하여 김도현 그림작가가 그림을 그렸다.

제주대학교 총장을 지낸 우도 출신 고○석 총장(74세)은 그의 자서전에서 해상 상인 어머니 덕분에 비교적 부유한 환경에서 성장했지만 곤밥 때문에 7살에 초등학교에 입학했다가 자퇴하고 다시 입학했다고 밝히고 있다.[29]

아버지는 "학교는 왜 안 간다는 말이냐?"라고 물으셨다. 어이없게도 내가 고집을 피운 가장 큰 이유는 곤밥 때문이었다. 당시 제주도 농촌 동네에서는 제사를 지내고 난 뒤 제사 퇴물을 집집마다 돌리는 풍습이 있었다. 더욱이 우리 동네는 高氏 집성촌이라서 뒷날 아침 집집이 제사 음식을 돌렸다. 그 제사 음식에 '곤밥'이 있었다. 당시 곤밥은 부잣집에서도 먹기 힘들었다. 그나마 우리 집은 귀한 손님이 방문할 때 가끔 보리와 쌀을 섞은 '반지기'를 먹을 수 있었다. 대부분 좁쌀밥이나 보리밥을 먹을 때이니 쌀밥을 먹는 것은 정말 어쩌다 한 번 오는 기회였다. 설사 쌀밥을 먹을 형편이 되는 부자들도 공동체적인 시각에서 나 혼자 쌀밥을 먹는다는 것이 계층 간 갈등을 유발하는 요소라 생각했다. 당시에는 과시적 소비를 자제했다. 지금은 찾아보기 힘든 소위 '염치'라는 것이 있었다.

중문동 출신 송O남(61세)은 곤밥이 얼마나 귀했는지를 잠자리를 잡을 때 부르는 노래와 행동으로 알려 주었다. 어릴 적 가을 잠자리를 잡으려고 풀로 엮은 풀 방망이를 허리춤에 감추고 아래와 같은 노래를 불러 준다고 했다.

밥줄아 밥줄아 (잠자리야 잠자리야)
아자난 방석에 아지라 (편한 방석 찾아 앉아라)
곤밥 누넹이 긁어당 주마 (곤밥 누룽지 긁어다 줄 테니)
아자난 방석에 아지라 (편한 방석 찾아 앉아라)

이렇게 반복적으로 주문을 외우면 훨훨 날던 잠자리가 자리를 잡고 앉는다고 했다. 그때 파리채처럼 만든 풀 방망이로 잠자리를 잡아서 놀았다고 한다. 곤밥이 얼마나 제주 사람들에게 귀한 음식이었는지 알 수 있다.

척박한 환경

4장

1. 석다가 만든 삶
2. 거대한 물허벅 한라산
3. 메마른 땅에 가난한 백성(地瘠民貧)

1. 석다가 만든 삶

> 돌이 많은 제주에서는 쉬이 닳아 버리는 짚신 아닌 칡 줄기로 만든 '찍신'을 신었다. "땅은 돌이 많아 흙은 몇 치(寸)만이 덮여 있다."라고 한 김상헌, "섬 주위가 온통 뾰족뾰족하고 괴상한 돌로 되어 있다."라고 한 이형상의 기록 등으로 보아 일찍부터 이방인들은 제주도에 돌이 많음을 특이 경관으로 보아 왔음을 알 수 있다.

돌, 돌, 돌, 또 돌, 돌, 돌

제주는 돌로 이루어진 화산섬이다. 돌은 제주인의 삶 속에서 떼려야 뗄 수 없는 영향을 주었다. 강한 바람을 막아 주는 역할을 하고 집, 밭, 바다, 무덤, 목장의 경계로 활용되었다. 물을 머금어 보습 효과를 주었고 흙이나 씨앗이 날아가는 것을 막아 주기도 했다. 지금은 '생각하는 정원'으로 이름이 바뀌었지만, 분재예술원은 예나 지금이나 꾸준한 관람객을 자랑하는 관광지이다. 분재예술원이 만들어지게 된 역사를 사진으로 전시해 놓은 곳에 '돌, 돌, 돌. 또 돌, 돌, 돌. 많기도 하여라 돌, 돌, 돌.'이라고 쓰여 있었다. 그만큼 제주엔 돌이 많다.

농사를 짓는 토지에만 돌이 많은 것이 아니다. 화산석 위에 돌이 덮여 있는 격이라 섬 전체가 돌로 뒤덮여 있다고 해도 과언이 아니다. 산도, 들도, 밭도, 바다도 온통 돌투성이다. 제주도는 왜 석다의 섬이 되었으며, 돌이 많은 환경은 제주인의 삶에 어떤 영향을 미쳤을까? 제주의 독특한 환경은 섬이라는 조건보다 화산섬이라는 데서 이유를 찾아야 할 것이다.

화산섬 제주는 화산이 폭발하면서 용암이 흘러내렸다. 점성이 높아 끈적끈적한 아아용암은 현무암 물질이 분출하여 굳어져 표면이 딱딱하고 표면이 거칠다. 아아용암은 굳으면 잘게 쪼개지기 때문에 이런 바위 위엔 물이 고일 수가 없다. 점성이 낮아 잘 흐르는 파호이호이 용암은 묽은 죽처럼 잘 흐른다. 마치 죽을 쏟은 것처럼 넓게 퍼지면서 밧줄 모양의 무늬가 생긴다. 이런 넓은 돌을 제주에서는 '빌레'라고 부르고 이 빌레 위로 진흙, 낙엽이 쌓이면 물이 고여 습지를 이룬다. 파호이호이 용암은 속도가 빠르므로 용암 동굴을 만들기도 한다.
 돌과 바람이 많다는 것은 제주가 척박한 땅이라는 것을 증명해 준다. 안무어사로 제주에 온 김상헌은 『남사록(南槎錄)』에서 "땅은 돌이 많아 흙은 몇 치(寸)만이 덮여 있다."라고 적었다. 숙종 28년 제주 목사로 부임해 제주의 풍속을 타파하고 유교 문화를 전파하는 데 사활을 건 이형상도 "섬 주위가 온통 뾰족뾰족하고 괴상한 돌로 되어 있다."라는 기록을 남겼다. 이처럼 이방인들은 제주도에 돌이 많음을 특이(特異)한 경관으로 여겼다. 돌이 많은 제주에서는 쉬이 닳아 버리는 짚신 대신 칡 줄기로 만든 찍신을 신었다. 억새로 만든 초신을 신기도 했다. 벼농사가 없으니 짚을 구하기도 힘들었기 때문이다.

🪨 돌에서 태어나 돌로 돌아가는 사람들

 제주 사람들은 돌에서 태어나 돌로 돌아간다. 돌담이 둘러쳐진 돌집에서 태어나 죽어서는 산담이 둘러쳐진 자갈밭에 묻히기 때문이다. 무덤의 돌담은 '산담'이라고 부른다. 육지의 무덤은 땅을 봉분의 높이만큼 깊게 파서 관을 넣는다. 제주는 온통 돌밭이라 관이 겨우 들어갈 정도의 깊이만큼만 땅을 판다. 관을 묻고 봉분을 만든 뒤 산담을 두른다. 조상의 묘를 방목 중인 마소 출입을 막고, 불에 의한 훼손을 막기 위해 묘 둘레를 돌을 쌓아 울타리를 둘렀다. 중산간 지대의 공동목장 지대에서 방목과 방목지의 잡목을 제거하기 위해 불을 놓는 관행이 있었다. 대보름을 기해 마소가 먹을 풀이 잘 자라게 하고 진드기 등의 벌레를 잡기 위해 불을 놓는데 산담은 이런 화기를 막아 주는 역할을 한다. 죽은 자의 영혼이 드나들 수 있도록 산담에는 신문이라는 출입문을 만들어 놓는다. 국영 목장에 쌓은 널따랗게 돌로 쌓아 올린 기다란 담을 '잣담'이라고 한다. 돌담 안에서 키운 말은 육지로 공출해 갔다.

바다에도 돌담이 있다. 제주의 바다는 날카로운 용암 빌레라 그물을 던질 수 없다. 원 모양의 담을 쌓아 놓으면 밀물에 들어온 고기가 썰물 때 미처 빠져나가지 못해 마을 사람들에게 먹을거리가 되었다. 원담에는 멜이 많이 들었다. '원담에 멜 들었다'는 소식이 들리면 사람들은 바가지를 하나씩 들고 몰려가 멜을 떴다. 집집이 나눠 가진 멜은 멜국도 끓이고 구워 먹기도 했다. 멜젓을 담아 이웃 마을이나 중산간 마을로 가서 보리, 조, 콩, 메밀 등 그곳에서 나는 곡물로 물물 교환하기도 했다. 멜을 잡으려고 여러 집이 모여 그물 접을 꾸리기도 했는데, 그물 접은 일종의 계이다. 돛단배나 테우를 타고 멜을 잡는 사람, 멜을 잡기 위해서는 배를 모으는 사람, 그물을 당기는 사람, 그물을 터는 사람 등 역할을 나눴다. 해안가 마을을 따라 원담이 복원되어 있고 요즘도 원담에 멜이 들어올 때는 물 반, 고기 반이라는 말을 실감할 정도로 많은 멜이 든다.

제주의 집 담도 돌로 되어 있다. 육지에서는 돌담을 쌓더라도 사이사이를 흙으로 메웠다. 하지만 제주에서는 흙을 구하기도 어려웠고 화산재라 접착력이 떨어졌다. 돌담에 송악 같은 덩굴류가 얽히면서 든든하게 돌들을 고정하는 역할을 한다. 제주의 돌담은 바람을 막기도 했지만, 돌담 사이의 구멍은 오히려 바람을 통하게 하여 무너지 않았다.

〈돌담〉　　　　　　　　　　　　〈토담〉
돌을 쌓아 구멍이 송송 뚫려 있다.　　황토 흙 사이에 돌로 장식한 형태이다.

[그림 6] 제주 돌담과 육지 토담

돌집, 울타리, 올레, 수시로 밟고 다니는 디딤돌이 모두 돌이었다. 신앙의 대상인 산과 바닷가의 신체(神體)도 돌(石像), 당 터를 둘러싸는 것도 제주 섬에서는 돌이다. 돌밭, 산담, 밭담, 질담, 집담, 바당 빌레(海岸巖石) 할 것 없이 온통 돌, 돌투성이다. 육지는 바다로 나아가는 길에 갯벌이 있지만, 제주는 바다로 가는 길마저 검은 돌길이다. 오가는 어장 길 역시 검은 돌길이다. 소금을 생산하는 염전마저 돌이다.

🚗 구엄리 돌 염전

제주가 사면이 바다로 둘러싸여 짠 바닷물 천지라도 소금은 귀했다. 염전을 만들 땅이 없고 소금을 굽고자 해도 쇠가 귀해 소금을 구울 솥을 마련하기 어려웠다. 조선 선조 때 제주 목사로 온 강려는 소금밭을 만들기 위해 고군분투한 끝에 종달리에서 소금 생산에 성공했다. 그러나 관가에서 쓸 소금을 대기도 바빠서 민가에서는 구경하기도 힘들었다.

애월읍 구엄포구에는 돌 염전으로 사용한 평평한 천연 암반이 있다. 마을 사람들은 이 암반 지대에서 소금을 만들어 소금빌레라고 하였다. 구엄마을 사람들에게 소금을 만드는 일은 생업의 일부였으며 1950년도까지도 그 명맥을 이어 왔다. 소금밭은 해안을 따라 300m, 폭 50m로 약 1,500평에 이른다. 공유 수면에 위치하지만 개인 소유가 인정되어 매매도 가능했다.

한 가구당 20~30평 규모로 소유했고 소금밭은 400년 가까운 세월 마을 주민들의 생업의 터전이자 삶의 바탕이었다. 한 해에 생산되는 소금의 양은 28,800근으로 17t 규모였다. 포구의 서쪽 쉐머리코지에서 옥여까지 펼쳐진 넓은 빌레에서 소금을 만들었다. 바위 위에 찰흙으로 둑을 쌓아 만든 통을 호갱이 혹은 '물 아찌는 돌(물 안치는 돌)'이라고 한다. 그곳에 바닷물을 부어서 햇볕에 졸여 나가는 방식으로 천연 소금을 생산했다.

소금을 만드는 기간은 날씨에 의해 좌우되는데 날씨가 좋으면 15일~20일 정도 걸리지만, 날씨가 좋지 않으면 한 달 정도가 소요되었다. 소금은 봄, 여름, 가을에 생산했는데 겨울에는 일조량이 부족하고 계절풍인 북풍의 영향으로 거센 파도가 소금을 쓸어가 버렸기 때문이다. '소금빌레'에서 구운 구엄의 소금은 넓적하고 굵어 품질이 우수할 뿐 아니라 맛이 뛰어났다. 구엄리에서 고내리에는 '엄장해안길'이 조성돼 있다.

〈소금빌레〉
구엄리의 돌 염전은 널찍한 현무암에 찰흙으로 둑을 쌓아 그곳에 고인 바닷물이 마르면 소금을 얻어 내는 방식이었다.

〈도대불〉
도대불은 보재기(어부)가 바다에서 고기잡이를 마치고 배가 안전하게 포구에 들어올 수 있게 불을 밝혔다.

[그림 7] 소금빌레, 도대불

구엄리의 돌 염전은 널찍한 현무암에 찰흙으로 둑을 쌓아 그곳에 고인 바닷물이 마르면 소금을 얻어 내는 방식이었다. 생산된 소금은 여성들이 등짐에 지고 중산간 마을로 팔러 나갔다. 구엄마을을 중심으로 남동쪽 마을인 용흥, 장전, 유수암 마을엔 홀숫날에, 남서쪽 마을인 하가, 상가, 납읍, 소길 마을에는 짝숫날에 가서 보리, 조, 콩 등의 곡물과 바꾸어 왔다. 소금을 만드는 일은 주로 여자들의 몫이었기에 소금밭은 큰딸에게로 상속되는 풍습이 있었다.

🪨 비보적 기능으로서의 돌

구좌읍 동복리에는 '소여'라는 돌탑이 있다. 마을에 역병이 돌아 소가 죽어 나가자 마을 사람들은 북쪽에 있는 '소여'에 돌탑을 세우기로 뜻을 모았다. 소의 질병을 일으키는 악령이 북쪽에서 온다고 믿었기 때문이다. 통나무로 만든 배에 돌멩이를 싣고 서북쪽에 바다에 있는 소여까지 운반하여 돌탑을 쌓았더니 다시는 역병이 돌지 않았다고 한다. 마소를 놓아먹이는 제주에서 소를 잃어버리는 일이 허다했다. 구좌읍 행원마을 동쪽에는 밭담 아래 제단을 쌓아 만든 '쇠당'이라는 신당이 있다. 소를 잃어버린 사람은 이곳으로 달려가 제물과 짚신 한 켤레를 제단에 올리고 잃어버린 소를 찾아 달라고 기원했다.

한반도에서는 동구(洞口)의 장승을 나무로 만들지만, 제주 읍성 입구에는 돌하르방이 있다. 촌에는 마을 수호신의 일종으로 돌탑을 쌓았다. 돌탑으로 된 방사탑(防邪塔)은 '거욱대'라고도 하는데 마을의 허함을 보하는 비보적 기능을 하고 있다. 풍수지리적으로 마을의 허약한 곳을 보완하기 위함이다.

〈돌하르방〉
읍성에 돌하르방을 세워
읍의 경계 역할을 했다.

〈장승〉
동구 밖에 서 있어 마을의
초입을 알리는 역할을 했다.

[그림 8] 제주 돌하르방, 육지 장승

돌탑은 한반도의 산간 지방에서도 어렵지 않게 찾아볼 수 있다. 탑리, 탑거리라는 지명은 돌탑이 있는 마을이나 돌탑이 있는 거리를 말하며 정월 대보름에는 탑에서 풍년과 마을의 안녕을 기원하는 제를 올리기도 한다.

〈거욱대〉
제주의 해변이나 바다에 있는 거욱대는 어선들이 입·출어할 때 이정표 역할을 해 주었다.

〈돌탑〉
마을 입구에 세워져 마을 수호 신당 역할을 하였다.

[그림 9] 제주 거욱대, 육지 돌탑

제주의 해변이나 바다에 있는 거욱대는 어선들이 입·출어할 때 이정표 역할을 해 주었다. 특별한 건물이나 이정표가 없는 중산간 지역의 들판에서는 겨울 적설로 사방에 눈이 쌓이면 어디가 어딘지 몰라 방향 감각을 잃고 같은 지점을 맴도는 환상 방황(環狀彷徨, white out)의 위험을 불러온다. 내륙형 거욱대는 이럴 때 유용한 길잡이 역할을 하였다.

🪨 밭담

제주에서 가장 흔히 볼 수 있는 담은 밭담이다. 밭담과 해안가에 쌓은 돌담을 전부 이으면 중국의 만리장성보다 길 것이다. 국영 목장을 구획했던 상잣담, 하잣담의 돌담도 남아 있다. 제주의 돌은 여덟 개의 귀퉁이가 있어 돌을 쌓다 보면 아귀가 딱 맞는 느낌이 난다고 한다. 검은색 현무암으로 쌓아진 돌담은 바람결을 따라 곡선으로 이어져 하늘에서 내려 보면 용이 살아 움직이는 것 같다고 하여 '흑룡만리'라고 불린다.

끊이지 않고 이어지는 돌담은 조천, 북촌, 온평, 태흥 등지에 그 흔적이 아직도 남아 있다. 하지만 이 성이 동부 지역에만 있는 것으로 보아 삼별초 군이 쌓았다기보다는 동쪽의 왜구 방어와 관련이 있다고 보는 설도 있고 태풍의 피해를 막기 위해 쌓았다는 설도 있다. 땅의 경계를 짓는 선으로 존재하는 밭담은 계절의 변화를 담아내는 멋진 도화지이다. 노란 유채꽃과 검은 돌담의 조화는 그대로 그림이 된다.

검은 질에 샛노란 유채꽃이 피어나고
최미경

사람들은 나를 무명천 할머니라 부르지만 내 이름은 진아영,
치자 물들인 저고리에 진달래색 무명 치마 입던 열여섯 시절 있었지.
한림 장에서 돌아오는 아버지 어깨너머로 홍시처럼 익은 해가
하늘과 맞닿은 바다로 쑥 빠져들 때 붉게 물든 노을은 참말로 고왔어.

무자년 섣달, 산에서도 바다에서도
유독 짱짱한 바람 불더라니
그보다 더 무서운 바람
사람들 사이에서 일더라

탕! 꺾어진 허리 위로 한라산이 그대로 쓰러지고
산의 무게를 견디고 깨어났을 때 사람들은 절망했어.
죽지 않고 살았으니 큰일이 났다지 뭐야.
아버지는 결국 세상의 무게를 이겨 내지 못하고 기가 콱 막혀
숨이 멎어 버렸다니 무명천으로 싸맨 것이 흉터만은 아니야.

다시 봄.
턱이 없어도 원담에 멜 들더니
검은 질에 샛노랗게 유채꽃이 피었다지 뭐야.

제주도의 밭담은 2013년 1월, 한국농업유산 2호로 지정되었다. 서로 지형에 맞게 계단식으로 조성된 제주 밭담은 제주 전역에 분포되어 있다. 제주인의 독특한 삶의 문화를 담고 있는 제주 밭담은 문화적 가치가 상승하고 있다. 제주시 삼양동 '민속박물관'에는 돌 문화의 은인 판관 김구 선생 공적비가 있다. 진성기 관장은 고려 고종 19년 (1234), 제주 판관으로 왔던 김구(金坵)가 5년간 판관으로 재임하면서 제주 사람들에게 밭 경계를 두고 다투고 가축의 침범을 막기 위해

돌담 쌓는 것을 가르쳐 주었다며 그의 공적을 기리고 있다. 비문대로라면 고려 시대 이전까지 제주 사람들은 밭담을 쌓을 줄을 몰라 돌밭에서 농사를 지었다는 이야기인데 다소 설득력이 없는 이야기이다.

김구가 제주 판관으로 온 것은 고려 시대이다. 탐라가 개국되기 이전부터 이미 제주도에는 농경이 행해지고 있었다. 제주도 곳곳에서 청동기 유물이 발견되고 있기 때문이다. 진성기의 주장대로라면 농경이 발달한 청동기 시대를 기준으로 제주도 선조들은 3천여 년 동안 밭담을 쌓지 않고 이웃과 끝없이 경계 싸움을 하고, 온갖 들짐승들의 피해를 받으며 농사를 지었다는 것이다. 과거 제주도에는 농작물에 피해를 주는 가축은 물론 노루, 사슴, 멧돼지 등의 야생 동물이 지금보다 훨씬 많았을 것으로 추정된다. 이들에 의한 피해를 방지하는 방책을 마련하지 않고 농사를 지을 재간은 없었을 터이다. 지천으로 널려 있는 돌로 울타리를 쌓지 않고 버틸 이유도 없었다.

제주 밭담의 역사는 제주 농업의 시작과 때를 같이했다고 보는 것이 옳을 것이다. 제주의 척박한 땅에서는 돌을 골라내야만 농토가 확보되었고 확보된 사유지에 골라낸 돌을 쌓아 올려 자연스레 경계가 생기고 밭담이 형성된 것이다.

밭담의 형태는 쌓는 모양에 따라 한 줄로 쌓은 외담, 두 줄로 쌓은 접담(겹담), 넓게 쌓아 담 위로 사람이 지나다니는 길이 있는 잣밧담(밭담길)이 있다. 특히 잡굽담은 하단 일정 부분까지 작은 돌들을 쌓고 그 위에 큰 돌을 쌓는 독특한 형태의 돌담이다. 개간한 땅이나 경사가 심한 토지의 경계에 있는 흙이 비에 쓸려 내려오는 것을 막는 방법으로 척박한 자연환경에서도 자연에 대응하며 살아온 제주인들의 지혜를 보여 준다.

〈밭담〉
심는 작물에 따라 형형색색의 물감으로 그린 수채화처럼 아름다운 경관을 이뤄 새로운 관광 자원으로 떠오르고 있다.

〈잡굽담〉
경사진 밭의 토사가 밀려오는 것을 막기 위해 아랫부분을 작은 돌멩이를 쌓아 올린 것이 이색적이다.

[그림 10] 밭담과 잡굽담

한국 전쟁 이후, 한라산에 마소의 방목이 점차 사라졌다. 노루, 멧돼지의 무분별한 남획으로 산짐승의 피해가 줄어들자 자연스레 밭담은 허물어지고 낮아졌다. 그러나 최근 야생 동물 보호 정책으로 산짐승이 다시 늘어났다. 특히 노루의 개체 수가 증가하면서 피해가 커지면서 밭담 높이기, 그물 울타리 설치하기 등이 자연스럽게 나타나고 있다. 이런 상황으로 볼 때 고려 시대 김구에 의해 제주도의 밭담 문화가 생겨났다는 것은 설득력이 떨어지는 말이다. 화산섬 제주도의 밭에서는 골라내고 골라내도 돌이 나와 밭담을 쌓는 것은 너무나 자연스러운 일이었다. 제주의 돌담은 인간이 자연에 적응하면서 창조한

위대한 자연경관이다.

2. 거대한 물허벅 한라산

제주도의 물이 좋은 환경적 이유는 암반수(巖盤水)로서 산림 속 낙엽이 많이 쌓인 화산회 토양을 지나 지하로 내려가는 빗물의 체류 시간이 길어져 이온 교환이 촉진되기 때문이다. 제주의 물은 깊고 긴 화산체의 지하층을 통과하여 불순 유기질을 걸러 줄 뿐만 아니라 각종 미네랄을 함유하여 용출되는 지하수이다.

🍚 용천수

한재·풍재·수재의 삼재(三災)는 모두 물과 관련된 재해이나, 이 중 가뭄에 의한 한재는 재해 중 가장 큰 재해였다. 가뭄이 들면 사람들은 먹을 물을 얻기 위해서 수 km나 되는 거리를 물허벅을 등에 지고 물을 길으러 다니는 질곡의 삶을 살았다. 특히 우도, 마라도, 가파도 같은 부속 도서에서는 바닷가 암반에 바가지도 사용할 수 없을 정도로 얕고 오목한 부위에 고인 물을 얇은 천으로 흡수하여 물허벅에 짜 넣어 물을 얻기도 했다.

제주인은 모든 생애에 걸쳐 자연 앞에 겸손해질 수밖에 없음을 물에서 배웠다고 해도 과언이 아니다. 참으로 제주인들에게 물은 귀하고 귀한 것이었다. "세수할 때 물을 많이 쓰면 저승 가서 그 물을 다 먹어야 한다."라는 속담은 물을 아껴야 한다고 강조한다. 특히 물이 귀한 중산간 지대에서는 쌀 씻을 물이 없어 씻지 않고 그냥 밥을 하기도 했다.

제주도는 강우량은 많지만 빌레 사막의 땅이라 빗물을 가둘 수 없었다. 제주인들은 늘 물 걱정을 하며 한세상을 살다 갔다. 촌락의 입지 결정, 말에 의한 진압 농법, 수눌음 등의 문화가 모두 이 가뭄 피해로 인한 물 부족에 의해 생겨났다.

다행히 제주에는 비가 많이 내리고 빗물은 지하로 스며들어 고이는 공간이 있다. 이 물은 약 20년간 저장되었다가 서서히 바다로 흘러간다. 지하 암반층에 있는 물이 암반 사이의 균열 때문에 압력이 생기며 솟구치는데 이것이 용천수이다. 용천수가 솟아나는 해안가를 따라 마을이 형성된 이유도 물 때문이다. 용천은 2000년대 이전까지만 해도 제주시 540개소, 서귀포시 371개소 등 911개소 정도가 있었으나 현재 용천수는 주변이 훼손되고 사라져 이용 가능한 용천수는 많이 사라져 버렸다.

도내에 분포하는 용천수들은 그 물이 위치한 환경에 따라 각기 이름이 있는데 같은 이름도 많았다. 물이 나오는 형태에 따라 '통물'은 바위틈에서 물이 새어 나오거나 땅속에서 솟아 흘러 물웅덩이를 형성한 경우이다. '엉물'은 해안이나 하천가의 큰 바위(엉덕) 밑에서 솟아나는 용천수로 '엉덕물'과 유사한 뜻을 지니고 있다. '큰물'은 용출량이 많거나 물의 면적이 넓은 물 또는 마을에서 규모가 가장 큰 물을 의미한다. '생이물'은 용출량이 매우 적어 새나 먹을 수 있을 정도로 졸졸 흐르는 물이고 '구명물'은 장마철 등 비가 많이 올 때만 솟아나는 물을 의미하며, '할망물'은 집에서 토신제를 지내거나 굿 등 정성을 들일 때, 또는 산모가 젖이 잘 안 나올 때 이용하는 물로 제주의 토속 신앙적 의미를 내포하고 있다. '절물'이란 절간이나 절간 주변에 위치해 주로 절간에서 이용하는 용천수를 의미하며, '고망물'은 암석의 틈이나 땅이 움푹 팬 지점의 구멍에서 물이 솟아날 때 사용한다.

제주 사람들은 중산간 지대의 고인 지표수를 '죽은 물(死水)'이라 하고, 지하에서 솟는 샘물을 '산 물(生水)'이라 불렀다. 해안 지대(알뜨르) 사람들은 중산간 지대 사람들을 '웃뜨르 맨주기(올챙이)'라고 놀렸다. 또한 용천수는 '산물', 봉천수는 '죽은 물'이라고 하여 죽은 물을 먹는 중산간 마을로 시집가기를 꺼렸다.

먹는 물 사정도 좋지 않았다. 제주 사람들은 용천수를 먹고 살았다. 용천수는 빗물이 지하로 스며들어 암석이나 지층의 틈새를 통해 지표로 솟아나는 물로 바닷가를 중심으로 많은 용천수가 분포하고 있다. 용천수의 유무는 마을을 이루는 중심 역할을 하였다. 그러나 중산간 마을에서는 그 용천수마저도 없어서 아랫마을 용천수를 이용하며 눈치를 봐야 했다.

육지의 아낙들은 아무 때나 우물가에 물을 길으러 갈 수 있었다.

동네 우물은 언제나 그 자리에서 샘물이 퐁퐁 솟아났다. 우물가는 동네 여인들이 만나 안부를 주고받는 사랑방 역할을 하는 정겨운 곳이었다. 하지만 제주의 여인들에게는 물 긷는 시간마저 자연이 정해주었다. 용천수는 썰물 때는 한라산에서 내려온 단물이 나지만 밀물 때는 바닷물이 들어와 짠물이 되기 때문이었다. 마시는 물마저 귀했던 제주에서는 물때에 맞춰 용천수를 찾아 물을 길어야 했다.

〈썰물 때 용천수〉
썰물 때는 맑은 물을
담고 있는 용천수

〈밀물 때 용천수〉
밀물 때는 물에 잠겨 버린
용천수와 원담

[그림 11] 이호해수욕장 內 문수물

제주의 산 서부 지방에서는 3대 살기 좋은 곳으로 "제1 강정, 제2 도원(지금의 대정읍 신도리와 무릉 일원), 제3 번내(지금의 화순리)"라고 한다. 물이 부족한 제주에서도 이 지역만큼은 물 걱정이 없는 지역이었다. 제주의 지표수는 빈약했지만, 강우량이 많았기에 풍부한 지하수는 높은 수질을 자랑하고 있다.

　제주도의 물 부족을 해소하기 위해 본격적으로 수자원을 개발한 것은 1960년대에 들어서였다. 1961년, 북제주군 애월읍 수산리에서 처음으로 지하수 굴착 공사를 벌였다. 1969년까지 도내 58개소에 시추를 하여 이 가운데 19개소에서 지하수 개발에 성공했다. 1972년부터는 본격적으로 지하수 관정에 의한 용수 공급을 할 수 있었다. 상수도 보급률이 전국 최하위였던 제주는 1980년 초가 되자, 전국 최고의 보급률(100%, 전국 80%)을 기록하게 되었다.

　제주도의 연간 강수량은 많지만, 보수 능력을 갖추는 토양은 거의 없었다. 대부분 논농사를 지을 수 없는 뜬 땅으로 비가 그치고 나면 사막이 되어 버리는 천습지건(天濕地乾)의 모순된 기후를 갖는다. 제주 섬의 이 모순된 천습지건의 기후 경관은 화산 활동으로 인한 지형과 지질 그리고 토양 때문이다.

　지형적으로 제주도는 한라산이 방패를 엎어 놓은 모양과 같은 순상화산(楯狀火山=아스피테형 화산)이다. 빗물의 유출 거리가 짧아서 순식간에 '내창(河床)'을 통해 바다로 유출되어 버려 체류수 즉 지표수로 존재하기가 어렵다. 우산에서 빗물이 흘러내리듯 바다로 유출되어 버리는 표류 수는 강수량의 60% 이상이다. 보수 능력을 갖고 있지 않아 대부분의 하천은 마른 상태로 있다가 비가 오면 많은 물이 흘러가는데 이때 제주 사람들은 물 터졌다고 한다.

서귀포시 강정천 부근, 한경면의 용수리 부근, 이호동 현사마을의 덕지답 외에서는 물이 땅으로 스며들어 논농사를 지을 수 없었다. 점토질로서의 질참흙(된 땅)이 분포하는 한경면 고산리의 광활한 지역에서조차도 논농사는 어려웠다. 제주도가 물이 귀한 핍수 지역(乏水地域)이 되는 또 하나의 원인은 지반을 이루는 용암반에 금이 난 틈, 절리(節理)가 발달했기 때문이다. 지하 곳곳에 공동(空洞: 용암 터널)이 발달하여 '숨골'을 형성하며 빗물은 지하로 바로 유출되어 버렸다. 지표수는 극히 빈약하여 농업에 불리했지만, 지하에 저장된 풍부한 물은 세계 제일의 수질을 자랑하고 있다.

〈물 구덕〉
물허벅을 담은 대나무 바구니로 만든
물 구덕을 등에 지고 물을 길었다.

〈물동이〉
육지에서는 물동이를 머리에 이어
물을 길었다.

[그림 12] 물 구덕과 물동이

그나마 거대한 한라산이 있었기에 지형성 강수를 유발하여 많은 강수량을 지하수로 보유할 수 있었다. 특히 겨울 동안 지형성 강설로 쌓인 눈은 건기인 초여름까지 서서히 녹아 풍부한 지하수를 저장했다. 한라산이야말로 비를 오게 하고 제주인의 생명수인 빗물을 저장토록 하는 주재자이다. 만약 한라산이 없이 마라도처럼 평평한 지형이었다면 강수량을 지하에서 보유하기 힘들었을 것이다. 그래서 제주인들은 '바람'을 아버지로 하고 '한라산'을 어머니로 삼아 태어난 자손들이다.

🚗 암반수

오늘날 제주도에서는 어디서든지 수도꼭지에 입을 바로 대고 물을 마실 수 있다. 신혼여행을 한국콘도로 왔었는데 한국콘도의 세면대에는 '이 물은 음용할 수 있습니다.'라는 표찰을 붙여 놓아서 신기했다. 세계적으로 이런 곳은 손으로 꼽을 정도이다. 중국처럼 드넓은 평원 지역에서는 긴 거리를 강이 관류하는 과정에서 각종 오염물로 인한 수인성 전염병 때문에 수돗물을 생수로 먹는 것은 상상조차 할 수 없다.

산이 높아야 물이 맑은 법이다. 한반도의 양반가에는 전용 우물이, 마을마다 공동 우물이 있었다. 그러나 제주는 비산비야의 구릉성 산지라 지하수의 수위가 얕았다. 땅속에 구덩이를 파서 분뇨를 모았다가 퍼내는 재래식 측간을 사용하였기에 분뇨가 우물로 스며들거나 비가 많이 오면 범람하여 강으로 흘러 들어가기도 하였다.

박제가는 『북학의』에서 조선에서는 인분 관리를 제대로 하지 않아

물이 모두 짜다고 지적했다.[30] 그래서 한반도에서는 외지에 갔다 온 사람이 건강한 모습을 하고 나타나면 "물 좋다."라는 관용적 표현의 인사말을 주고받았다. 한반도에서 '처가와 측간은 멀수록 좋다'는 말은 지하수위가 얕아 우물의 오염도가 크기 때문에 양돈 측간을 집안의 먼 곳에 둔 탓에 나온 말이다.

중국이나 일본에서는 인분을 개천이나 강으로 흘려보냈기에 수인성 질병에 걸릴 위험이 컸다. 중국과 일본인들은 수인성 질병에 대비하여 늘 물을 끓여 마신다. 이 두 나라에서 차(茶)를 마시는 문화가 생긴 것은 이 때문이다. 한국은 배산임수의 지형으로 오염원이 없는 산에서 바로 흘러 내려오는 물을 마셨기 때문에 수인성 질병에 걸릴 위험은 덜하였다. 그러나 밭에 뿌린 생똥에 의해 감염될 위험은 늘 있었다.

이에 반해 제주 사람들은 세계 최고 양질의 천연 암반수를 마셔 온 덕분에 오래도록 건강하게 살았다. 김상헌은 『남사록(南槎錄)』에 칠·팔십이 되는 사람들도 강건하여 늙은 태가 없고, 나이가 많아도 군역에 응하고 구십에 이르는 사람도 많다며 제주를 장수의 고장으로 기록했다.[31]

대저 마을 남녀들은 칠팔십이 되는 사람들이 흔히 있으나 오히려
강건하여 늙은 태도가 없고 그래도 관문에 왕래하고 오래 군역에 응하며
혹은 구십 세에 이르는 사람들도 많다는 것이다.
(且村中男女多有七八十者 而尙能强健無老態猶往來官門
長應軍役 或至九十者亦多云)

심방들의 무가에 "인생 팔십이 천명(天命)이라 한들 잠든 날 잠든 시를 제외하면 단 사십인들 살 수 있소이까."라는 내용으로 보아도 장수하는 사람들이 많았음을 알 수 있다.
　제주 사람들이 장수하는 이유는 물 덕분이다. 제주 지하수는 천연 약알칼리성으로 항산화력이 높아 세포 노화를 방지해 주고 지방 세포 형성을 억제해 비만을 방지해 주는 특성이 있다. 제주도의 지하수는 필수 미네랄의 함량이 높은 것이 특징이다. 최적 수온 10~15℃에 해당하며 경도, 탄산 수치가 매우 낮아 최고의 물맛을 자랑한다.
　제주도의 물이 이처럼 좋은 이유는 다른 나라, 다른 지방의 석간수와 다른 암반수이기 때문이다. 빗물이 낙엽이 많이 쌓인 산림 속 화산회 토양을 지나 지하로 내려가는 체류 시간이 월등히 길다. 이로 인해 이온 교환이 촉진되고 산성이 약화된다. 여기에 깊고 긴 화산체의 지하층을 통과하는 동안 불순 유기질을 걸러 줄 뿐만 아니라 각종 미네랄이 함유되어 용출수가 되기 때문이다. 그러다 보니 채수한 물은 10년 이상이 되어도 변하지 않고 청정 상태를 유지하고 있다. 현재 한국을 오가는 국내외 24개 항공 회사에서 제주 샘물을 기내 수로 쓰고 있다.
　약수터의 물은 새벽에 효력이 있다고 하는데, 이는 수온과 관계가 있다. 제주도의 지하수는 깊고 긴 지하층을 통과한다. 겨우내 한라산에 쌓인 눈이 5월까지 덮고 있어 맑고 차갑게 구조화된 육각수를 지하로 침투시켜 약수의 기본 요건인 물에 용존 산소량을 풍부하게 한다. 제주의 지하수는 그 침투 과정에서 각종 화산성 조암 광물 성분이

고루 포함될 뿐만 아니라 활성탄이 함유된 탄소 덩어리와 화산회토에 의해 여과된다. 이런 과정에서 해로운 충과 균을 죽이고 유해 물질을 여과하여 용해하는 탁월한 기능을 발하는 생명수이다.

3. 메마른 땅에 가난한 백성(地瘠民貧)

제주도의 땅은 농업에 불리한 화산회토이다. 자갈 따위의 화산 쇄설물이 지표에 깔렸으니 이른바 돌투성이 땅이다. 바람 또한 많은 섬이어서 겨울철의 북풍은 10m/s를 넘을 때가 많은가 하면, 때로는 20m/s에 이른다. 폭풍이 부는 날이 많고 흐린 날씨는 연간 180일에 달한다. 이러한 기상 조건은 이른바 메마른 땅에 가난한 백성이란 뜻의 '지척민빈'을 부채질해 왔다.

논농사를 지을 수 없는 척박한 땅 제주에서는 쌀 대신 보리, 조, 콩을 주식으로 먹었다. 육지에서는 잡곡으로 분류되는 보리, 조, 콩이 제주에서는 주요 곡물이었다. 그나마 이런 곡식도 척박한 땅이라 생산량이 많지 않았다. 곡식뿐 아니라 물도 귀했다. 집을 지을 나무도, 지붕을 이을 풀도 귀했다. 온통 돌로 덮여 있고 그 위에 흙이 먼지처럼 얇게 덮여 있었기 때문이다. 제주인들에게는 한라산이나 산방산을 제외한 360여 개의 오름마저 밭 삼아 곡식을 심고 지붕을 이을 새를 얻었다. 오름은 마소에게 먹일 촐을 공급해 주는 훌륭한 밭이었다. 척박한 땅 제주에서는 흙이 덮여 있는 오름은 산이 아니라 밭이었다. 이는 개인 소유의 오름이 많은 이유이기도 하다.

성산마을 어르신들이 살아온 이야기를 그림으로 엮은 책 『성산 인생』에서는 성산 일출봉의 분화구 안에서 조를 갈기도 하고 고구마를 심기도 했다는 증언을 볼 수 있다. 누룩 돌로 된 계단을 내려가면 아주 깊고 넓은 분화구가 나타났다. 밭이 귀하다 보니 거기까지 가서 농사를 지었지만, 수확이 많지 않았다. 그 분화구에서 수확한 것을 짊어지고 내려오는 상상을 하는 것만으로도 제주의 척박한 환경이 얼마나 가혹했는지 알 수 있다. 수확한 것을 거둬들이기도 쉽지 않았다. 관광객으로 1년에 한 번 올라가기도 힘든 일출봉, 그 일출봉에서 분화구까지 내려가기는 또 얼마나 어려운 일인가.

제주에서는 마소에게 먹일 촐을 구하는 일이 큰일이었다. 성산 일출봉의 분화구에서는 촐을 키웠다. 가을에 마소에게 먹을 촐을 구하러 온 가족이 출동하여 분화구 안으로 들어간다. 미리 베어서 말려 둔 촐을 단으로 묶은 후 등에 지고 뾰족한 바위 위로 올라가 촐을 아래로 굴리면서 소리친다. "우리 것 둥글렴져!" 그러면 밑에서 다른 가족이 기다리다가 촐을 받았다. 위에서 둥글린 촐단이 풀리면 산 여기저기로 흩어졌다. 촐 베는 일이 끝나면 집에서 키우던 소와 말을 일출봉으로 끌어올려 분화구로 밀어 넣었다. 겨울에도 풀이 자라는 분화구는 소들의 여물통이 되어 주었다. 매일 소를 데리고 집으로 오자면 사람이 힘들고 소를 분화구에 두자면 소들이 힘들었다. 바람이 불고 추운 날, 소들도 추위를 타기 때문이다.[32]

 논농사를 짓는 한반도의 소들은 외양간에서 겨울을 보낸다. 따뜻한 소죽솥에서 벼를 수확하고 난 볏짚에 쌀겨를 섞어 소죽을 끓여 준다. 쌀겨, 콩깍지가 들어간 소죽은 구수한 냄새를 내며 삼시 세끼 끼니에 맞춰 끓여 주었다. 어머니가 저녁을 하는 동안 아버지는 소죽을 끓였다. 한반도의 소들은 따뜻한 소죽을 먹고 볏짚이 깔린 바닥에 누워 잠을 청했다. 등에는 짚으로 만든 멍석을 덮어 주어 보온을 해 주었다.

 제주 들판을 지나다 보면 푸른 초원에서 한가로이 풀을 뜯고 있는 마소를 볼 수 있다. 제주에서는 마소를 방목했기에 제주의 소들은 모진 비바람 폭풍우를 맞으며 추위에 떨어야 했다. 제주는 비가 내리는 날도 많고 바람 부는 날도 많다. 갑자기 비가 많이 내리면 물에 둥둥 떠내려가기도 한다. 한겨울 눈 쌓인 산야에서 얼어 죽기도 하였다. 눈이 녹아내리고 새파랗게 돋아난 초지에서 누운 채로 죽은 마소의 백골을 만나는 일은 예사였다. 제주의 마소는 푸른 초원에서 자유를 누리는 대신 폭우, 폭풍, 폭설을 견뎌 내야만 했다. 이처럼 제주에서는 사람도 마소도 살기가 힘들었다.

〈비바람을 맞고 있는 말〉 　〈백골로 발견된 마소의 사체〉
사진 제공: 김수오 작가 　　　사진 제공: 김수오 작가

[그림 13] 마소 방목

🍙 물을 가둘 수 없는 뜬 땅

　제주 문화의 독창성은 화산회토로 된 토양에서 말미암은 것이다. 자갈밭이라 쟁기 날이 들어가기도 힘들고 작물이 뿌리를 내릴 수 있는 경반층이 형성되지 않아 지하로 물이 스며들어 버린다. 경반층은 농사지을 토양을 개간하면 토양의 윗부분은 혼합 작용으로 부드럽지만, 하부에 존재하는 토양층은 기계의 하중으로 다져져서 10~20cm 정도의 딱딱한 층이 형성된다. 경반층이 형성되면 비가 오면 물이 아래로 흘러내리지 않고 토양 안에서 횡적으로 이동하는 현상이 발생하기에 물을 가둘 수 있어서 논농사를 지을 수 있었다. 하지만 제주의 뜬 땅은 물을 가둘 수 없었다.

　청산도에 있는 구들장 논은 우리나라 농업 문화유산 1호로 지정되었다. 땅이 좁고 돌이 많은 청산도의 토양을 극복하기 위해 아예 온돌처럼 자갈을 깔고 그 위에 진흙으로 틈새를 메운 뒤 흙을 덮고 벼를 심을 수 있게 한 것이 구들장 논이다. 청산도에서는 비탈진 곳이라도 돌을 메워 그 위에 약 10cm의 흙만 깔아도 물이 고여 논이 된다. 온돌처럼 자갈을 깔고 그 위에 진흙으로 틈새를 메운 뒤 흙을 덮고 벼를 심는다. 물이 잘 빠지도록 통수로도 따로 설치한다. 한반도의 부속 도서들은 어업에 종사하는 인구가 5%도 안 된다. 섬이라도 비옥한 토지가 있어 농사를 지을 수 있기 때문이다.

논농사가 없는 제주도에서는 척박한 땅을 일궈 수확량을 내는 데 한계가 있었기 때문에 반농반어로 바다를 배경으로 삶을 살아가야 했다. 화산 토양의 낮은 함수량과 빈약한 유기질 함량의 척박한 땅 때문에 제주도 사람을 '지척민빈'하다고 한다. 땅이 얼마나 척박하면 자갈밭도 '지름작지'하여 중히 여겼다. 자갈은 김매기에는 어려움이 있었지만, 토양 수분을 보유할 수 있었기 때문이다. 거름도 귀해 모래를 거름으로 썼을 정도이다. 오랜 시간에 걸쳐 바닷속 산호와 조개가 잘게 부서져 만들어진 모래는 칼슘 덩어리이다. 칼슘은 산성 토양을 중화시켜 주는 양질의 거름이다. 서귀포 일대의 농경지는 산성 토양이라서 이 모래는 귀중한 거름이었다. 모래를 거름으로 주기 위한 주민들의 노력은 필사적이었고 이웃 마을의 모래를 훔치다가 송사에 휘말리기도 했다.[33] 하지만 그렇게 어렵게 얻은 모래의 거름기도 5~6년에 지나지 않았다. 한라산 북쪽은 북서풍으로 바닷가 모래가 자연스레 밭으로 날아들었다. 조개껍데기와 성게 부스러기가 닳아지면서

탄산 칼슘이 되는 모래는 척박한 땅에 거름을 뿌려 주었다. 그러니 모래마저 고마운 자연 일부라 할 수 있다. 바다 빛도 다 같은 파란색이 아니다. 바다의 물색은 모래나, 돌, 바위에 따라 달라진다. 옥빛을 자랑하는 곳에는 하얀 모래가 쌓여 있고 검은 빛이 나는 곳에는 바위가 있다.

고대 하천 문명이나 고원 문명에서 밝혀진 바와 같이 토지의 생산 능력과 문화 질량의 상관관계는 절대적이다. 만약 제주 섬이 한반도처럼 진흙이나 질참흙, 열대 지방처럼 지속적인 강수가 있었더라면 논농사가 가능했을 것이다. 그러나 마실 물조차 귀했던 제주 섬에서 밭에다 물을 댈 수도 없었다. 나머지 식량을 생산하여 종을 부리며 논농사를 짓는 것은 상상도 못 할 일이었다. 제주에서는 잉여 생산이 없었기 때문에 지배와 복종의 원리가 적용될 수 없는 구조였다. 시간적 노동 수행 능력에 따라 소유하게 된 자작농으로 경지를 운영하게 되면서 풍족하지는 않으나 자급자족의 평준화된 삶을 살 수 있었다.

🍲 머흘밭에 메밀

제주는 논농사 대신 밭농사를 지었기에 자연스레 여러 방면에서 문화가 달라졌다. 논농사를 짓는 한반도에서는 부산물로 짚을 얻었다. 짚은 여러 방면에서 쓰임이 많았다. 초가지붕의 재료가 되기도 하고 소의 여물로 쓰였다. 소를 집에서 기르니 자연스레 쇠 거름을 얻었다. 제주에서는 보릿짚을 깔아 돼지를 기를 때, 육지에서는 볏짚을 깔아 소를 길렀다. 돗 거름에 비해 쇠 거름은 훨씬 거름기가 많다. 마당 한쪽에 마련한 거름 자리에는 지렁이가 살고 있어 닭은 모이를 쪼아 먹고 끼니때마다 달걀을 제공해 주었다. 논농사는 밭농사보다 수확량은 물론이고 부산물 또한 얻어지는 것이 많았다.

 한라산을 중심으로 동서의 토질이 다르고 남북의 기후가 달라서 생산하는 작물이나 농사법도 조금씩 달랐다. 동쪽의 땅은 척박한 뜬 땅이라 곡류를 생산하려면 더 큰 노력이 필요했다. 말이나 소의 배설물을 받아 지력을 북돋아 농사를 지었는데 이를 '바령밭'이라 한다. 낮에는 산과 들에서 소를 놓아먹이고 밤에는 바령밭에 소를 몰아넣었다. 서쪽 땅은 동쪽 땅에 비해 기름졌는데 토질이 질척질척한 땅이 질흙밭이다. 이런 밭에서는 1년 2모작으로 보리와 조를 돌아가며 농사를 지을 수 있었다.

 머흘밭은 자잘한 돌멩이투성이인 밭으로 비옥도가 낮은 척박한 땅이었다. 머흘밭에 가장 잘 맞는 작물은 메밀이다. 메밀은 이효석의 단편 소설 『메밀꽃 필 무렵』 덕분에 봉평이 주산지로 알려져 있다. 하지만 메밀 최대 생산지는 제주도이다. 대부분의 메밀이 제주도에서 생산되지만, 제주에는 메밀 가공 공장이 없어서 생산량 대부분을 강원도로 보냈기 때문에 봉평이 메밀로 유명해졌다. 메밀은 생육 기간이 짧아 날씨가 따뜻한 제주에서는 1년에 두 번 수확한다. 4월에 뿌린 메밀은 6월에 수확하고 8월에 뿌린 메밀은 11월에 수확한다. 제주의 5월과 10월에는 소금을 흩뿌려 놓은 듯 하얀 메밀과 푸른 하늘이 또 하나의 아름다운 풍경이 된다.

〈소금이 흩뿌려진 듯한　　　〈황금빛 물결을 이루는
　　제주의 메밀밭〉　　　　　　　육지의 논〉
　　　　　　　　　　　　　　　　사진 제공: 진영덕 작가

[그림 14] 가을 들녘

　메밀은 제주도의 신화에도 등장한다. 농경신 자청비가 5곡을 받아 왔는데 제주의 척박한 땅에 생육하기 좋은 메밀을 가져오지 않아서 다시 올라가서 받아왔다고 한다. 메밀은 곡식을 거둬들이고 난 빈 밭에 뿌려 수확할 수 있을 만큼 생육 기간이 짧다. 메밀의 키는 작지만 뿌리는 깊게 내려 가뭄에 강하다. 푸른 잎, 붉은 줄기, 흰 꽃, 검은 열매, 노란 뿌리 등 오색을 갖춘 식물로 '오방지영물(五方之靈物)'이라 일컫는다.

　메밀은 열매 외에도 버릴 게 하나도 없는 유용한 식물이다. 어린잎은 데쳐서 나물로 먹고 꽃은 꿀벌에게 소중한 밀원이 되며 열매의 껍질은 베갯속으로 쓰인다.

　메밀 줄기는 말려서 연료가 되기도 하고 잘게 썰어서 흙벽을 만드는 데 접착제 역할을 해 주었다. 육지에서는 메밀대를 가축에게 주면 살이 야윈다고 하여 가축에게 주는 것을 삼갔다. 메밀은 혈압을 내려 주는 항산화 물질인 '루틴' 성분이 있다. 모세 혈관 벽을 튼튼하게 하고 혈관의 투과성을 조절해 줘 제주에서는 산후조리 음식으로도 많이 쓰였다. 메밀로 만든 음식으로는 빙떡, 메밀국수, 메밀묵이 알려졌지만, 잔치 음식에 빠지지 않는 몸국과 고사리 해장국에도 메밀가루가 들어간다.

🚗 말테우리 쇠테우리

제주말의 역사는 고려 시대로 거슬러 올라간다. 삼별초가 여몽 연합군에 패망하자 몽골은 제주에 탐라총관부를 설치하여 제주를 지배했다. 충렬왕 2년에 몽골이 제주에 160마리의 말과 목마관리인 '하치'를 보내면서 탐라목장이 설치되었다. 탐라목장은 수산평에서 시작해 이듬해 고산평야까지 탐라 동·서부 지역에 설치됐다. 원이 멸망하고 공민왕 23년 탐라말 2,000필의 요구에 반발하여 '목호의 난'을 일으켰고 최영이 이끈 정벌군이 목호들을 진압하면서 탐라목장의 역사는 막을 내렸다.

조선 시대 세종 때 한라산 중산간에 국마장이 설치되었다. 제주의 목축 문화는 어려웠던 시절 중산간 마을에 살던 제주인들의 공동체적 생활 양식과 정신을 담고 있는 독특한 문화이다. 말들이 농작물에 입히는 피해가 심해지자 고득종이 건의하여 세종 11년(1429) 제주 중산간에 국영 목장이 건립됐다. 이때 경작 지대와 목장 지대의 경계를 나타내는 돌담인 '잣담'을 쌓았다.

조선 시대 목장을 관리할 때 목자 4명이 암말 100필, 수말 15필을 책임졌다. 제주마는 털의 색깔이 짙은 것과 옅은 것, 흰 반점과 무늬의 위치와 형태, 낙인 등으로 자기가 관리하는 말들을 구분했다.[34] 제주마는 우리나라에서 오랜 세월을 지내 온 관계로 기후·풍토에 잘 적응되어 있고 체격이 강건하고 번식력이 왕성하다. 말발굽이 치밀하고 견고하여 체력과 인내력이 있다.

테우리는 중산간에 있는 테우리막에 살면서 주변 지형과 마소의 건강 상태를 살피는 역할을 하였다. 특히 수많은 마소를 몰기 위해 독특한 소리를 내는데 이를 '말 모는 소리'라고 한다. 방목 중인 말과 소를 식별하기 위해 마을별로 문중별로 성씨별로 다양한 모양의 낙인을 찍어 구분했다.

제주의 목축 역사는 다양한 풍습과 문화를 만들어 왔다. 새별 오름에서 열리는 '들불축제'도 목축 문화의 하나인 '방애불 놓기(화입)'를 현대적으로 계승한 것이다. 방애불 놓기는 이른 봄철 소를 풀어놓기 전에 목장 초지를 태워 진드기 등 해충을 구제하고 가시덤불도 제거하는 풍습이다.

이어도 설화 중 고동지 설화에서 고동지는 말테우리이다. 원 간섭기 시절, 공마진상을 떠난 말테우리 고동지가 풍랑을 맞아 이어도에 가서 살았다는 이야기이다. 공마진상을 한다는 것은 보통 어려운 일이 아니었다. 조선 시대에도 공마진상을 하였는데 제주 목사가 공마를 실은 배의 순항을 기원하며 해신에게 '공마 해신제'를 지냈다. 음력 7월 15일 목축지에서 지냈던 백중제는 우마의 번식을 기원하는 제이다.

[그림 15] 〈공마진상을 가다가 풍랑을 맞은 고동지 일행〉

말가죽은 예로부터 행운과 재물 운이 함께 하고, 악재를 막아 준다고 믿었다. 말가죽은 탄력이 좋고 내구성이 강해 가죽신, 활집 등 여러모로 쓰이고 말총은 제주 여인들이 조선 시대부터 가내수공업을 통해 갓, 탕건, 망건, 정자관을 만들어 소득을 올렸다. 양반층 성인 남성이라면 모두가 갓을 썼기에 말총의 시장성은 넘쳐 났다. 갑오개혁 이후 단발령이 내려진 후 점차 사양길에 접어들었다.

🔸 바다가 곳간

제주에는 "바다가 곳간이다.", "친정에 가서 못 얻어먹은 저녁 바다에 가면 얻을 수 있다."라는 속담이 있다. 해녀들에게 바다는 부모보다 고마운 존재이다. 최근 개봉된 영화「물꽃의 전설」은 현순직 상군 해녀와 채지예 애기 해녀의 성장 이야기다. 채 해녀는 육지까지 가서 공부했지만, 고향으로 들어온다. 해녀 어머니와의 갈등에서 손을 잡아 주는 이는 상군 해녀 현순직이었다.

세월이 흘러 현 해녀가 나이가 들어 바다로 나가기가 힘들어지는 동안 채 해녀는 상군 해녀가 되었다. 90을 코앞에 둔 늙은 해녀에게 바다에 나가지 말라는 자식들의 성화를 알리는 벨 소리가 요란하다. 젊었을 땐 먹고살기 위해 물질을 했다. 물질해서 번 돈으로 오 남매에게 집도 한 채씩 사 줬다. 이제는 살기 위해 바다로 나아간다. 바다에 나가면 절뚝이던 다리도 할랑할랑 헤엄을 친다. 하지만 그녀의 물질이 점점 동료들에게 부담이 된다고 생각한 해녀는 은퇴를 선언한다. 현 해녀의 마지막 물질 날 채 해녀는 현 해녀의 망사리에 소라를 쏟아 준다. 채 해녀가 애기 해녀일 때 현 해녀가 그랬던 것처럼 말이다.

현순직 해녀는 채 해녀에게 물꽃이 피어나는 검은 여를 전수해 주고자 배를 한 척 빌려 타고 바다 한가운데로 나아간다. 깊은 바위 사이로 모래 계단을 내려가면 몽글몽글 불그스름한 산호초가 물꽃이 되어 피어나는 곳에는 손바닥만 한 전복이 수두룩했다는 현 해녀의 이야기는 전설처럼 아득하다.

채 해녀는 단단히 무장하고 물꽃이 피어나는 검은 여로 숨비질을 해서 들어간다. 아니나 다를까 모래 계단을 지나 물꽃이 피어난다는 검은 여에 갔지만, 그곳엔 아무것도 없었다. 물꽃은커녕 소라와 전복의 먹이가 되는 감태, 미역이 씨가 말라 석회화된 바위가 드러났다. 채 해녀는 작은 소라 하나를 건져서 지친 몸을 이끌고 배 위로 올라온다. 현 해녀도 채 해녀도 서로에게 미안함을 교환한다.

그믐달이 뜨는 밤 비척이는 걸음으로 바다에 나가 거친 바람을 맞고 있는 현 해녀의 삶이 종착역을 향해 가고 있었다. 늙은 해녀는 말한다. "바다가 고마워. 바다가 부모 같아. 부모보다 더하지. 부모가 이만큼 물려줄 수 있나. 나 살게 해 주고 자식새끼 살게 해 주고." 현 해녀에게 바다는 자신뿐 아니라 자식을 키울 수 있는 자산이고 금고였다.

불과 5년 사이에 삼다리 바다는 석회화가 급속히 진행되어 수확량이 현저히 줄어들었다. 바다는 무엇이든 내어 주지만 공 없이 내주진 않았다. 해녀들이 소홀해선 안 되는 작업 중의 하나는 갯닦기이다. 어촌계를 중심으로 마을마다 해녀들은 일 년에 한두 번씩 바다에 있는 돌을 닦는 일을 공동 작업한다. 물이 빠지는 조간대에 물에 잠겼다 드러났다 하는 부분의 돌들을 청소하는 일이다.

소라나 해삼, 전복 등 각종 해산물이 자라려면 먹이가 되는 해조류가 있어야 한다. 해조류는 깨끗한 돌에 포자를 퍼트려 자라는데 거기에 이미 이끼 같은 균이 자리를 잡으면 포자를 퍼트릴 수가 없다. 그래서 해녀들은 바위를 닦아서 유충이나 유해 동식물을 제거하는 일을 하는 것이다. 갯닦이는 물이 가장 빠져나가는 7물이나 9물에 한다.

작가의 말
제주의 제사

제주에서는 '제사 먹으러 간다.'라는 말이 있다. 육지 사람들은 제사를 지낼 때 가족끼리 지내거나 잘해야 집안끼리 지낸다. 그런데 제주의 제사는 누구라도 제삿집에 다닌다. 지난 이어도연구회 국제세미나 만찬에 제주대학교 김동전 교수님이 참석하였다. 마침 그날은 고충석 총장님의 모친 제삿날이었다. 김 교수님은 살짝이 나를 불러냈다.

"최 선생. 오늘 밤 고 총장님 모친 제사라면서요? 어떡하지?"

"교수님은 어떻게 하시고 싶으신데요?"

"주변에 빵집 있나요?"

"카드만 주시면 제가 사 올게요."

나는 차를 타고 제과점에 가서 제사에 올릴 거라며 카스텔라를 달라고 하였다. 점장은 요즘은 카스텔라 대신 롤케이크를 올린다며 롤케이크를 포장해 주었다.

이처럼 요즘까지도 제사를 모르고 넘어갈 수는 있지만 알면 제사에도 부조를 하는 게 예의라고 생각한다.

먹을 것이 부족했던 제주에서 제사는 상당히 부담스러운 일이었을 것이다. 제주에서는 제삿날 동네 사람들이 거의 참석한다. 95년도에 입도한 나는 오라동에서 잠깐 산 적이 있었다. 어느 날 퇴근해서 집에 와 보니 식탁에 거무튀튀한 보리빵 2개와 찐빵 2개가 있었다. 주인 할머니네 집 제사 퇴물이라고 하였다. 나는 그날 친정집에 전화를 걸었다. 부모님은 안 계시고 할머니가 전화를 받으셨다.

"아이고. 강아지야. 어쩐 일이냐."

"할머니. 제주에서는 제삿날 빵을 올려요."

"세상에 무슨 법도가 그런 법도가 있다냐. 제사 자랑은 안 한다고는 하지만 어찌 제상에 빵을 올릴까? 참말로 풍속도 별스럽구나. 떡은 아예 없더냐?"

"네. 떡은 아예 없더라고요."

그날의 충격은 몇 년 지나지 않아 누그러들었다. 제주에서는 쌀이 나지 않으니 당연히 떡을 올리기가 어려웠으리라. 그래서 자연스레 떡 대신 빵을 올리게 되었으리라. 이처럼 없는 살림에 제사를 지내기는 얼마나 부담스러웠을지 이해가 된다. 그래도 제주에서는 제사를 제법 크게 지낸다.

육지에서는 부모님의 생신을 크게 지낸다. 나도 다른 때는 안 가도 어머니 아버지 생신 때는 거의 빠짐없이 참석한다. 조부모님을 모시고 살았는데 할머니 할아버지가 돌아가실 때까지 동네 잔치로 생신을 쇠었다. 생신에는 동네 분들을 일일이 집으로 모셔 와서 생신 음식을 대접하였고 거동이 불편한 어른들에게는 음식을 차려서 갖다 드렸다. 특히 어머니의 동동주 담그는 솜씨는 매우 뛰어나서 일가친척들은 온종일 집에서 놀다 가셨다. 2000년대 이후에는 동네 어른들을 집으로 모셔 오는 대신 마을 회관으로 음식을 내가서 동네 어른들을 대접하였다.

반면 제주에서는 생일은 그냥저냥 넘어가고 제사를 크게 지낸다. '산 효자는 없어도 죽은 효자는 있다.'라는 속담에서 알 수 있듯이 생전에 봉양하지 않다가도 사후에는 갖은 음식을 마련하여 잔칫집처럼 떠들썩한 제사를 지낸다. 제사는 어찌 보면 죽은 자를 위한 제사가 아니라 산 자들을 위한 제사이기도 하다. 제주에서는 자식들은 물론 '제월전'이라 하여 제사를 지내는 장손도 재산을 물려받는다. 제주의 노인들은 살아서 자식에게 어떠한 효도도 바라지 않는다. 오로지 자식을 위해 살아간다. 오직 바라는 것이 있다면 죽어서 제삿밥을 얻어먹는 것뿐이다. 제주에서는 아버지 제사는 장남이 지내고 어머니 제사는 차남이 지내는 분짓거리, 돌아가면서 지내는 윤제의 풍습이 있다.

이는 고려의 풍습이다. 고려부터 조선 전기까지는 여자도 부모의 재산을 물려받고 아들이 없으면 외손봉사도 가능했다. 제주의 상속 문제나 여성의 권위 등 가족 문화는 고려 문화와 닮았다고 생각한다. 이는 조선에 이르러 제주를 출륙금지령으로 묶어 두어 유교 문화가 확산되지 않았던 것이 이유라고 생각한다. 어찌 보면 제주인의 가족제도는 오히려 합리적이다. 현대의 가족제도와 많이 닮아 있다.

요즘 들어선 재산 상속 문제로 분란이 없는 집이 없다. 장남이 조금이라도 더 받아야 한다느니 아들은 똑같이 받아야 한다느니 딸도 공평하게 받을 권리가 있다느니…. 재산 싸움에서 유리한 고지를 차지하려고 제사를 맡는 예도 늘고 있다. 그럼에도 제주의 유산 상속은 육지에 비하면 합리적이다.

육지의 재산 상속은 요즘 더 큰 문제이다. 육지에서는 아직도 제사는 장남이 지내는 것을 원칙으로 나머지 재산을 두고 보이지 않는 갈등을 겪고 있다. 예전에는 재산을 물려받은 장남은 부모 봉양하고 동생들까지 부양해야 하는 책임과 의무를 졌기 때문에 장자우대상속에 별 불만이 없었다. 시골에 땅값이래야

농사지어서 부모 봉양하고 제사 지내면 될 정도였다.

　육지의 농촌에서 우리 부모님 세대들은 노부모를 봉양하며 어린 동생들을 결혼시키는 임무까지 떠안았다.

　우리 아버지는 한때 소 장사를 하셨다. 순창은 우시장으로 유명했고 아버지는 순창이나 임실의 산골 마을을 돌아다니며 소를 사다 우시장에 팔아 이문을 남겼다. 아버지는 옥정호가 내려다보이는 산골 마을 수방리라는 마을을 지나다가 논에서 벼를 베고 있는 오씨 댁 처자를 발견하였다. 어찌나 낫질을 야무지게 하는지 그 처자를 동생의 아내로 맞이하면 좋겠다고 생각하여 거의 보쌈하다시피 작은어머니를 모셔왔다. 작은어머니가 해 온 혼수는 덮고 자는 이불과 요강 정도였다. 조카인 우리에게는 양말 한 켤레씩을 해 왔던 기억이 있는 것을 보면 할아버지 할머니 옷 한 벌 정도는 해 오셨던 것 같기도 하다. 아버지 어머니는 읍내에 나가 작은어머니에게 한복도 두 벌, 당시에 유행이 시작된 양장옷도 두 벌 해 드렸다. 물론 시계와 금반지 등의 예물도 말이다. 당시 어머니는 금가락지 하나 없었는데 동서를 들이면서 쌍가락지와 큐빅이 박힌 금반지까지 맞춰 주며 어떤 마음이었을까?

　작은아버지는 딸을 하나 얻어서 옆집으로 분가하기 전까지 한집에 살았다. 당시 우리 가족 구성원은 조부모님, 부모님, 작은아버지 내외, 우리 칠 남매, 갓 태어난 사촌 동생 총 열네 명이었다. 작은아버지 내외가 분가할 때 아버지는 없는 살림에서도 집은 물론 논 두 마지기와 밭 한 떼기도 나눠 주었다. 그뿐인가. 할아버지 할머니 회갑 잔치도 거의 한 달을 준비하였다. 한과, 엿, 강정 등의 마른 음식은 열흘 전, 식혜, 수정과, 과일 등은 잔치 사나흘 전, 떡과 돼지고기는 전날, 당일에는 따뜻한 음식을 정성껏 준비하여 손님이 올 때마다 독상을 차려 냈다.

　회갑 잔치는 온갖 친척은 물론 인근의 동네 사람들이 모두 참여했다. 동네 사람들은 손님이 아니었다. 잔치를 치르는 주인집을 도와 기꺼이 일을 도왔다. 남자 어른들은 돼지고기를 잡고 덕석을 펴서 상을 나르며 손님을 맞이하는 일을 했고 여자 어른들은 음식을 장만하여 내 드렸다. 잔치가 끝나면 남자 어른들에게는 고무신 한 켤레, 여자 어른들에게는 머리에 쓰는 수건을 하나씩 나눠 드렸는데 그 비용도 전부 아버지가 댔다. 지금 생각해 보면 대단한 일이다. 할아버지도 할머니도 집에서 초상을 치렀다. 할아버지는 1년 동안 초하루와 보름마다 제를 지내는 삭망을 지냈고, 일년상, 삼년상까지 치러 드렸다. 할머니는 삼우제에 모든 절차를 마무리하라는 유언을 남기고 돌아가셨다.

그런 상황에서는 당연히 장자가 많은 재산을 물려받는 것이 합당하다. 하지만 우리 세대에는 공평하게 부모에게 교육받고 형이 아우를 거두는 경우가 없다. 그러니 재산도 당연히 공평하게 나누어야 한다고 주장한다. 아직도 시골의 부모님 세대들은 딸에게 재산이 가는 것은 천부당만부당한 일이며 거의 모든 재산을 장자에게 상속시키고 싶어 한다.

요즘은 법이 바뀌어 아들딸 구분 없이 재산을 상속받게 되어 있다. 우리 집만 해도 재산 문제로 형제들이 여러 번 내분이 있었던 것으로 안다. 나는 부모가 주고 싶은데 오빠들이 주지 않으면 악착같이 내 몫을 요구하겠지만 부모님이 딸에게는 재산을 줄 생각이 없다는 것을 알기에 재산에 욕심을 내지 않기로 했다. 우리 부모 세대의 마음을 이해하기 때문이었다. 대신에 나는 친정 부모님에게 딸로서 살가운 효도를 하면 되지 부양의 의무나 사후 장례나 제사 등 어떠한 책임도 지지 않는다.

5장 제주인의 삶과 문화

1. 의식주 이야기
2. 이어도 이야기
3. 궨당 이야기

1. 의식주 이야기

제주에서는 먹을 것뿐 아니라 옷도 여의치 않았다. 제주의 토종 감은 단단하고 한입 베어 먹으면 바로 퉤퉤 뱉어 낼 정도로 떫은맛이 강하다. 7~8월 풋감을 으깨어서 면이나 마에 염색하여 마르면 갈색을 띠게 되는데 이 갈색 천으로 만든 옷이 갈옷이다. 때가 잘 타지 않고 세탁이 편리하여서 제주 여성들은 거의 일상복처럼 갈옷을 입고 생활했다.

🥭 풋감에 갈옷

　육지에서는 아들이 태어나면 선산에 소나무를, 딸이 태어나면 밭에 오동나무를 심었다. 간혹 집에 오동나무를 심는 예도 있었으나 앞뜰에 심지 않고 뒤꼍 굴뚝 옆에 심었다. 딸이 시집갈 때 장롱을 만들어 혼수로 삼는 풍습도 있었지만, 사람이 죽고 나면 관을 짤 때 쓰기도 했기 때문이다. 뜰에는 각종 유실수를 심었다. 감나무, 밤나무, 대추나무, 살구나무, 앵두나무, 사과나무, 배나무, 호두나무 등이었다. 그래서 감나무집, 대추나무집, 살구나무집이라고 불리기도 했다. 이러한 유실수들은 제사에 쓰이고 아이들에게도 요긴한 간식거리였다.

　　　　　　　　　　장날

　　　　　　　　　　　　노천명

　　　　　대추 밤을 돈사야 추석을 차렸다.
　　　이십 리를 걸어 열하룻장을 보러 떠나는 새벽
　　　　막내딸 이쁜이는 대추를 안준다고 울었다.

　　　　　송편 같은 반달이 싸릿문 위에 돋고,
　　　건너편 성황당 사시나무 그림자가 무시무시한 저녁,
　　　나귀 방울에 지껄이는 소리가 고개를 넘어 가까워지면
　　　　　이쁜이보다 삽살개가 먼저 마중을 나갔다.

노천명의 시 장날에서는 추석을 앞두고 아버지는 대추와 밤을 팔러 이십 리 길을 걸어 열하룻장에 간다. 막내딸은 그 대추가 먹고 싶고 떼를 쓰지만, 장에 내다 팔아야 추석 맞을 준비를 할 수 있기에 딸에게 줄 수가 없다. 어렵던 시절 우리네 삶의 모습이 평화롭게 그리고 아름답게 그려져 있다. 장에 내다 팔기 위해 어린 딸에게 대추 몇 알 줄 수 없는 가난이지만, 결코 구질구질하지 않고 정겨움을 주는 시이다.

〈풋감〉
제주 풋감에는 타닌 성분이
많이 함유되어 있다.

〈토종 감나무〉
제주의 토종 감은 고염보다
조금 큰 정도이다.

[그림 16] 풋감과 제주 토종 감나무

제주의 민가에는 감나무, 동백나무, 치자나무를 심었다. 감나무는 집마다 꼭 심었지만, 유실수의 역할보다는 치자나무처럼 옷감을 물들이는 용도였다. 제주의 토종 감은 단단하고 한입 베어 먹으면 바로 퉤퉤 뱉어 낼 정도로 떫은맛이 강하다. 7~8월 풋감을 으깨어서 면이나 마에 염색하여 마르면 갈색을 띠게 되는데 이 갈색 천으로 만든 옷이 갈옷이다. 때가 잘 타지 않고 세탁이 편리하여서 제주 여성들은 거의 일상복처럼 갈옷을 입고 생활했다. 남자들은 바닷일을 할 때 방수성과 자외선 차단 효과가 뛰어난 갈옷을 입었고 목축을 할 때는 가시에 찔리지 않고 풀 이슬에 젖지 않아 갈옷을 입었다. 갈옷의 방수성이 얼마나 뛰어난지 이슬 맺힌 풀밭에서 일해도 물방울이 스며들기보다 떨어질 정도였다.

갈옷이란 갈색 옷이란 뜻에서 나온 말이긴 하지만 그 유래는 그리 단순하지가 않다. 중국에서는 서민이나 하층민이 입는 옷을 거친 옷이란 뜻으로 갈의라고 불렀다. 칡으로 짠 베는 갈색을 띠었기 때문이다. 탐라인들도 모직물이나 칡베로 만든 갈의를 입고 살았을 것이란 추측은 쉽게 할 수 있다.

노동복으로 갈옷을 입은 이유는 더러움이 덜 타고 세제를 쓰지 않아도 때가 잘 빠질 뿐만 아니라 특별히 손질하지 않아도 구겨지지 않기 때문이다. 좀이나 벌레가 일지 않고 땀에 젖은 옷을 그냥 두어도 썩거나 상하지 않고 통풍이 잘된다. 가시 같은 잡풀이 들러붙지도 않았다. 1600년대 무덤에서 발견된 3점의 면직물 중 감즙으로 염색한 면직물이 다른 섬유에 비해 파손됨이 적고 비교적 완전한 형태로 보존된 것이 확인됨으로써 감즙의 방부성이 확인되기도 했다.

직물에 천연 염색을 한 갈옷은 방부성, 방수성, 자외선 차단 효과가 매우 뛰어나고 때도 안 타며, 통풍도 잘되고 땀에 젖어도 냄새도 나지 않는 완벽에 가까운 옷이 되는 것이다. 항상 풀을 먹인 효과를 가져 감촉과 통기성이 좋으므로 방서성이 뛰어나다. 땀에 의해 분해가 잘 안되고 흡수 상태에서 그냥 놔둬도 썩지 않아 곰팡이도 생기지 않으며, 악취도 나지 않는다. 그리고 오염이 덜 됨은 물론 세탁도 비누 없이 가능하다. 여기에 내마모성까지 있어 매우 실용적인 풍토 옷이 되고 있다.

갈옷을 만든 감은 떫어서 먹을 수 없을 정도로 단단하고 작은 토종 감이라야 한다. 떫은 토종 감은 단감에 비해 타닌 성분이 많은데 이것이 섬유와 결합하면 섬유를 뻣뻣하게 하면서 갈옷의 장점을 만들어 내기 때문이다. 갈옷은 습하고 햇빛이 강한 제주에 가장 알맞은 옷이다. 2022년에는 '제주 갈옷'이 문화재청 무형 문화유산 발굴·육성 사업 대상에 선정되었다.

봇디창옷

제주는 삼베가 거의 생산되지 않았다. 삼베는 비옥한 땅에서 자라는 식물인데, 제주에 비옥한 땅이 많지도 않았고 설령 있다 하더라도 먹거리를 심기에도 빠듯한 형편이었다. 아주 드물게 텃밭에 삼을 심어서 베를 짜 수의를 만드는 데에 사용했다. 삼베나 비단, 면화 같은 옷감은 모두 외지에서 들여와야 했고, 그러다 보니 제주에서는 옷감이 더욱 귀했다. "아무리 가까운 사이라도 밥은 줄 수 있어도, 옷은 줄 수 없다."라는 속담이 있다. 1970년대까지만 해도 스웨터 하나가 송아지 한 마리 값이었다고 하니 제주에서 옷이 얼마나 귀했는지 짐작할 수 있다.

'봇디창옷'은 아기가 태어나 처음 입는 '배냇저고리'에 해당하는 옷이다. 아기가 태어나서 입는 옷이라 육지에서는 가장 부드러운 옷감으로 배냇저고리를 만들어 입힌다. 그런데 제주에서는 까슬한 촉감의 삼베옷으로 배냇저고리를 만들었다. 무명실을 꼬아 긴 '씰곰'을 달아 아기의 무병장수를 기원하였다. 태어난 아기에게 거센 삼베로 옷을 만들어 입힌 이유도 제주도의 기후 때문이다. '아기가 크면서 등 가렵지 말라'는 의미에서 삼베로 만든 봇디창옷을 입힌 이유는 무명이나 명주가 고가일 뿐 아니라 습기가 많은 기후에서는 맞지 않기 때문이다. 삼베는 갈옷처럼 촉감이나 세균 발생 억지 등 위생 관리 면에서 유리했다.

제주도민들이 입었던 노동복인 갈옷 이외에 외출복이나 평상복으로는 무명옷을 입었다. 목화꽃이 피고 다래가 열리고 나면 솜이 피어난다. 다래가 벌어져서 열흘 정도 지나면 솜을 수확하는데 한꺼번에 다래가 익는 것이 아니라 벌어진 것만 수차례 걸쳐 수확해야 했다. 수확한 목화를 '멜망텡이'에 담고 오다가 비라도 내리면 큰일이었다. 솜을 만들려면 씨를 발라내고 솜을 물레에 잣아서 실을 만들었다.[35] 무명을 짜는 과정은 공정이 복잡했다. 한반도에서 대마를 심어서 삼베를 짰다면 제주 여인들은 척박한 땅에서도 잘 자라는 목화를 심어 무명베를 짰다.

꽁꽁 동여맨 지혜

제주의 바람 많은 기후 조건을 이겨 내기 위한 지혜는 제주의 초가 곳곳에 깃들어 있다. 태풍의 길목에 있는 제주에서는 바둑판처럼 단단하게 그물처럼 얽어맨 독특한 형태의 초가를 만들었다. 지붕을 눌러 묶을 밧줄을 '짚줄'이라 하는데 들녘에서 자생하는 억새를 지름 3~4m 굵기로 두 번씩 꼬아 만든다.

거센 비바람이 휘몰아치는 제주는 바람의 땅이다. 제주인들은 살기 위해서 모진 바람을 때론 이용하고 때론 견뎌 내며 극복해야 했다. 모난 데 없이 둥그런 모양의 초가는 제주의 오름을 닮았다. 새끼를 꼰 짚줄로 꽁꽁 동여맨, 오름을 닮은 초가는 비바람을 견디며 살아온 제주 사람들의 유비무환 정신을 느끼게 해 준다. 동서남북 어디에서든 불어닥치는 바람을 이겨 내는 것은 제주 사람의 숙명이었다.

제주 속담에 "밭은 1년 쉬어야 농사가 잘되고, 집은 1년만 쉬어도 쓸 수가 없다."라고 한다. 그래서 제주에서는 집 단장을 위해 '새밭'을 만들고 1년에 한 번씩은 꼭 지붕을 덮어 주었다. 지붕을 단장하는 일은 주로 10월에서 12월 사이에 이루어졌다. 초가의 벽체 주위엔 또 하나의 외벽을 쌓아, 모진 바람을 막아 내고 출입문은 비바람에 잘 망가지지 않게 나무판으로 문을 달았다.

잇돌이라 불리는 기단은 낮게 만들어 바람의 영향을 덜 받게 했고 처마는 낮고 짧아서 드센 바람에도 들춰지지 않게 했다. 대지가 낮을수록 좋은 집터로 꼽혔고 돌담 위로 지붕만 겨우 보이도록 해서 바람을 이겨 냈다. 자연에 저항하기도 하지만 자연에 순응하는 방법, 두 가지의 요소가 제주 건축에 잘 나타나 있다. 오랜 세월 바람과 함께 살아왔던 제주인들의 삶과 문화 속에서 강인하게 이겨 내기도 하고,

부드럽게 순응하기도 하며 지켜온 제주 초가는 정겹게 살아 숨 쉬는 제주인들의 지혜로운 건축 문화유산이다.

제주 초가의 기본 형태는 세 칸 집 안거리로 일자형이다. 그 자체가 완결형 구조를 이루고 있어 공간을 넓히기 위해서는 안거리에 이어 붙이지 않고 마당을 중심으로 마주 보는 밖거리에 새집을 지었다. 초가로 들어가는 도입부인 올레를 지나면 집 안으로 들어서는 첫 공간인 마당과 만나게 된다. 너비는 7~8m 안팎이다. 일조와 통풍 채광을 만족시키면서 안거리와 밖거리 사람들의 표정을 느끼고 인기척을 느낄 수 있는 최적의 거리다.

마당은 다양한 작업이 이루어지는 적극적이며 기능적인 공간이다. 집 전체가 하나의 마당을 중심으로 배치돼 혼례와 상례 등 의식적인 행사를 치르기에 모자람이 없다. 부엌이나 상방의 뒷문을 통해서만 출입할 수 있는 은밀한 공간 안뒤는 외부에서는 직접 통하지 못하며 칠석눌, 장독대 등이 놓이는 신성한 곳이다. 외부와의 시선이 차단된 안뒤는 여성의 독자 영역이기도 하다. 집 주위를 두르는 텃밭을 '우영팟'이라 하는데 갖가지 채소를 심어 밥상에 올렸다. 마당 안쪽에 있는 눌은 비가 올 때 빗물을 튀는 것을 막기 위해 40~50cm 높이의 돌단을 설치하고 짚을 쌓아 놓는다. 연료나 마소의 먹이 또는 통시에 퇴비를 만드는 데 사용하기도 했다.

초가의 내부는 기본적으로 상방, 구들, 정지 등 세 칸의 공간으로 구성됐다. 상방은 세 칸 집의 중앙에 위치하며 주거 생활의 중심이 되는 곳이다. 상방은 제사가 이루어지는 공간으로 제기와 그에 따른 용기들을 보관하는 붙박이장을 설치했다. 상방은 난방 설비가 없어 가운데 돌화로를 놓기도 했는데 문전 신이 머문다고 여기는 가장 높은 지위의 공간이다. 구들(안방)과 정지 쳇방(부엌에 딸린 방)과 고팡(곳간) 등 내부의 공간들이 상방을 중심으로 배치되고 연결되며 가족 모임, 손님 접대 등이 이루어지는 공적이며 개방적인 곳이다.

〈일자형 제주도 초가〉 〈기역자형 육지의 초가〉

[그림 17] 초가

부엌은 정지라고 부른다. 정지 앞 벽이나 뒷벽 구석에 식수를 저장하는 물 항아리가 있다. 물이 귀했던 제주에선 구석진 곳에 물 항아리를 두고 오래 보관하고자 정지 외벽에서 거리를 조금 두고 난방이 아닌 취사용 화덕을 설치했다. 연료도 장작이나 숯을 쓰는 한반도와 달리 띠나 보릿짚이었다.

구들은 현대 주택의 방으로 난방 설비가 있다. 구들 한쪽 벽엔 구들과 외벽 사이 공간에 설치된 굴묵[36]이 있는데 부엌에서 취사와 난방을 함께 하지 않고 난방만을 위한 공간이다. 연료는 오다가다 주워 온 말똥이나 소똥을 쓰는데 불을 붙인 후 굴묵 아궁이를 막아 공기를 차단하면 밤새도록 천천히 타면서 효율적인 난방 효과를 낼 수 있었다.

〈제주도의 솥뒤깡〉
돌 세 개로 만들어진 아궁이 위에
부뚜막 없이 솥을 얹고 불덕들은
뒤의 벽과 50cm 정도 사이를 두어
재를 밀어 넣어 두는 '솥뒤깡'
(솥등얼, 불재통, 솥못)이다.

〈육지의 부뚜막〉
아궁이가 난방용 방고래와
연결되어 만들어졌다. 솥과 솥 사이에
조왕물은 매일 새벽 길어 온
맑은 물을 떠 놓는다.

[그림 18] 제주도 전통 민가의 부엌, 육지의 전통 민가의 부엌

굴묵은 바람 많은 제주의 환경에 적합한 난방 시설로 바닥의 3분의 1 정도 되는 온돌을 깔고 나머지를 돌로 채우면 틈새를 통해 연기가 빠져나가 굴뚝이 필요 없는 구조이다. 제주의 초가에는 일부러 굴뚝을 만들지 않았다. 바람이 많아 굴뚝을 높이 세웠을 경우 화재의 위험이 있었고 난방 방식이 다르기 때문이었다.

세 칸 집이 제주 초가의 기본형이라면 완성형이라 할 수 있는 네 칸 집엔 '쳇방'이라는 독특한 공간이 있다. 정지와 상방 사이 마루가 있는 쳇방은 제주 초가에서만 볼 수 있는 식사 공간이다. 한반도에서는 부엌에서 상을 차려 방으로 옮겨야 하지만 제주의 초가에서는 정지 옆에 붙은 쳇방에서 바로 차려 식사를 했다. 전형적인 식사 공간인 쳇방은 여성의 가사 노동을 줄이는 역할을 하며 근대적 공간 문화로 높게 평가되고 있다. 제주도는 땅이 척박하여 주로 밭농사를 짓기 때문에 남성보다 여성의 노동력이 더 많이 요구되었다. 제주에만 있는 독특한 이 공간은 남녀의 평등 정신을 표출해 주는 공간이라고 할 수 있다.

 독립적인 가족 구성과 강인하고 근검절약했던 생활 방식을 반영하는 합리적인 주거 양식이다.

 자녀가 장성하여 분가하면 제주에서는 안방 물림을 하는 것이 아니라 집채 물림을 하였다. 안거리를 자녀에게 내주고 밖거리로 나가는데 이때 고팡을 물려줬느냐 아니냐에 따라 집안 경제권을 물려주었느냐가 결정이 된다. 고팡을 물려주기까지는 부모에게 가권이 있는 것으로 보았고 고팡 물림을 해야 가권이 넘어가는 것으로 보았다. 고팡은 어른이 생활하는 안방에 해당하는 큰 구들 뒤에 위치한다. 고팡 또한 제주 초가의 또 하나의 독특한 공간으로 일종의 곡식 창고다. 특이하게도 기능상 밀접한 관련이 있는 정지와 떨어져 상방을 지나야 출입할 수 있다. 모든 식품과 곡류를 보관하는 고팡을 누가 관리하느냐에 따라 살림살이를 통제하고 관리하는 사람이 누구인지를 가늠할 수 있다. 고팡의 주인인 제주의 여성들은 쌀을 꺼내면서 한두 줌을 덜어내 비축한 식량은 어려울 때 유용하게 쓰였고 '고팡 물림'이라는 독특한 가정 경제 문화를 만들었다.

 제주 초가에서 안거리는 집안의 중심 공간이다. 자식이 결혼하면 함께 살지 않고 안거리와 마주 보는 밖거리에 살게 한다. 일정 기간이 지나면 안거리를 내주고 밖거리로 옮겨 가기도 한다. 밖거리는 생산과 경제생활 등 의식주가 분리되는 또 하나의 독립적인 공간이다. 더불어 사는 한 가족이지만 경제 단위로는 두 가족이 사는 독립적인 주거 문화 공간으로 자식과 부모 사이에도 정신적·경제적 독립과 자립을 강조하는 안팎 거리 문화는 척박한 땅을 일구며 살아왔던 제주인들의 독립적이고 합리적인 삶의 방식이었다.

2. 이어도 이야기

이어도 설화나 제주인들의 노동요에 나타난 이어도는 제주 사람들의 삶에서 떼려야 뗄 수 없는 장소이다. 이어도는 제주인의 일상생활이 확장되어 수많은 사연과 경험이 축적된 공간이다. 그러나 정작 이어도가 어디에 있는지 아는 사람은 많지 않다. 육지 사람은 물론이고 제주 사람들도 이어도를 그저 막연한 상상의 섬이라고만 생각한다. 하지만 제주인들의 축적된 삶에서 그들의 경험과 체험이 이어도라는 공간과 만났을 때 이어도는 더는 단순한 공간이 아니다. 제주인에게는 특별한 의미가 있는 장소가 되는 것이다.

🍜 전설과 현실 사이

이어도는 우리나라와 마라도에서 남서쪽으로 149km 지점에 있다. 우리 바다와 중국 바다 가운데쯤 있는 이어도는 중국 서산다오에서는 287km 떨어져 있어 우리 바다와 훨씬 가깝다. 이어도를 사이에 두고 우리나라와 중국의 거리는 UN 해양법에서 인정한 배타적경제수역(EEZ) 200해리가 넘지 않을 만큼 가깝다. 그래서 상당 부분 겹치는 바다가 생긴다. 문제는 이어도가 그 겹치는 지점에 닿는 점이다. 이로 인해 이어도를 둘러싼 중국과의 해양 영토 분쟁은 이어도처럼 수면 아래서 소리 없는 아우성을 치고 있다.

이어도 설화나 제주인들의 노동요에 나타난 이어도는 제주 사람들의 삶에서 떼려야 뗄 수 없는 장소이다. 이어도는 제주인의 일상생활이 확장되어 수많은 사연과 경험이 축적된 공간이다. 그러나 정작 이어도가 어디에 있는지 아는 사람은 많지 않다. 육지 사람은 물론이고 제주 사람들도 이어도를 그저 막연한 상상의 섬이라고만 생각한다.

이어도는 제주인들의 축적된 삶에서 그들의 경험과 체험이 이어도라는 공간과 만났을 때 더는 단순한 공간이 아니다. 제주인에게는 특별한 의미가 있는 장소가 되는 것이다. 수많은 공간 속에서도 특정 의미가 부여되면 그 장소는 특별한 장소가 된다. 제주 사람들의 이어도에 대한 느낌이나 생각은 육지 사람들과 다를 수밖에 없다. 공간이 장소라는 특별한 의미가 있으려면 다양한 경험이 축적되어야 하고 의미와 가치가 부여되어야 한다. 제주인의 일상에서 이어도는 어떤 의미였을까? 이어도에 어떤 경험을 기억하고 있을까? 설화 속에 이어도라는 장소는 어디쯤 있을까?

고대 시대에 제주도와 중국 사이의 이어도 항로를 오갔던 제주도의 뱃사람들은 육지와 가까운 바닷가에만 있는 '여'가 먼바다 한가운데에 있는 것을 보고 신비하게 여겨 이를 바닷가에서만 볼 수 있는 '여'와 구별하여 '여섬', 즉 '이어도' 또는 '이여도'라고 불렀다. 제주도의 민요, 전설, 신화에 등장하는 이어도가 세상에 밝혀진 것은 그리 오래되지 않았다. 1900년 영국 상선 소코트라호가 이어도 암초에 부딪혀 좌초되었다. 영국 해군은 이듬해인 1901년 측량선을 보내 암초의 위치와 수심을 확인하고 '소코트라 암초'라고 명명하였다.

강남을 가건 해남을 보라

이어도 항로는 제주도의 민요에도 등장한다. 고려 전기 벽란도는 송나라와의 공무역항이었다. 고려 후기 송나라가 망하면서 공무역 대신 사무역이 행해졌는데 전남 해남의 관두량이 대표적인 사무역항이었다. 제주 민요에는 남송 시대 고려의 무역항이었던 전남 해남의 관두량에서 강남 가는 길 절반쯤에 이어도가 있다고 했다.

이어 이어 이어도 ᄒᆞ라
이어 이어 이어도 ᄒᆞ라
이어 ᄒᆞ민 나 눈물 난다
이어 말은 말앙근 가라

> 강남을 가건 해남을 보라
> 이어도가 반이엔해라. [37]

  이 민요에서 강남은 양쯔강 하류 지역을 포함한 중국의 남부 지방을 말하고 해남은 전라남도 해남을 말한다. 이어도는 수많은 배가 지나가는 곳이었다. 동국대학교 윤명철 교수는 제주도와 중국을 잇는 동중국해상의 항로를 비스듬히 가로지른다는 뜻에서 '동중국해 사단 항로'라고 명명했다. 이어 송성대는 이 항로를 이어도를 지나간다는 의미를 부여하여 '이어도 항로'라고 재명명하였다. 이어도 항로는 예나 지금이나 동중국뿐 아니라 동아시아 바다에서 가장 험한 바닷길이다. 태풍이 지나가는 길목일 뿐 아니라 고대 수많은 제주 해민들을 수장시켰던 돌풍(영등바람)의 발상지이기도 하다

  전래 동화 『흥부전』에도 강남 갔던 제비가 박씨를 물고 와 제비 다리를 고쳐 준 흥부에게 보은하는 이야기가 나온다. 또 수많은 노랫말에도 강남이 등장한다. 그렇다면 강남은 과연 어떤 곳이었을까? 강남은 양쯔강 이남을 이르는 지역으로 조선 사람들에게는 동경과 미지의 땅이었다.

  중국의 모든 강은 서쪽에서 동쪽으로 흐르기 때문에 남쪽에서 북쪽으로 물자를 실어 나를 수 있는 대운하가 필요했다. 대운하는 중국의 운송 대동맥으로 왕조의 생존과 밀접한 관계가 있었다. 운하는 북경, 천진 등 6개 성과 황하, 회하, 장강 등 5대 강에 접해 있었으며 전체 길이는 1,794km나 되었다. 이렇게 긴 대운하의 물길을 조선인 최부

는 40여 명의 일행을 데리고 지나간다.

강남은 주원장이 금릉을 남경이라 고친 뒤 도읍으로 삼고 이후 영락제가 1421년 북경으로 천도하기까지 50여 년간은 조선의 봉명사행이 가능했던 시기였다. 이후 공식적인 사행이 북경으로 향했기에 더는 강남땅을 밟을 기회는 사라지고 말았다. 그래서 조선 문인들에게 강남은 상상 속에서나 그릴 수 있는 공간이었다. 이런 문화는 강남열(江南 熱과) 서호도(西湖圖)로 나타났다. 당대 문인들에게 성행한 낭만주의적 경향은 가 보지 못한 곳의 아름다운 풍광에 대한 이국적 정서와 맹목적 동경심을 낳았다.

최부는 별도포에서 배를 띄워 고향 나주로 가던 중 큰 바다 한가운데 표류하다 나흘째 되는 날인 정월 초칠일 적에 이어도 바다를 건너게 된다. 바람의 형세가 몹시 나쁘고 파도 물결이 크게 넘실거리고 바다 색깔이 백색이었다. 최부는 정의 현감 채윤혜가 들려준 말을 떠올린다.

"제주 늙은이들이 말하길 하늘이 맑은 날에 한라산 꼭대기에 올라 멀리 서남쪽을 바라보면 바다 밖의 외떨어진 구역이 흰 모래를 띤 듯하답니다."라는 말이었다. 최부가 이제 이를 보니 흰 모래가 아니고 이어도에 부딪힌 바다가 흰 색을 이룬 것을 보고 한 말이라고 깨달았다.

이어도 설화를 스토리텔링 한 동화『여돗할망 이야기』에는 국마 진상을 떠난 고동지가 돌아오지 않자 고동지 아들 마농이 어머니 강심에게 아버지는 언제 돌아오시냐고 묻는다. 강심은 아버지가 이어도에 가서 잘 살아 있을 것이라고 대답한다. 제주인들에게 이어도는 배고픔도 없고, 슬픔도 없는 곳이었다. 돌밭을 일구지 않아도 연꽃 위에 편안히 앉아서 곤밥에 미역국을 먹을 수 있는 이상향이었다.

제주 사람들이 이어도를 이상향의 땅이라고 생각한 것도 이와 무관하지 않다. 제주 사람들은 이어도에서는 연꽃 위에 앉아서 곤밥을 받아먹는 곳이라 생각했다. 제주에서는 쌀밥을 곤밥이라 하는데 고운 밥에서 유래된 말로 조밥, 보리밥처럼 거친 밥에 비해 빛깔도 곱고 식감도 곱다는 의미로 쌀밥을 곤밥이라고 했다.

죽음에 초연한 제주 사람들

탐라는 예로부터 육지와 멀리 떨어진 섬나라인 까닭에 육지를 왕래하는 데 어려움이 많았다. 돛배로 바람을 따라 바닷길을 항해해야만 했다. 공적인 일로 관리들의 왕래가 있었고 정기적으로 진상품을 수송하는 일이 불가피했다. 바다에서 표해하는 일도 많았다.

제주에는 크게 9명의 표해록이 전해져 오는데 그중 표해의 과정을 잘 정리한 것이 최부(崔溥)의 『표해록(漂海錄)』이다. 최부는 1488년 성종 때 제주도의 추쇄경차관으로 왔다가 부친상을 당하여 고향으로 돌아가던 중 폭풍을 만나 표류하다 중국 절강성에 도착하였다. 여러 어려운 과정을 겪으며 북경을 거쳐 육로로 조선으로 돌아오기까지의 상황을 일기 형식으로 기록한 책이 바로 『표해록』인 것이다.

[표 1] 최부의 표해록에 나타난 승선원

번호	출신	이름	직책	인원
1	나주 사람	최부	추쇄경차관	1
2	육지 사람	정보(광주목), 김중(화순현) 손효자(나주목), 최게산(청암역),	아전	4
		이정 (종8품)	승사랑	1
		막금, 만산	종(본가)	2
3	제주 사람	안의(진에 딸린 서리: 호송 군인의 우두머리)	진무	1
		이효지(관에 딸리 서리)	기관	1
		허상리(사공을 돕는 격군들의 우두머리)	총패	1
		권산(사공의 우두머리)	영선	1
		김고면(뱃사공)	초공	1
4	격군	김괴산, 초근보, 김굿회, 현산, 김석귀, 고이복, 김조회, 문회, 이효태, 강유, 부명동, 고낼동, 고복, 송진, 김도종, 한매산, 정실	노 젓는 군인	8
		김속, 김짐산, 고회, 김송, 고보종, 양달해, 박종회, 김득시, 임산해	호성 군인	9
5	노비	권송, 강내, 이산, 오산	관청 노비	4
	기타	이름을 밝히지 않은 사람들		9
	총			43人

최부는 바다를 건널 때는 배 부리는 사람과 물길을 잘 아는 사람만 있으면 되는데 무슨 일로 이렇게 많은 사람이 타게 되었느냐고 묻는다. 관리 입장에서는 그렇지만 실은 배를 움직이려면 배를 저어야 하

는 뱃사공부터 군인에 해당하는 격군 등 많은 사람이 필요했다. 배에 구멍이 나 물을 퍼내야 하는 상황에서 육지 사람들은 최부의 명령에 따르며 북을 찢어 바가지 삼아 물을 퍼내는 데 열중이었다. 그런데 제주 사람들은 사납고 게으르고 살기보다는 죽으려 힘을 쓰며 표류하는 배에 몸을 맡기고 목숨을 내놓고 통곡만 하고 있었다. 이에 최부는 살기 위해 노력을 안 하고 어찌 죽음을 기다리고 있느냐며 묻는다.

관에 딸린 서리 이효지가 "제주는 멀리 큰 바다 가운데 있어 물길이 세고, 파도가 다른 바다보다 더욱 흉포하여 진공선과 상선들이 이어져 끊어지지 않지만 표류하여 침몰당하는 일이 열에 대엿새 번이 되어, 제주 사람은 앞 항해에 죽지 않으면 필시 뒤 항해에 죽게 됩니다. 제주 땅에는 남자의 무덤이 아주 적고 마을에서는 여자가 남자보다 세 곱절이 많으니 부모된 자가 딸을 낳으면 필시 이는 내게 효도를 할 것이라고 말하고, 아들을 낳으면 이는 내 아이가 아니라 고래와 자라의 밥이 될 거라고 말합니다. 오직 조정 신하들의 왕래에는 가만히 오랜 기간 순풍을 기다리고 배와 노가 빠르고 튼튼하므로 풍파에 죽은 일이 거의 드물었습니다. 우리들의 죽음은 하루살이처럼 하찮아 비록 평상시에라도 또한 어찌 집에서 죽기를 바라나이까?"라고 대답한다.

최부는 우리나라 사람이 공무나 사사로이 제주를 왕래할 때에 혹 바람을 잘못 만나 간 곳을 알 수 없는 경우는 헤아릴 수 없고, 살아서 돌아온 경우가 백에 겨우 한둘인데 이것이 어찌 모두 파도에 침몰한 것이었겠느냐고 반문한다. 섬나라에 표류하여 다른 나라에서라도 살고 있지 않겠느냐며 위로한다. 만약 섬라(태국), 점성(베트남) 같은 나라로 가면 되돌아오기를 바랄 수 없겠지만 혹 중국으로 가는 길이나 중국의 경계에 표류하면 살아서 돌아가게 될 것이라고 한다.

🚢 이어도 이상향

제주 속담에 "3대 보자기[浦作人]에 꼭 수장하는 액운 신다(3대가 해상 활동을 하면 그중에 꼭 수장(水葬)되는 가족이 있게 된다)."는 속담이 있다. 바다를 삶의 터전으로 살았던 제주에서는 목숨을 잃는 일이 허다했기에 죽음에 닥쳐서도 살기 위해 애쓰기보다 죽음에 의연한 태도를 보였던 것이라고 이해한다. 제주 사람들은 바다를 '바당'이라고 한다. 땅이 척박했던 제주에서 굶주린 배를 채울 수 있는 바다는 또 하나의 밭이었기 때문이다.

제주 사람들에게 해난 사고는 피할 수 없는 일이었다. 제주인들은 바다를 안방처럼 드나들었지만, 해난 사고에 의해 가족 중에 누군가 와는 죽음으로 헤어지는 일을 종종 당했다. 동서고금을 막론하고 사망과 실종이 있게 마련이지만 제주도의 그것은 유별함이 있었다. 바다에서의 죽음은 시신을 찾기 어려운 실종에 가까운 죽음이었기 때문이다. 실종된 가족을 찾는 상실자(seeking-looser)로서의 기다림은 실종자(missing-hiker)에 대한 부질없는 희망이요, 기다림이기도 하였다. 실종자(失踪者)에서 '종(踪)' 자는 '발자취'를 의미한다. 생사를 불문하고 그 발자취를 찾을 수 없어 존재 위치가 확인되지 않는 사람이다. 해난 사고로 인한 실종자는 그 주검이 바다 밑 바위틈에 하얀 해골이 되었을지라도 죽은 사람이 아니고, 저 어느 바다 무인도에서 원시인처럼 살고 있을지라도 산 사람이 아니다. 죽음의 골짜기에서 짐짓 하얀 해골이 되었을지라도 죽은 사람이 아니고, 심산 벽촌에서 두더지처럼 땅을 일구고 살지라도 산 사람이 아닌 것이다.

시신을 찾지 못한 죽음은 살아 있는 사람들에게 체념하고 죽음을 받아들일 기회를 주지 않았다. 실종자가 이승에 있는지 저승의 타계로 갔는지를 판단할 수 없는 일이었다. 제주 사람들은 실낱같은 희망으로 실종자의 귀환에 대한 바람 대신 이어도라는 이상 세계에 가서 잘 살고 있으리라 생각했다.

이러한 생각은 현대에도 크게 변하지 않고 있다. 2006년 11월 서귀포시 대정읍 방어 축제에서 서귀포시장을 비롯하여 3명이 사망했다. 높은 파고로 어선이 전복된 것이다. 바다에서의 죽음은 시신을 거두기 어렵다. 2020년 8월, 애월 앞바다에서 낚시하던 사람이 파도에 휩쓸려 실종되었다. 40대의 젊은 가장이었다. 뉴스에서 대대적인 보도가 있었고 지인을 통해 수색 과정을 전해 들었다. 그의 가족들은 밥 때가 되면 바닷가에 밥상을 차렸다. 살아 돌아오길 바라는 간절한 바람이기도 했지만, 시신이 수습되지 않았기에 죽음을 받아들이기 힘들었다. 두 달여의 수색은 진전 없이 마무리되었다. 2년 후 그의 시신은 일본 앞바다에서 발견되었다. 살은 물고기 밥이 되어 버린 지 오래였지만 골반에 걸친 속옷 브랜드가 한국산이라서 일본에 있는 한국 대사관에 시신이 인도되었다. 아는 지인 중에 어머니가 해녀인 분이 있다. 지난해 그녀의 어머니도 바다에서 목숨을 잃었다. 그녀는 어머니의 죽음을 슬퍼할 겨를도 없었다. 그저 시신을 찾게 된 것에 대한 감사, 시신을 찾아 준 어머니의 해녀 동료들에 대한 감사를 하기에도 급급했다. 죽은 어머니를 두고 슬퍼할 겨를도 없이 '감사합니다'를 되뇌고 다닌 자신의 슬픔을 인지한 것은 첫 제사를 지내고 나서라고 고백하였다. 이처럼 요즘에도 제주에서는 바다에서 목숨을 잃는 일이 허다했다.

　제주인에게 죽음은 삶의 질곡으로부터 해방되기 위한, 그래서 저 피안의 세계인 서방정토인 이어도로 가기 위한 제주인만의 이타적 이기주의의 발로라고 해석될 수도 있다. 이러한 해석은 오늘날 고령화의 선진국에서 만성 질병에 고통을 받는 노인들이 스스로 죽을 수 있는 '죽음의 권리' 즉 안락사(安樂死)를 요구하는 것과 일맥상통하는 고차원의 생사관인 것이다.

3. 궨당 이야기

제주에서만 볼 수 있는 궨당은 '불시에 급작스럽게 비용이 드는 장사(葬事)를 치르기 위해' 조직된 점도 있다. 특이한 것은 제주의 궨당 공동체(眷党共同體)는 부계 조상은 물론 모계, 처가까지 포함한다는 것이다. 궨당 공동체 즉 수눌음의 출현 기원은 혼성 촌락에서 자신들의 씨족 구성원만으로 장사를 치르기에는 부담이 되어 생겨난 장사 공동체(葬事共同體)라고 해도 크게 어긋남이 없을 것이다.

🚗 궨당의 범위

궨당은 한반도의 일가친척이라는 말과 상응하는 말이다. 일가는 성이 같은 피붙이를 말하고 친척은 친족과 외척이라는 말로 성이 다른 이종, 고종, 외종을 말한다. 같은 사촌이라도 아버지의 남자 형제들의 자녀들은 친사촌이라고 부른다. 육지에서는 성이 같은 육촌, 칠촌, 팔촌까지 한 마을에서 집성촌을 이루고 살아간다. 특이한 것은 제주의 궨당 공동체(眷堂共同體)는 부계 조상은 물론 모계, 처가까지 포함한다는 것이다. 혼성 촌락을 이루며 살아가는 제주에서 '궨당'은 조직의 범위가 8~10촌으로 확대되며 부계라는 범위에서 벗어나 모계를 포함한 인척간에도 상조 의무를 갖는다.

궨당의 본말은 표준말 권당(眷堂)이지만, 권당은 단순히 친척의 다른 말이다. 권당과 궨당은 같은 족보의 동성동본이면 모두 궨당이라 부르기도 하여 족당과 혼동되기도 한다. 하지만 족당은 서로 쌍무적 상조 의무를 지녀 돌아보는 관계의 궨당과는 사뭇 다른 개념이다. 시조 중심의 수직적이고 추상적 관계를 갖는 족당과 달리 궨당은 '나'를 중심으로 한 수평적(평등적)이고 구체적인 공동체이다. 궨당에서는 '나'가 없으면 아무런 의미가 없다. 부계친과 모계 친족은 물론 처족을 망라한 제주 섬 특유의 확대 친인척 관계망이 바로 궨당이다.

🚗 고적과 지물

수눌음에는 노동에 의한 협동도 있지만, 친척 간 암묵적인 족규(族

規)에 의해 음식을 주고받는 상부상조의 풍습이 있었다. '고적'은 수눌음의 특성을 가장 잘 설명해 주는 용어로 초상이 났을 때 부계는 8촌 이내에, 모계는 4촌 이내의 친척들이 등량(等量) 등가(等價)의 음식을 주고받는다. 지역이나 지방마다 용어가 조금씩 다르지만, 초상(初喪) 때는 '고적'이라 하고, 소상(小喪)과 대상(大喪), 제사 때는 '지물[제물:祭物]'을 한다고 한다. 고적은 쌀이나 보리 등의 곡물을 하기도 하고 메밀로 빙떡 등을 해 갔다. 주로 산간 지역은 메밀로 빙떡을, 보리나 밀 농사가 되는 곳에는 빵을 만들어 갔다. 여기서 중요한 것은 반드시 초상이 났을 때 상호 대등한 양으로 상조를 한다는 것이다. 하나하나 확인하며 주고받는 의무적(쌍무적) 증여로 내가 고적한 만큼 상대가 고적을 해 왔는지 하나하나 셈을 하면서 주고받기 때문에 이를 '수눌장시(수눌음 장시)'라고 한다. '수눌장시'는 철저한 'give and take' 정신으로 제주어의 다른 표현으로는 '우커니 대커니' 정신이 된다. 사촌 이내에는 메밀이나 쌀 두 말 치를, 8촌 이내에는 한 말치 정도의 떡을 만들어 주고받았다. 장례(장지, 장밭)에 참여한 사람들에게 밥을 차려 줄 형편이 안되었기에 쟁반 같은 큰 떡(다대떡) 위에 여러 떡을 얹어 주었다. 이를 제주말로 한 찍이라고 하였다. 장례에는 궨당 외에 동네 사람들도 참여했기에 동네 사람 호수에 맞게 고적을 해 가는 것이 원칙이었다. 지인이나 이웃들 간에 행해지는 '부조(扶助)'는 비의무적 증여이기 때문에 등량(等量), 등가(等價)의 부조 의무를 지지 않는다.

이로 유추해 볼 때 제주에만 볼 수 있는 궨당은 불시에 급작스럽게 비용이 드는 장사(葬事)를 치르기 위해 조직된 점도 있다. 궨당 공동체 즉 수눌음의 출현 기원은 혼성 촌락에서 자신들의 씨족 구성원만으로 장사를 치르기에는 부담이 되어 생겨난 장사 공동체(葬事共同體)라고 해도 크게 어긋남이 없을 것이다. 궨당이라는 관계망(network)은 하나의 연줄이라 폐쇄적인 공동체이기는 하나 위급한 상황에서는 구성원 간에 가장 적합한 상호 작용을 하며 거래 비용 없이 신속한 교환 행위를 통해 어려운 일을 극복해 나간다. '궂은일에는 궨당, 좋은일에는 남'이라는 말에서 알 수 있듯이 장사(葬事)와 같은 매우 제한적인 가사에 적용된다.[38]

한반도의 최소 공동체가 부계친에 기반한 혈연적 족당 공동체라면, 제주도의 최소 공동체는 양계친에 기반한 궨당 공동체인 것이다. 족당이 제사 공동체(祭祀共同體)로서 동족 촌락의 가부장에 의해 통제되는 항시적 노동·생산·교육·건설의 공동체라면 궨당은 혼성 촌락을 배경으로 해서, 일이 발생할 때마다 가동되는 공동체이다. 동족 촌락이 아닌 혼성 촌락, 그리고 부부 가족(핵가족)의 제주에서 마을마다 보이는 '갑장 문화'도 독특한 공동체 문화이다. '갑장계'는 동갑내기끼리 하는 상조 모임이다. 혈연에 기반한 상조 구성원이 부족할 경우 갑장 문화는 그 보완 수단으로 작동했다.

영장 집 부조에는 여러 종류가 있다. 여자들은 수의와 상복 두건을 만들고 남자들은 염하고 관을 짜고 터를 잡는 일을 했다. 청년들은 영장 날 시신을 운구해서 매장하는 게 부조였다. 사돈의 부조도 이채롭다. 사돈집에서 초상을 치르면 영장 날 장지에서 먹을 팥죽을 쒀 왔다. 이러한 풍습도 혼성 공동체를 이루며 살아서 사돈이 같은 마을이나 인근 마을에 살고 있기에 생겨난 풍습이다.

말총(말 꼬리털)으로 갓과 망건 등 즉, 양태를 잣으면서 여성들이 돌림 노래로 부르는 노동요에 고적과 부조의 대상이 다름을 보여 주고 있다.

> 내 바늘아 내 바늘아/서울놈 술잔 돌리듯
> 어서 속히 돌아가라/이 양태로 집을 사고
> 이 양태로 밭을 사고/늙은 부모 공양하고
> 일가방상 고적하고/이웃사촌 부조하게

정리하자면 고적은 계약에 의한 '수눌음'의 타산적인 상조 체계요, 부조는 호혜적인 '품앗이'의 상조 체계라고 할 수 있다. 전자가 전형적인 제주형으로서 '이(理)'의 상조 문화라면 후자는 한반도의 전형적인 '정(情)'의 상조 문화이다. 제주인들은 가까운 관계일수록 철저히 계산적이었고 멀수록 관용적이었음을 알 수 있다.

유의할 것은 비의무적 부조의 의미는 등가로 의무를 행하지 않아도 된다는 뜻이지, 부조를 받고 갚지 않아도 된다는 뜻이 아니다. 제주도에서 부조를 받고 갚지 않으면 상종하지 않으려 한다. 이로 유추해 볼 때 제주에만 볼 수 있는 궨당의 발생도 예정된 혼사와 같은 대사(大事)와 달리 '불시에 급작스러운 비용이 들게 되는' 장사(葬事)와 더 깊은 관련이 있는 것으로 궨당 공동체(眷党共同體)는 (부계)조상만을 중심으로 하는 신앙 공동체도 아니고 생산만을 위한 노동 공동체도 아닙니다.

부자중심가족(父子中心家族)의 유교 씨족 사회에는 있을 수 없는 문화로 궨당 문화의 정립은 제주인의 통합과 아이덴티티 확립의 완성을 의미하기도 한다. 다양성 속의 통일, 통일 속의 다양성을 기할 수 있는 본향당을 중심으로 생성된 궨당 문화이기 때문이다. 연줄이 아닌 망의 세계관을 갖기에 유리한 궨당 문화의 사회는 맥락이 있는 것 같으면서 맥락이 없고, 맥락이 없는 것 같으면서도 맥락이 있는 구조를 갖는다. 궨당은 융통성과 관용을 베풀며 타성 간에도 자유로운 통합이 가능하며 시대성을 갖는다. 인간성과 지역성, 현실을 그대로 인정하면서 현실 지향의 공리주의보다는 추상적인 세계주의로의 지향 합일을 목적·목표로 두고자 하는 공동체 문화이다. 작고 안정적인 공동체일수록 자유와 평등의 확보가 가능하다. 제주도의 궨당 공동체야말로 자유와 평등이 확보되는 공동체라 할 수 있다.

작가의 말
제주의 잔치 음식

    문화를 한마디로 정의하기는 어렵지만, '개인이나 집단이 자연을 이용하여 살아가면서 가꾸어 가는 모든 것'이라고 할 수 있다. 문화 형성에 가장 큰 영향을 미치는 것 가운데 하나는 자연환경이다. 자연환경에 따라 의, 식, 주가 달라지기 때문이다.

국수

백석

눈이 많이 와서
산멧새가 벌로 내려 먹이고
눈구덩이에 토끼가 더러 빠지기도 하면
마을에는 무슨 반가운 것이 오는가 보다
한가한 아동들은 어둡도록 꿩사냥을 하고
가난한 엄마는 밤중에 김치가재미로 가고
마을을 구수한 즐거움에 싸서 은근하니
흥성흥성 들뜨게 하며

이것은 오는 것이다
이것은 어느 양지귀 혹은 능달쪽
왜 따른 산 옆 은댕이 예대가리밭에서
하룻밤 보요안 김 속에 접시귀 소기름 불이
부우연 부엌에
산멍에 같은 분틀을 타고 오는 것이다
이것은 아득한 옛날
한가하고 즐겁던 세월로부터
실 같은 봄비 속을 타는 듯한
여름볕 속을 지나서
들쿠레한 구시월 갈바람 속을 지나서
대대로 나며 죽으며 죽으며 나며 하는
이 마을 사람들의 으젓한 마을을 지나서
텁텁한 꿈을 지나서
지붕에 마당에 우물든덩에
함박눈이 푹푹 쌓이는 여느 하룻밤
아배 앞에 그 어린 아들 앞에
아배 앞에는 왕사발에
아들 앞에는 새키 사발에
가득히 시려오는 것이다
이것은 그곰의 잔등에 업혀서 길여났다는
먼 옛적 큰마니가

또 그 짚등색이에 서서 자채기를 하면
산넘엣 마을까지 들렸다는
먼 옛적 큰아버지가
오는 것 같이 오는 것이다
아, 이 반가운 것은 무엇인가
이 히수무레하고 부드럽고 수수하고
슴슴한 것은 무엇인가
겨울밤 쩡하니 익은 동치미국을 좋아하고
얼얼한 댕추가루를 좋아하고
싱싱한 산꿩의 고기를 좋아하고
그리고 담배 냄새 탄수 냄새
또 수육을 삶는 육수국 냄새 자욱한
더북한 삿방 쩔쩔 끓는 아르굴을 좋아하는
이것은 무엇인가
이 조용한 마을과
이 마을의 의젓한 사람들과
살뜰하니 친한 것은 무엇인가
이 그지없이 고담하고 소박한 것은 무엇인가

백석은 함흥 사람이다. 이 시에서 국수는 함흥냉면을 말한다. 눈이 많이 와서 산새들이 벌판으로 내려와 먹이를 찾고 눈구덩이에 토끼가 더러 빠지기도 하는 날에 사람들이 대대로 태어나고 죽고, 죽고 태어나는 것을 함께한다. 삶과 죽음을 함께한 의젓한 마을 사람들과 살뜰하니 친한 마음으로 히수무레하고 부드럽고, 수수하고 슴슴한 맛의 국수를 먹는다. 이 시 한 편을 읽노라면 토끼, 호랑이, 곰이 나오는 눈 덮인 깊은 골짜기가 한눈에 그려진다. 공동체를 이루며 살아가는 사람들이 나눠 먹는 고담하고 소박하기까지 한 국수 한 젓가락이 입 속으로 들어오는 것 같다.

〈몸국〉
돼지고기 뼈를 반나절 이상 고운 물에 해초인 육수를 넣어 끓인 몸국은 고기의 형체가 보이지 않아 일찍 온 손님이나 나중에 온 손님이나 같은 맛을 맛볼 수 있었다.

〈고사리 해장국〉
돼지고기 뼈를 고운 국물에 끓이는 몸국과 같은 조리법이고 안에 들어가는 내용물이 몸이라는 해초 대신 산에서 나는 고사리인 점이 다르다.

[그림 19] 제주의 잔치 음식

    몸국은 제주의 대표적인 잔치 음식이다. 제주에서는 잔칫날 돼지를 잡고 나면 고기는 물론 내장도 알뜰하게 장만하여 순대를 만들었다. 뼈는 푹 고아 모자반이라는 해초를 넣어 국을 끓여 대접했다.
    내가 몸국을 처음 먹어 본 것은 데이콤에 근무하던 임민 씨의 결혼식에서였다. 임민씨와 나는 결혼 전부터 잘 아는 사이였고 내가 제주에 내려온 이후에는 정착하는 데 여러 도움을 주었다. 나중에는 나보다는 남편과 죽이 맞아 아주 친하게 지내고 있었다. 나와 남편은 도남동에 있는 그의 잔칫집에 초대되었다. 당시만 해도 귤밭이 있는 꽤 넓은 집이었다. 대문에 대나무 아치가 세워졌고, 대나무에는 오색 테이프가 나풀거렸다.

새신랑은 입맛이 까다로운 내가 제주의 잔치 음식인 몸국을 먹지 못할까 봐 엄청 신경을 썼다. 잔칫상이 나오기 전부터 제주의 잔치 음식을 설명하느라 진땀을 빼고 있었다. 손님은 북적이고 잠시 후 잔칫상이 들어왔다. 돼지고기를 듬성듬성 썰어서 나왔고 두부와 순대 한 접시, 김치와 마늘장아찌, 그리고 몸국이 나왔다. 내가 몸국을 먹는지, 못 먹는지가 초미의 관심사인 양 여러 사람이 내 입만 쳐다보고 있었다. 나는 조심스레 한입 떠먹었다. 의외로 맛이 있었다. 비리지도 않았고 구수한 냄새가 났다.

"입맛에 안 맞는데 일부러 먹을 건 없어요."

내가 맛있게 먹자 새신랑은 안도의 한숨을 내쉬며 말했다.

"입맛에 안 맞으면 목으로 넘기질 못하는 사람이야. 정말 맛있는데 뭘."

남편은 보란 듯이 한 그릇 더 달라고 하였다. 이후 여러 잔칫집에서 몸국을 먹어 보았지만, 숟가락만 담갔다 뺐다. 어디에서도 그 구수한 맛이 나지 않았다.

육지에서는 돼지 국물을 먹는다는 것은 상상도 못 할 일이다. 하지만 제주에서는 돼지고기 삶은 국물에 몸이나 고사리를 넣어 잔치 음식을 만들었다. 돼지 뼈에 붙은 살은 오랜 시간 고아져 형체를 찾아보기 힘들다. 제주의 몸국이나 고사리 해장국은 처음에 온 손님이나 나중에 온 손님이나 남녀노소 평등하게 똑같은 상태의 음식을 먹을 수 있었다.

6장

여성 중심 사회

1. 여성 중심 사회
2. 경제적 주체로 살아온 해녀
3. 해녀가 짊어지는 삶의 무게

1. 여성 중심 사회

제주에서 여성은 독립된 개체로서 역할을 하며 살았다.

육지의 여성들이 집안일을 주로 하며 경제 활동에서 한발 물러서 있었다면 제주의 여성들은 척박한 땅에서 육지 밭과 바다밭인 바다를 오가며 경제적 주체로 살아왔다. 험한 바다와 거친 땅을 일구며 억척스럽고 바지런하게 살았던 그들은 모진 삶을 견디며 강인하고 무뚝뚝하게 인생을 살아 냈다.

🪨 독립된 개체로서의 여성

 '설문대 할망'은 제주 창조의 여신이다. 설문대 할망은 은하수에 닿을 만큼 높은 한라산을 만들고 할망의 치마폭 사이로 떨어진 흙들은 오름이 되었다. 할망이 한라산에 엉덩이를 깔고 앉아 서귀포 앞바다의 지귀섬에 오른쪽 다리를 딛고 관탈섬에 왼쪽 다리를 딛고 우도를 빨래판 삼아 빨래를 했다고 전해질만큼 거대한 신이었다. 섬사람들은 무엇이든 크고 힘이 센 것은 설문대 할망과 관련지어 생각했다.

 삼승 할망, 가믄장애기, 용왕국 따님, 자청비 등 제주의 신화 속에서도 여성은 중추적 역할을 하였다. 그래서인지 모르겠지만 제주 여성들은 유난히 '억척스럽다', '강인하다'라는 평가를 받는다. 그들이 살아왔던 삶을 내밀히 들여다보면 그러한 평가가 수긍이 가는 것을 넘어서 인간으로서 존경의 마음을 갖지 않을 수 없다.

 제주에서는 아들보다 딸을 선호했다. 딸 선호 사상은 설화에도 나타나 『가믄장애기 신화』는 딸인 가믄장애기가 가부장적 사회에서 나와 자립해서 살며 부자가 된다는 이야기로, 부모는 딸을 낳았기 때문에 부자가 되고 딸을 박대하면 가난해진다는 신화다. "딸의 아기는 업어서 가고 아들의 아기는 걸어가게 하면서, 업은 아기 발 시리다고 걷는 아기 뛰라고 한다."라는 말처럼 제주에서는 아들보다도 딸 쪽을 더 중시하여 그 손자까지도 차별하였다. 유산도 값진 놋쇠 그릇이나 도구는 며느리에게 주지 않고 딸에게 주는 풍속이 있었다. 애월읍 구엄리에 있는 소금밭도 딸에게 상속을 해 주었다.

 '딸 있으면서 양자를 뭐하러 데리며, 피라도 있으면 뭐하러 비싼 값을 주며 식량을 꾸어 오느냐?', '딸을 나면 돼지 잡아 잔치하고, 아들을 나면 발길로 궁둥이 차 버린다' '딸 많은 집이 부자'라는 속담처럼 해녀 딸이 셋 있는 경우는 해마다 밭 한 떼기씩 사서 부자가 되기도 했다고 한다.

한반도에서는 남성 중심의 가부장제로서 군대, 노동, 세금은 남성이 담당하였다. 그러나 제주에서는 이 모든 일을 여성이 함께했다. 김상헌의 『남사록』에는 남자가 귀한 제주에서는 성을 방어하는 여정이 남정보다 많았다고 기록하였다.

제주 사람들의 풍토병을 고쳐 주는 사람들도 여성이었다. 종기를 치료해 주는 허물 할망, 정신적 충격으로 정신이 나갔을 때 넋을 불러들여 주는 넋들이 할망, 피부병을 다스려 주는 부스럼 할망, 체기를 내려 주는 할망 등이 의료진 역할을 하였다. 제주에서 여성은 독립된 개체로서 각처에서 중요한 역할을 하며 살았다.

육지의 여성들이 집안일을 주로 하며 경제 활동에서 한발 물러서 있었다면 제주의 여성들은 척박한 땅에서 육지 밭과 또 다른 밭인 바다를 오가며 경제적 주체로 살아왔다. 힘한 바다와 거친 땅을 일구며 억척스럽고 바지런하게 살았던 그들은 모진 삶을 견디며 강인하고 무뚝뚝하게 인생을 살아 냈다. 딸, 아내, 어머니로서 희생을 자처하면서도 강인한 모습으로 주체적 삶을 살아 낸 해녀들의 삶에서 제주 여성 특유의 강인함을 찾아볼 수 있다.

🛶 처첩 풍속

제주도의 처첩 민속은 어제오늘이 아니라 고대 사회부터 있었다. 3세기 진수가 쓴 『삼국지』의 「동이전」에는 지금의 제주도를 지칭하면서 다음과 같이 써 놓고 있다.

> 사람들은 모두 술을 좋아하고 오래 수(壽)하는 사람이 많아서 백여 세가 되도록 사는 사람도 몹시 많다. 그러나 그 나라들은 여자가 많아서 어른이 되면 계집을 4명 또는 2·3명씩 데리고 사는 사람이 많다. 여자들은 음란한 짓을 하지 않고 또 질투도 하지 않는다.[39]

정의 현감이었던 김성구(金聲久)가 1679년에 쓴 『남천록(南遷錄)』에도 딸을 중시하는 제주도의 풍속을 기록해 놓고 있다.

> "지지(地誌)에 딸 낳기를 소중히 여긴다. 공물을 바치거나 상선(商船)이 전후하여 줄을 잇기는 하나, 해로가 험하고 멀어서 자주 표몰하는 까닭에, 제주 사람들은 딸 낳기를 소중히 여긴다. 여자의 수가 3배나 되니 비록 거지 행세를 하더라도 처첩을 두었다."

제주 섬의 축첩 문화는 신들의 세계에도 만연해 있었다. 제주 섬 최초의 본향당인 구좌읍 송당본향당에 좌정한 소천국은 부인 백주또로부터 별거 선언을 당하여 첩을 얻는다. 부모에게 쫓겨나 조천 교래리 본향 신이 된 소천국의 열한 번째 아들도 본처인 옥당 부인 외에 서

당국에서 솟아난 거씨 부인을 첩으로 삼았다. 성산 수산리 본향 당신 '울뢰ᄆᆞ루할로산또'는 처인 서당할망이 돼지 털을 접촉했다 하여 마라도로 귀양 보내고 자신은 용왕국에 들어가 첩을 데려온다. 전남 나주 금성산(錦城山) 신인 뱀이 바둑돌로 변신하여 제주로 들어와 환생하여 여드레 당(八日堂: 토산당으로 통칭하는 蛇神堂) 신이 된 '강씨 아기'는 요왕 부인을 둔 신풍리 당신 '개로 육서'의 첩이었다. 안덕면 감산리 '호근여드랫당' 앞의 신은 조천 이훈장(訓長)의 딸로 팔자가 사나워서 점 보러 다니다가 정의골 오좌수의 첩이 되었고 죽은 후 양반가에서 첩 귀신을 둘 수 없다고 한 그의 아들들에 의해 '큰 당 옆에 있다가 얻어먹으라'는 차별을 받았다. 비교적 개방적인 본향당 신과 달리 첩이 좌정한 당은 은밀하게 모시려는 토산당 계통의 신이 많다.

『차사 본풀이』에 나오는 「인간 차사 강님 신화」에서의 똑똑하고 영리하다는 강님차사는 제주의 남자신답게 18명의 호첩(好妾)을 거느리고 있다. 『문전 본풀이』는 「남선비신 설화」이다. 남선비의 첩 노일저대는 본처 여산을 죽이고 본처 소생 7명의 아들을 죽일 계략을 꾸민다. 똑똑한 막내아들 녹디생이가 모든 사실을 알고 달려들자 남선비는 도망치다 정낭에 목이 걸려 죽고, 노일저대는 변소에 목을 매달아 죽었다.

일곱 형제는 서천 꽃밭으로 가서 환생 꽃을 구해 어머니를 살려 내고 어머니가 누웠던 흙을 파서 시루를 만들었다. 시루의 구멍이 7개인 이유는 형제들이 하나씩 구멍을 팠기 때문이라고 전해진다. 일곱 형제는 옥황상제에게 축원을 올려 모두 집안의 신이 되었다. 남선비는 정낭에 걸려 죽었으니 정살 귀신, 본처 여산 부인은 노일저대에게 죽임을 당하여 추운 바닷물에 잠겨 있었기에 하루 세 번 따뜻한 불을 쬐는 부엌에서 살라고 조왕할망으로 좌정했다. 노일저대는 변소에서 죽어 측간 신이 되는 벌을 받았다. 부엌과 변소를 멀리한 것은 위생상의 문제 때문이겠지만 이 신화에서는 처첩 간의 갈등 구조를 만들어 두 신의 사이가 좋지 않았기 때문이라고 한다.

일곱 형제 중 네 형제는 집의 동서남북을 지키고 다섯째는 중앙, 여섯째는 뒤 문전을 지키는 신이 되었다. 이 모든 사건을 해결한 똑똑한 막내둥이 녹디생이는 앞문을 지키는 문전신이 되었다. 제주에서는 문전신을 대단히 중히 여겨 이사했을 때나 명절은 물론 조상에게 제사를 지낼 때는 반드시 문전제를 먼저 차린다.

한반도에서는 소수의 지배층에서 첩을 두었고, 같은 혈통 내에서만 양자를 맞아들이는 문화가 있었다. 양자를 들일 여건이 되지 않을 때는 가문[代]을 잇기 위해 아들을 낳게 하는 '씨받이'로서의 축첩제도가 있었다. 그렇게 첩이 되어 들어간 여성은 처와 '한집살이'를 하며 냉대를 받았고 처는 처대로 아들을 못 낳는다는 죄로 첩을 한집에 두고 첩이 낳은 아들의 양육까지 맡아야 하는 천형을 받았다. 그들의 자식들도 정체성의 혼란을 겪으며 또래 아이들에게 놀림을 받으며 자랐고 성인이 되어서도 두 어머니 사이에서 마음을 어디에 둘지 몰라 괴로운 세월을 살아야 했다. 제주도에서도 '첩'을 '씨앗'이라고 부르는 것으로 보아 씨받이 문화와 전혀 무관한 것은 아닌 것 같다. 씨앗은 '씨왓'과 같은 의미로 '왓'은 제주도에서 '밭(田)'을 뜻한다. 따라서 씨앗은

'씨밭(氏田)'인 셈이다.[40]

제주도의 복혼제 문화가 축첩제냐 일부다처제냐 하는 것이 학자들 간에도 쟁점이 되어 왔다. 혹자는 경제적 자립 가능성이 있었음에도 첩이 되었으므로 일부처첩제로서의 '축첩제도'라고 하기도 하고 여자가 남자 없이 완전하고 자립적으로 경제생활을 하지 못했으니 일부다처제라고도 한다. 송성대는 제주도에서는 여성이 경제적으로 얼마든지 자립할 수 있었기 때문에 경제적 이유로 남의 첩이 되었다는 것은 설득력이 없다고 일축했다. 첩이 되는 여자는 거의 이혼녀이거나 사별녀로, 자식 특히 아들이 없는 경우에 첩이 되는 경향이 높았다.

제주 여성들은 경제적으로 자립을 할 수 있었기에 처첩이 한집에 사는 경우는 드물었다. 각자 딴 집 살림을 하여 처든 첩이든 자기가 낳은 아들은 자기가 길렀기에 처첩 간의 갈등이 적고 이복형제들과의 갈등도 육지처럼 심하지 않았다고 볼 수 있다. 비록 아버지는 나눠 가졌지만, 어머니만은 자신을 낳아 준 어머니가 헌신적으로 자식을 키워냈기 때문이다.

🍱 각시가 여럿이면 주머니가 여럿

1940년대 석주명이 조사한 바에 의하면 함덕리의 55세 남성은 1명의 본부인과 3명의 첩에서 모두 19명의 자녀를 두고 있음을 밝히고 있다. 이처럼 축첩 제도는 제주에서는 흔한 일이었다. 축첩 제도는 인구 손실이 큰 섬에서 인구의 재생산 효과를 낼 수 있었다. 제주에 축첩이 성했던 이유는 유교 문화가 뿌리가 내리지 않은 것과 관련되기도 한다. 근대 이전까지만 해도 한반도의 여인들은 삼종지도(三從之道)라 하여 어려서는 아비를 따르고, 결혼해서는 남편을, 늙어서는 아들을 따라 살았다.

제주 여인들에게 있어서 칠거지악(七去之惡)이니 삼종지의(三從之義)니 하는 규범은 한낱 가부장적 양반 선비의 아낙네나 지녀야 할 호사스러운 족쇄에 불과했다. 제주 여성들은 어려서는 아비를 봉양하고 결혼 후에 남편에게는 아들을 하나 낳으면 그만이었고 늙어 죽을 때까지는 아들을 위해 헌신하는 삶을 살았다고 해도 과언이 아니다.

한반도의 양반이나 세도가들에게 있었던 축첩이 제주의 민중에게서도 쉽게 늘어나는 이유는 혼성 촌락이라 동네 안이나 옆 동네, 하루거리의 통혼권 마을 내에서 혼인이 이루어졌기 때문이다. '남녀칠세부동석(男女七歲不同席)'이라는 말처럼 한반도에서는 유교의 가르침에 따라 일곱 살만 되도 남녀 간에 엄격하게 내외를 하였다. 사회적 격리로 인해 내외가 심했던 한반도와 달리 제주의 여성들은 경제적 주체가 되어 산과 들, 바다에서 노동하며 개방적인 생활을 해 온 것도 이유가 될 수가 있다.

제주에서도 '첩 정은 삼년, 본처 정은 백년', '조강지처(糟糠之妻)는 하늘도 알아준다.', '오름 위의 돌과 본처는 둥글어 다니다가도 살판나는 날이 온다.', '사또의 첩보다 목동의 본처 살이가 더 좋다.'라는 속담에서 알 수 있듯이 첩보다는 조강지처를 우대하고 격려했다.

한반도에서 첩은 훼절녀(毁節女)로서 한낱 종의 신분으로 그 자식도 서자라 하여 각종 제사에 참여시키지 않았음은 물론 족보에도 기재되지 않았다. 『홍길동전』에서도 홍 판서의 아들로 태어났지만, 첩의 자식이란 이유로 아비를 아비라 부르지 못하고 형을 형이라 부르지 못하는 홍길동의 아픔이 '율도국'이라는 이상향으로 이끌었다. 한반도에서 첩은 같은 여자에게 고통을 주었기 때문에 남자들이 아니라 같은 여자들에 의해 특히 죄악시되었다. 첩은 한 가정을 파괴하기도 하여 첩이 있는 집안은 그 첩으로 인해 늘 가족 간의 갈등에 시달렸다. 그 때문에 첩 자신이 저주의 대상이 되는 것도 모자라 자식 또한 부도덕한 불륜의 결과물 즉 업(業)으로 생각하여 혼사 등에서 기피의 대상이 되었다.

  한반도에서 첩의 자식은 천민에 가까운 대우를 받으며 사람 취급을 받지 못했지만, 제주에서는 첩의 자식이라 하여 인격적인 대우나 심리적인 면에서는 주춤하는 마음이 있었을지라도 본처 자식과 비교하여 크게 불리한 여건에 있지 않았다. 한반도에서는 첩이 본처와 한집에서 함께 살림을 꾸리며 살았기에 처첩 간에 갈등도 심하고 본처 소생과 첩 소생 간에 갈등이 심했지만 제주에서는 여성들이 경제권을 갖고 있어서 본처든, 첩이든 자기가 낳은 자식은 자기가 책임지며 살아갔다. 그래서 첩이라는 말은 거의 쓰지 않는다. 본처는 큰 각시, 첩은 '족은 각시'라고 부른다. 제주에서는 남자와 여자의 성비에서 남자가 귀했기에 '족은 각시'라는 지위도 크게 흠이 되지 않았다. 제주에서는 첩이 많은 남자는 돈주머니가 첩 수와 같다는 말이 있었다.

🚗 역(逆) 소박데기 문화

혼인 문화면에서 보면 '역 소박데기 문화'가 있는 제주는 남녀평등을 따로 언급할 필요가 없을 정도로 이미 여성은 해방되어 있었다. 문화인류학자 조혜정 교수는 제주를 '양편 비우세(neither dominant) 사회'라 하고 제주 여성들은 '여권의 원조 격(proto-feminist)'이라고 했다. 제주도의 남녀평등은 혼인 문화에서도 알 수 있다. 혼인날 신랑 댁과 신부 댁, 양가의 부모가 '상객(우시)'을 수행 사절로 대동 방문하여 서로 상견례를 하면서 고마움과 겸양의 덕담을 주고받는 예를 치른다. 이때 수행 사절인 '상객'도 반드시 남녀를 가리지 않는 궨당의 개념을 적용하여 부계친과 모계 친족을 망라하여 선발하였다.

혼사 일을 기준으로 한 달 전 미리 양가의 어른들에게 예물을 드리고 잔에 술을 따라 큰절을 올린다. 신랑·신부는 양갓집 어른들에게 똑같이 제주풍으로 폐백을 드린다. 그러나 남존여비 사상이 투철한 한반도에서는 폐백[41] 드리는 예에서 보는 것처럼 혼인날은 신랑 댁 부모와 그 친인척들만 신부의 폐백을 받을 수 있었다. 오늘날에는 양가에서 폐백을 받는 예도 있지만, 보통은 신랑 댁 사람들이 결혼 예식장에 마련된 폐백실에서 폐백을 받고 친정 부모나 친인척은 집 밖에서 기웃거리며 서성대는 모습을 볼 수 있다.

한반도에서의 혼인은 제주에서처럼 개인 대 개인이 아니라 가문 대 가문이 행해지는 것으로 여자는 그 지위가 정실이든 소실이든 아들을 낳아 대를 잇는 것이 가장 큰 소임이었다. 제주에서도 잔치를 살림집에서 하지 않고 예식장과 식당을 이용하여 당일 잔치를 함에 따라 피로연을 하는 식당의 한 코너에 마련되는 폐백실을 이용하기도 한다. 식당에 폐백실이 마련되나 그곳은 '양 사돈만이 들어갈 수 있는 연회장'이라는 개념의 공간이다. 따라서 폐백실에서는 양 사돈이 동석하여 서로 신랑, 신부와의 관계를 일일이 소개하고 덕담을 나누며 축연을 베풀고 신부 측 사람들이 돌아가고 나면 신랑 부모와 친척에게 신부는 다시 인사를 하고 축하받는 과정을 밟는다. 이 과정에 신랑 측 사람들은 신부 측 사람들에게 결례나 실수가 없도록 정성을 다하여 모시고 덕담을 주고받는다.

🍱 코리아의 아마존

 한반도에서 부친상에는 대나무로 만든 지팡이를(제주에서는 '방장대'), 모친상에는 네모지게 깎은 오동나무 지팡이를 짚었다. "대나무 지팡이는 하늘을 본떠 둥글고, 오동나무는 땅을 본떠 네모졌으니 아버지와 어머니를 구별한 것이다."라 하였다. 제주에서도 부친상에 대나무로 만든 방장대를 사용하지만, 그 해석은 사뭇 다르다. 아버지는 대나무 마디처럼 때때로만 생각나지만, 어머니는 시도 때도 없이 항상 생각이 끊이질 않기 때문에 마디가 없는 '머그낭'을 사용했다고 한다. 이는 통치적인 예제와 민속적인 예속의 문화 차이를 잘 보여 주는 사례라 할 수 있다.[42]

 제주에 여자가 많은 이유는 봉우리 없는 화산이 많아서라는 풍수설이 있다.[43] 하지만 그 설은 풍수지리사의 상투적이고 허황한 사설을 기반으로 한 설화(민담)에 지나지 않는다. 실제로 남녀 성비에서 여자의 출생률이 높은 것이 아니라 여성이 경제적 주체로 살면서 남자보다 여자들이 많은 것처럼 보이는 것이다. 원시 시대에는 한라산의 노루와 사슴, 멧돼지를 잡아먹고 바다에서 물고기를 잡아먹고 살았다. 수렵 채집 생활을 거쳐 농경이 시작되면서 밭을 일구는 여성 중심 모계 사회가 펼쳐진 것이다.

일인 학자 다카하시 토오루는 "제주의 여성들이 바구니를 들고 잦은 왕래를 하며 논밭의 노동뿐 아니라 여자들이 주점을 운영하는 제주의 풍습이 육지와 다르다."라고 하였다. 수눌음에 의해 집단을 이루어 행하는 빈번한 김매기, 바다에서의 무리를 지어 행하는 나잠 어업으로, 등에 허벅을 지고 물 긷는 여자들을 어디서든 언제든지 볼 수 있었다. 오일장이나 장터거리에서 보이는 것도 거의 여성들이었다. 이것이 '여다'의 섬으로 불리게 되었다. 이러한 제주 섬의 지리적 경관은 제주 여성들의 작업 공간이 한반도에서처럼 집 안에만 국한되는 것이 아니라 집 밖까지 확대되고 있음을 시사한다.

이재수의 난 때 조선 조정의 명을 받들어 난을 조사하러 왔던 고종 황제의 고문인 샌즈는 제주도를 '코리아의 아마존'[44]이라고 부르며 다음과 같이 기술하였다.[45]

> 세상과는 동떨어진 제주도의 남자들은 열등한 존재였고 여자들은 만능인이었다. 그녀들이 진짜 가장이었고 모든 재산의 소유자였다. 아

이들은 외가의 성을 이어받으며 여자들은 한 남자와 평생토록 살지 않았다.

샌즈의 기록은 다소 생소하여 흥미를 조장하기 위해 왜곡되고 과장된 부분이 없다고 할 수는 없다. 심지어 외가의 성을 이어받았다는 이야기는 사실이 아니다. 하지만 여성 역할을 강조한 '코리아의 아마존'에 대한 전체적인 기술이 퍽 흥미롭다.

2. 경제적 주체로 살아온 해녀

해녀들의 노동요 중에서 '혼백상자 등에다 지곡, 칠성판[46]을 등에 지고, 저승길을 왓닥갓닥'이란 구절은 물질이 목숨을 걸고 하는 작업임을 말해 준다. 물질은 아무나 할 수 있는 일이 아니었다. 제주 여성들은 그야말로 목숨 걸고 가족을 위해 사계절 가리지 않고, 사해(四海)를 마다치 않고 넘나들었다. 바다는 소중한 사람의 목숨을 앗아 가는 원망의 대상이기도 했지만 먹을 것을 얻을 수 있는 축복의 대상이기도 했다.

🫘 여성의 노동력을 요구하는 밭농사

제주도에 여자가 많다는 것은 인구 통계를 보고 분석한 결과라기보다 직관에 의한 것이다. 그렇다면 왜 제주에서는 여자가 많게 보였을까. 제주도는 천습지건의 환경을 가져 밭농사를 주로 지었다. 이는 여성의 노동력을 많이 요구했다. 밭농사 지역에서는 김매기가 가장 중요한 일이라서 여성의 노동량이 남성보다 많을 수밖에 없다. 김매기 노동은 지구력과 섬세함을 갖춘 여성에게 알맞은 노동이다. 논농사일 때 남자 대 여자의 노동 투입 비율은 7:3인데, 밭농사 지대에서는 평균 4:6으로 나타나고 있다. 그러나 제주도에서 여름작물인 조의 경우 남자 대 여자의 비율은 2:8로 논농사 지대와 비교하면 정반대이다.

제주도에서 농업은 거의 밭농사였다. 고온 다습하여 다양한 잡초가 번성하는 제주에서는 일 년 내내 잡초와 싸움을 해야 했다. 오죽하면 '김매고 돌아보면 그 자리에 다시 김이 나 있다.'라는 말이 있을 정도이다. 김매기가 하도 지겨워 도망치다시피 육지로 물질 나와 살고 있다는 해녀들이 있을 정도로 김매기는 고역이었다. 특히 땅의 복사열이 질식할 듯이 올라오는 한여름 땡볕에서 3~4회 이상 김매기를 해야만 곡식이 여물었다. 여성들은 과중한 노동을 해야 했고 자연스레 근면한 성격과 억척같은 정신이 싹트게 되었다. 한반도의 논농사 지대는 물론 밭농사 지대에서도 결코 볼 수 없는 농경의 악조건은 제주도에서만 나타나는 밭농사 지대의 특징 때문이다.

제주도에도 '논김을 하루 매면 밭김은 삼 일 맨다.', '논 김 한 사람 역이면, 밭 김은 다섯 사람 역이 된다.'라는 말이 있다. "벼는 농부 발걸음 소리 듣고 크고, 밭작물은 호미 끝 가는 데로 된다."라는 속담이 있듯 논농사는 물을 대는 일이 중요하고 밭농사는 김매기가 중요했다. 논농사는 밭농사와 비교하면 그지없이 쉬운 농사였다.

논농사에서는 물이 제초제 역할을 하지만 밭농사는 논에 비해 잡초가 무려 6배나 더 많이 난다. 또한 제주의 논은 제주 천연수에서 오는 영양분 보충(밭의 3배 이상) 외에 물에 의한 지온의 유지 조절, 부식의 과도한 분해 억제, 토양의 경화 방지, 잡초의 발생 억제와 제초의 용이[47], 토양 전염성 병해 방지, 산도 조절에 의한 비배 효과 등이 있어 밭농사와 비교할 수 없을 정도의 이점이 있다.[48]

논농사는 물이 있어 밭농사보다 잡초의 번식이 심하지 않고, 심하다 하더라도 그것은 남자가 간단하게 제거할 수 있다. 또한, 물대기와 물빼기의 작업도 거의 남자의 일이었다. 벼농사 지대에서는 남자가 모내기, 물대기, 김매기, 벼 베기, 타작하기 등 봄에 씨앗을 뿌려 가을에 추수할 때까지 전 과정에 걸친 일을 하게 되는 것이다. 벼농사 지대에서 여자는 주로 길쌈이나 집안일을 한다. 하지만 그러한 일들은 밭농사 지대의 여성들도 당연히 하는 일이었다. 다만 제주에서는 갈옷 등 노동복의 발달로 입성에 크게 신경 쓰지 않았고 먹는 것도 촐레라 하여 반찬 한 가지면 족한 상차림이었다.

고온 다습한 여름 기후를 갖는 제주도는 다른 지역보다 잡초가 더 잘 자란다. 따라서 제주도의 농사는 잡초와 싸움이라고 할 정도로 김매기 작업이 빈번하게 이루어진다. 이런 과정 때문에 제주도에서는 여자가 생산 현장인 밭에 있는 시간이 더 많을 수밖에 없었다. 이것이 이방인들이 보기에 제주에는 여성들이 많게 보였을 것이다.

🐚 바다밭을 일궈 온 해녀들

바다를 삶의 터전으로 살아온 제주에서 남자들의 부재는 자연스러운 일이었고 진상을 위한 해산물 채취와 잦은 해난 사고로 인하여 남자의 사망률은 훨씬 높았다. 제주도의 남자들은 포작인이 되어 육신마저 돌아올 수 없는 사생을 건 교역이나 어업을 위한 출가 그리고 진·공상을 위해 이방으로 가야만 했다. 16세기의 제주 섬은 남자들이 부족하여 왜구를 방어하기 위해 한반도에서 원병이 올 정도였다. 제주 연해에서의 해난 사고는 오늘날에도 빈번히 일어나고 있다.

조선 선조 때 안무어사로 온 김상헌(金尙憲)도 여다남소(女多男少)에 대한 현상을 최부의 『표해록』을 인용하여 기록하였다. 최부의 『표해록』[49]에는 "부모된 자가 딸을 낳으면 필시 이는 내게 효도를 잘할 것이라고 말하고, 아들을 낳으면 이는 내 아이가 아니라 고래와 자라의 밥이라고 말합니다."라고 기록되어 있다. 바다에서 남자들이 목숨을 잃는 일이 얼마나 잦았으며, 남성을 대신하여 여성이 삶을 꾸려 나갔음을 알 수 있는 대목이다.

돈으로 바꿀 수 있는 쌀(白米=米貨)이나 면포(綿布=布貨)를 생산하지 못하는 제주에서는 생필품을 구하려면 교환 가치가 있는 다른 상품을 생산하여 섬 바깥으로 나가야 했다. 쌀은 화폐로 취급되어 경조사 시 부조의 기준이 되었다. 쌀을 대신하여 같은 분량의 감자나 보리

쌀을 먹어도 배고픔을 일찍 느끼게 되고 허기짐이 심하다. 포만감이 다르다는 것이다. 따라서 누구나 쌀을 중히 여길 수밖에 없었다. 생필품 구매를 위한 화폐 즉 쌀이나 면포를 마련치 못했던 제주에 있어서 교환 가치가 큰 해산물을 채취하는 도리밖에 없다. 한국의 다른 섬 지역은 미화(米貨)로 쓸 수 있는 쌀이 생산되어 사람들은 굳이 해산물 생산에 대해 절실하게 느끼지를 않았다.

제주에 있어서 해산물 채취가 여자들의 몫이 된 것은 두 가지 이유가 있다.

첫째는 조선 시대 관료들의 착취와 억압에 시달린 남자 물질자(海男), 즉 포작부(浦作夫)들의 도피로 도태되어 버렸다는 역사가 있다. 교환 경제가 발달하기 시작한 조선 후기에 이르러 감당하기 힘들 정도의 채취량을 요구받았기 때문이다.

둘째는 나잠 어업의 작업 효율은 체온 유지 효율성과 관련 있다. 바다에서는 열전도율 때문에 지상에 있을 때보다 3~4배 가량 빠른 속도로 체온이 저하된다. 물속에서의 체온 유지에는 피하지방이 빈약한 남자들보다 여자가 유리했다.

🍙 육지밭과 바다밭

육지는 논농사가 주업이고 밭농사는 부업이다. 지금은 농기계의 발달로 농사의 형태가 달라졌지만, 전통 농법에서는 주로 남자들의 노동력이 요구되었다. 모내기, 김매기, 물대기, 벼 베기, 탈곡 등의 노동

과정에서 여자들은 새참이나 놉 밥을 해 가는 것이 대부분의 일이었다. 그중 모내기, 벼 베기, 탈곡 등의 과정은 품앗이를 통해 공동으로 이뤄지는 것을 고려하면 논일은 물 대는 일이나 김매기가 전부라 밭농사보다 한결 수월하다. 논에 김을 매는 목적은 벼와 잡초 제거 외에도 벼의 뿌리가 사방으로 퍼지는 것을 방지하기 위함이다. 포기와 포기 사이를 갈아엎어 주는 애벌매기가 끝나고 나면 호미로 벼와 벼 포기 사이를 괭이로 파서 공기가 잘 통하게 해 주는 두 번째 김매기를 한다. 물에 잠겨 있어 잡초의 번식이 밭보다는 더뎌 논농사의 김매기는 수월한 편이다. 세 번째 김매기가 끝날 무렵인 칠월 백중엔 '만도리'라 하여 풍년을 기약하며 잔치를 벌였다.

[그림 20] 모내기를 위해 물을 잡아 놓은 육지의 논(좌)과
보리가 넘실대는 제주 우도의 밭(우)

육지의 여성들도 밭농사를 지었다. 밭농사에서 여성들이 하는 주 업무는 김매기이다. 밭에 씨를 뿌리고 곡식을 수확하는 일은 당연히 남성들이 거들기 때문이다. 여자는 농사를 짓는 농부의 아내라 농사를 돕는 객체적 역할을 하였다. 문전옥답은 대부분 집에서 오 리 이내

에 자리 잡고 있다. 좋은 전답의 조건이 집에서 먼 데 있느냐, 가까운 데 있느냐의 차이지 먼 데 있다고 하여 땅이 척박한 것은 아니었다.

　제주 땅은 척박하였고, 바다에서 불어오는 거센 바람은 곡식이 잘 영그는 것을 방해한다. 보리, 밀, 조 등의 곡류가 자라는 땅도 흔치 않았다. 대부분 '뜬 땅'이라 주곡보다는 땅콩, 팥, 콩 등의 잡곡이나 고구마, 감자 농사를 지었다. 땅이 척박하니 노력보다 수확량마저 현저히 적었다. 무, 당근, 마늘, 양배추 등의 특용 작물로 수확을 내기 시작한 것은 얼마 되지 않았다.

　주로 밭농사를 짓는 제주에서는 여성의 노동력이 더 늘어날 수밖에 없었다. 밭농사에서 노동의 주를 이루는 것은 김매기이기 때문이다. 기후마저 고온 다습하니 밭을 매고 돌아서면 벌써 새 풀은 자라난다. 동화 『콩쥐 팥쥐』에서는 콩쥐의 계모로 들어온 팥쥐의 엄마가 팥쥐에게는 쇠 호미를 주며 집 앞에 있는 모래밭을 매라 하고, 콩쥐에게는 나무 호미를 주며 자갈밭을 매라고 하여 계모의 참모습을 보여 준다. 육지에서 사용하는 호미는 흙이 부드러우니 돌을 골라낼 일이 거의 없다. 밭고랑과 이랑을 긁어 풀이 나는 것을 예방하거나 사락사락 호미질로 풀을 살살 뽑아 주며 곡식의 뿌리에 흙을 북돋아 준다. 하지만 제주의 밭은 자갈밭이라 호미 날이 좁고 날카롭다. 그만큼 김을 매기도 번거롭고 힘들었다. 제주 여인들은 한여름 내내 돌밭에서 딱딱 호미가 돌에 부딪히는 소리를 들으며 풀을 매야 했다.

육지의 호미(풀이 나는 것을 예방할 때)　육지의 호미 (밭의 풀을 뽑을 때)　제주의 호미 (자갈밭의 풀을 뽑을 때)

[그림 21] 육지의 호미와 제주의 호미

🚗 물때에 맞춰 사는 해녀

농사에도 때가 있다. 조선 헌종 때 정약용의 둘째 아들인 정학유는 「농가월령가」로 농사의 적기를 알렸다.

> 농부의 힘든 일 가래질 첫째로다
> 점심밥 풍비하여 때맞추어 배 불리소
> 일군의 처자 권속 따라와 같이 먹세
> 농촌의 후한 풍속 두곡을 아낄쏘냐
> 물꼬를 깊이 치고 도랑 밟아 물을 막고
>
> 한편에 모판하고 그나마 삶이 하니
> 날마다 두세 번씩 부지런히 살펴보소
> 약한 싹 세워낼 제 어린아이 보호하듯

> 백곡중 논농사가 범연하고 못 하리라
> 포전에 서속이요 산전에 두태로다
> -「농가월령가 3월령」

 「농가월령가」는 12월령가로 구성되어 농부들에게 사계절의 절기에 맞는 농사의 시간표를 제시했다. 3월령가는 논농사 및 밭농사의 파종, 과일나무 접붙이기, 장 담그기 등을 노래하고 있다.
 농부들이 봄, 여름, 가을, 겨울 사시사철 절기에 따라 살았다면 제주의 해녀들은 날씨와 물때에 맞춰 살았다. 생활 터전인 산과 들, 바다를 분주하게 오가며 살아야 했던 제주인들은 일 년을 주기로 하는 농사철과 하루를 주기로 하는 물때에 맞는 삶을 살아야 했다. 바다를 삶의 터전으로 살았던 제주 사람들은 누구보다 물때를 잘 맞춰야 했다. 해가 뜨면 들로 나가고 해가 지면 집으로 돌아가는 농부와 달리 해녀들은 시시각각 변하는 물때에 맞춰 바다밭에서 해산물을 채취하다가도 물이 차오르면 바다에서 나와 육지 밭으로 바쁜 걸음을 내달려야 했다.
 물때는 하루에 두 번 아침저녁으로 조수가 들고 나는 때를 말한다. 매일 40분씩 밀려나며 발생 시간도 일정하지 않다. 매번 일정한 양의 물이 들어왔다 나가는 것도 아니고 바람의 세기도 다르다. 많은 사람이 썰물과 밀물로 알고 있듯이 간조는 바닷물이 빠졌을 때를, 만조는 바닷물이 들어왔을 때를 말한다. 조금은 밀물 때와 썰물 때의 수위 차가 가장 작아서 물의 흐름이 약할 때를 뜻하고, 사리는 차이가 커서 물살이 세게 흐르는 시기다. 지역에 따라 다르지만, 하루에 보통 두 번 밀물과 썰물이 교차한다.

조수 간만의 차가 가장 적은 날인 1물부터 시작해서 점점 많아지는 15물까지 15개의 물때가 반복되는데 그중 바닷물이 가장 많이 빠지는 날을 사리, 가장 적게 빠지는 날을 조금이라고 한다. 그믐달과 보름달 때 물이 가장 많이 드는 사리가 되고 반달 때는 반대인 조금이 된다. 물질은 주로 1물이 시작되기 하루 전인 15물부터 7물까지 사이에 이뤄진다. 또 같은 물때라도 계절에 따라 물이 들고 나는 정도가 다르다. 여름에 많이 나가고 겨울에는 많이 들어온다. 이 기간은 바닷물이 많이 빠지는 시기라서 행동반경도 넓어질 뿐 아니라 만조에 들어온 생명체들이 미처 빠져나가지 못해 수확량이 많기 때문이다.

[표 3] 바다의 봄은, 가을

뭍의 사계	봄	여름	가을	겨울
바닷속 사계	가을	겨울	봄	여름

바다의 시간은 뭍의 시간과 다르다. 바다의 봄은 수확의 계절 가을에 해당한다. 바닷속에서는 뭍의 가을에 새싹이 돋아난다. 겨울에는 해초가 무성하게 자라난다. 바다의 계절은 뭍의 계절보다 두 계절이 늦다. 뭍에서는 가을에 수확하지만, 바다에서는 봄이 수확의 계절 가을인 셈이다.

| 진 밭(바다)에서 수확한 우미를 부려 놓고 마른 밭(육지)으로 달려가는 우도 해녀 | 집으로 들어가는 올레에서 한가하게 우미를 말리고 있는 우도 남자 |

[그림 22] 우도 해녀의 바쁜 일상

김, 톳, 미역을 겨울에 수확하는 이유가 여기에 있다. 한겨울에도 해녀들은 혹독한 겨울바람과 추위에 맞서 싸우며 톳과 미역을 캐기 위한 힘찬 물질을 해야 한다. 그래서 겨울철, 봄철이 해녀들에게는 매우 바쁜 계절이다. 한겨울에 해녀들은 바다에 뛰어들어 전복을 잡는다. 봄철 보리가 익어 갈 무렵엔 소라와 보리 성게가 나는 계절이고 우미와 미역을 채취하는 일도 해야 한다. 오히려 바닷물에 들어가기 좋은 계절인 여름은 바다의 계절로는 겨울에 해당하여 채취 금지기에 들어간다. 바다 생물을 수확하는 계절 봄엔 해녀들은 몸이 열 개라도 모자랄 형편이 된다.

농한기라도 제주 여성들은 쉬질 않았다. 보리를 파종하고 나서 맞는 농한기(11월~5월)에는 이들은 한반도나 일본으로 출가하여 돈을 벌었다. 출가 해녀들은 먼바다에 배를 타고 나가 침식을 하면서 물질하였다. 해녀들은 분만이 임박해서도 물질을 나갔기 때문에 작업하던 배에서, 어장으로 가고 오는 길에서 분만하는 예도 드물지 않았다. 제

6장 여성 중심 사회 **201**

대로 된 산후조리도 하지 못했다. 분만 후 보통 일주일만 지나면 해녀는 다시 바다로 뛰어들어 물질하였다.

[그림 23] 마늘밭에서 마늘을 수확하는 노인

해녀들은 파종해 놓은 보리가 익어 수확기가 될 즈음 다시 집으로 돌아와 파종한 보리를 거둬들였다. 김매기를 계속해야 하는 여름철, 출가하지 않은 농가에서는 밭에 가서 김을 매다가 물때가 되면 어김없이 바다로 달려가 물질을 한다. 그리고 물질이 끝나면 다시 밭으로 달려가 일을 했다. 농사철과 물때에 맞추어 쉴 새 없이 바다밭(海田)과 육지 밭(陸田)을 오가는 해녀의 삶은 잠시도 여가를 주지 않았다.

3. 해녀가 짊어지는 삶의 무게

> 제주 해녀들은 바다로 들어갈 때 독백처럼 '칠성판을 등에 지고 혼백상자 머리에 이고'라는 말을 내뱉는다. 칠성판(七星板)이란 죽은 사람의 관 바닥에 까는 얇은 널조각으로 북두칠성을 본떠서 일곱 개의 구멍을 뚫어 놓은 목판을 말한다. 혼백이란 인간의 정신적·육체적 활동을 지배하는 신령, 영혼을 말한다. 한마디로 바다에 들어갈 때는 목숨을 내놓고 이승과 저승의 경계를 걷는 심정으로 물질을 나간다는 뜻이다.

🛥 이승과 저승의 경계에서

해녀들의 노동요 중에서 '혼백상자 등에다 지곡, 칠성판[50]을 등에 지고, 저승길을 왓닥갓닥'이란 구절은 물질이 목숨을 걸고 하는 작업임을 말해 준다. '칠성판'은 사람이 죽었을 때 시신을 눕히는 널판이다. 물질은 아무나 할 수 있는 일이 아니었다. 제주 여성들은 그야말로 목숨 걸고 가족을 위해 사계절 가리지 않고, 사해(四海)를 마다치 않고 넘나들었다. 바다는 소중한 사람의 목숨을 앗아가는 원망의 대상이기도 했지만 먹을 것을 얻을 수 있는 축복의 대상이기도 했다. 제주의 노동요에는 이어도사나가 후렴구로 들어가 있다. 해녀들은 거친 바다에 물질하러 가면서 이어도사나를 불렀다. 해산물 채취를 위해서는 진밭과 마른 밭을 수시로 왔다 갔다 했어야 하기에 샛별을 보며 집을 나가 저녁별을 보며 귀가하였다. 해녀에게 바다는 그저 한 치 앞도 분간하기 힘든 위험한 삶의 터전이었다. 해녀들이 부르는 노동요 일부를 보자.

한 짝 손에/테왁을 메고(한쪽 손에/浮具를 메고)
한 짝 손에/비창을 들라(한쪽 손에/전복 따는 칼을 들라)

칠성판을/등에다 지고(칠성판을/등에다 지고)
한 질 두 질/깊은 멀 속(한 길 두 길/깊은 물 속)
들어가 보낭/은금 보화(들어가 보니/금은보화)
이서라 마는(있더라 마는)

내 손 잘라/못 할레라(내 손 짧아/못 하겠네)

이여도사나/이여도사나(이여도사나/이어도사나)

[그림 24] 이어도사나를 부르는 성산포 해녀들

해녀들은 맨몸으로 돌과 바람의 황무지를 보물섬으로 만들어 낸 주역이다. 제주 해녀는 세계에서 가장 뛰어난 기술과 용기를 가진 1인 기업이다. 해산물 채취에 의한 해녀들의 소득은 1960년대까지만 해도 가계 수입 전체의 1/3에 해당했다. 해녀들이 저승길을 넘나들면서 물질을 하는 이유는 무엇보다 농산물보다 해산물은 바로 현금화할 수 있었기 때문이다. 노동에 대한 부가 가치가 크다는 것도 매력이었다. 농산물은 1년에 한두 번, 그것도 변변치 않은 수입을 얻었다. 하지만 해산물은 다른 지역에서는 생산이 안 되는 품목이라 값어치가 있었다. 이러한 품목은 건조해 장거리를 운반할 수 있는 전복, 미역, 우뭇가시리, 청각, 모자반 등의 해조류가 이에 해당한다. 이러한 해조류 채취를 위해서는 잠수가 불가피했고 잠수는 남자보다 내하력이 있는 여자에게 유리하였다.

고무 잠수복이 출현한 이후에는 3시간 이상도 작업할 수 있어서 체온 저하 때문에 작업을 못 하는 일은 없으나 고무 특유의 악취, 고무 옷 밀착으로 인한 얼굴이나 손발의 부종, 부력 감소를 위한 납덩이 착용 등에 의한 고통이 심했다. 오리발 착용의 심층 작업에서 오는 두통, 배설물에 의한 피부 질환 및 배설 억제를 위해 절식하는 등의 직업병이 문제가 되었다.

물질을 해 얻은 수입의 관리는 주로 여성의 몫이었기에 경제적 주체로 살아갈 수 있었다. 물질하러 모인 불턱은 마치 다른 지방의 우물가나 빨래터처럼 여성들이 세상사를 이야기하는 장소이자 해녀들의 휴식처였다. 제주 해녀들은 바다로 들어갈 때 독백처럼 '칠성판을 등에 지고 혼백상자 머리에 이고'라는 말을 내뱉는다. 칠성판(七星板)이란 죽은 사람의 관 바닥에 까는 얇은 널조각으로 북두칠성을 본떠서 일곱 개의 구멍을 뚫어 놓은 목판을 말한다. 혼백이란 인간의 정신적·육체적 활동을 지배하는 신령, 영혼을 말한다. 한마디로 바다에 들어갈 때는 목숨을 내놓고 이승과 저승의 경계를 걷는 심정으로 물질을 나간다는 뜻이다. 해녀들은 늘 "오늘은 살아서 돌아올까" 하는 조바심으로 생계를 위해 시꺼먼 바닷속으로 걸어 들어간다. 미신이지만 해녀들은 물질 가기 전 사진 찍히는 걸 꺼린다. 등에 관을 지고 물속으로 들어가는 심정이니 매사 조심스러운 마음이라 물질 전엔 몸을 삼가기 때문이다.

  해녀들은 누구나 잠수병을 앓고 있다. 잠수병은 갑작스러운 압력 저하로 혈액 속에 녹아 있는 기체가 폐를 통해 나오지 못하고 혈관 내에서 기체 방울을 형성해 혈관을 막는 질환이다. 심해에서 수면으로 너무 빨리 올라올 때 발생하며 이로 인해 만성 두통, 관절통, 어지럼증, 난청을 호소하는 해녀들이 많다. 해녀들의 고질병인 잠수병은 즉각 치료해야 하지만 바쁜 일상에 잊히고 미뤄져 제때 치료를 받지 못하는 것이 현실이다. 고령의 해녀들은 뇌선이라는 약으로 버티며 살아간다.

[그림 25] 해녀들이 두통약으로 애용하는 뇌신

  놀라운 것은 이렇게 위험하고 힘든 해녀들이 대체로 장수하고 정신적으로 건강하다는 점이다. 현직 잠수 해녀 중 절반이 70세 이상이다. 제주 해녀들의 건강 비결은 무엇일까? 제주의 해녀 할머니들은 나이가 들어서도 할망바다에서 물질을 이어 가며 밭농사를 도우며 일당을 번다. 끊임없이 몸을 움직여 일하고 규칙적인 생활을 하는 해녀들은 스스로 생계를 꾸려 가기 때문에 늙어서도 자존감을 지킬 수 있기 때문이다. 늙어서도 경제 활동을 하며 당당한 삶을 살아가기에 삶의 만족도가 높다.

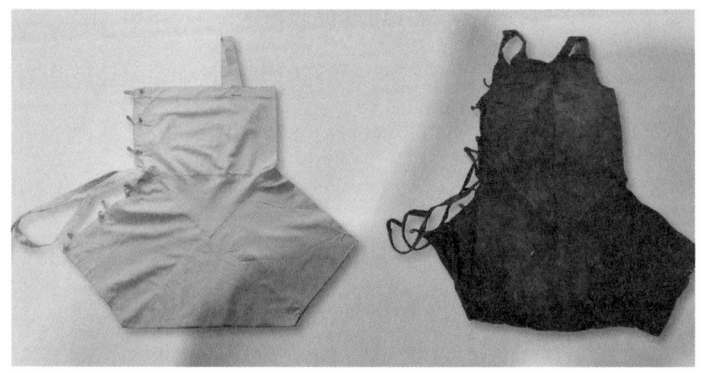

[그림 26] 1970년 이전 해녀들이 물질할 때 입었던 옷.
출처: 사단법인 제주어연구소

지금은 좋은 잠수복을 입지만 옛날에는 얇디얇은 '소중의' 하나 입고 바다로 들어갔다. '소중의'는 해녀들이 바다에서 물질할 때 입었던, 광목으로 만든 물옷이다. 흰 소중의에 검은 물을 들여서 만들어 입기도 하였다. 1970년대 들어서야 주황색과 검정색이 배색된 고무옷을 입고 물질을 했다. 해녀가 물에 들기 위해서는 도구가 필요하다. 연철의 무게는 7kg에서 10kg까지 나간다. 연철은 잠수를 돕는 무게 추

역할을 한다. 해녀가 짊어진 삶의 무게이기도 하다. 바다에서 해녀를 지탱해 주는 것이 하나 더 있다. 닻돌이다. 닻돌은 망사리를 묶은 부표와 연결되어 해녀의 작업 위치를 알려 준다. 작업복은 무명옷에서 고무 잠수복으로 바뀌었지만 그대로인 것들도 있다. 물안경을 닦는 쑥이 그렇다. 쑥으로 안경을 닦는 건 오랜 전통으로 김 서림을 방지하고 기름기가 끼지 않는다고 하여 지금까지도 이 방법을 쓰고 있다. 젊은 해녀들은 더 멀리 나가고 나이 든 해녀들은 얕은 바다에서 물질한다. 젊은 해녀들은 조금 더 멀리 나가는 데는 체력 차이를 고려한 배려이다.

해녀들은 오직 그녀들에게만 허락된 바다에서 온몸으로 물살을 이겨 내며 바닷속으로 뛰어들어야만 한다. 바닷속에는 자연산 전복부터 소라까지 바다에는 보물들이 그득하다. 하지만 바닷속에서 살아남기 위해서는 숨을 쉬는 대신 숨을 참아야만 한다. 용왕님이 해녀들에게 바다의 보물 창고는 활짝 열어 주었지만 가져갈 수 있는 것은 자신의 숨통이 허락하는 만큼이다. 바다에서는 욕심을 내면 안 된다. 눈앞의 전복을 보고 그냥 올라오기는 쉽지 않다. 올라온 만큼 다시 자맥질해야 하기 때문이다. 해녀들은 바닷속의 전복을 하나라도 더 캐려는 욕심과 자신의 숨길 사이에서 고뇌해야 한다. 욕심을 다스리지 못한 해녀는 물을 먹어 목숨을 잃는 사고도 종종 발생한다. 할망 해녀들은 바다에서 숨을 먹어 바다에서 죽음을 맞이하기도 한다.

깊은 바다에서 전복, 소라 등의 해산물을 따서 물 위로 올라온 해녀들은 테왁에 의지해 바다에서 참았던 숨을 몰아쉬며 저마다 특이한 소리를 낸다. 얼핏 들으면 휘파람 소리 같기도 한 이 소리를 '숨비소리'라고 한다. 여기저기서 해녀들의 숨비소리가 가득한 바다, 그만큼 참았던 그녀들의 숨이 여기저기 터진다. 망사리에 가득한 전복, 해삼, 성게는 고된 물질과 맞바꾼 수확물이다.

  깊고 어두운 바다를 오가며 삶과 죽음의 경계를 넘나들면서 제주 경제를 이끌어 온 해녀들은 힘들 때마다 동료들과 함께「이어도사나」를 불렀다. 이어도 관련 소리는 주로 노동에서 많이 나타나는데 맷돌 가는 소리(42수), 방아 찧는 소리(25수), 해녀 노 젓는 소리(49수), 망건 짜는 소리(9수), 양태 짜는 소리 (7수), 탕건 잣은 소리(1수), 이어도 관련 노동요는 총 133수에 이르고 있다. 거의 모든 민요에 이어도 사나라는 후렴구가 등장한다.

「이어도사나」

이여도사나 (이여도사나)
요 넬 젓 엉 (이 노를 저어)
어딜 가코 (어딜 가리)
저어라. 저어(저어라. 저어라)
우리 선관 (우리 어부)
가는 딜랑(가는 곳은)
이여도사나(이여도 사나)
매역 좋은 (미역 많이 나는)
이여도사나 (이여도 사나)

여 끝으로 (바닷속에 바위가 발달한 바위 끝으로)
이여도사나(이여도 사나)

전복 좋은 (전복 많은(은))
저 머들로 (바닷속 돌밭으로)
인도 나서(인도해 주세요)
이여도사나(이어도사나)
저어라 저어(저어라 저어)

송성대는 험난한 바다를 배경으로 고단한 삶을 살아야 했던 제주 해민들의 삶 속에서 이어도를 죽어서 복락을 누리는 '이어토피아'라는 공간으로 상정했다. 제주 해민들은 18세기까지도 출항자의 절반 이상이 배가 난파되어 바다에서 목숨을 잃었다. 제주 속담에 '저승 돈 주서당 이승에서 쓰는 사람이다(저세상 돈 주어다가 이 세상에서 쓰는 사람이다).'라는 속담이 있다. "혼백상자 등에다 지곡, 칠성판을 등에 지고, 저승길을 왓닥갓닥"이란 구절의 노동요에서도 바다에서 목숨을 잃는 일이 다반사였다는 것을 짐작할 수 있다. 여기에 "3대 보재기에 꼭 수장허는 액운 신다(3대가 해상 활동을 하면 그중에 꼭 수장되는 가족이 있게 된다)."라는 속담에서 알 수 있듯 제주 사람들에게 있어서 바다는 천연의 혜택으로 삶을 꾸려 나가는 터전이었지만 동시에 사랑하는 가족을 잃을 수 있는 원망의 장소이기도 했다. 이에 제주 사람들은 물질 나간 어멍도, 고기잡이 나가 돌아오지 않은 아방도 죽었다고 생각하는 것이 아니라 이어도에 가서 복락을 누리며 잘 살고 있다고 생각했다. 그래서 제주 해녀들에게 「이어도사나」는 오늘을 살아가는 힘찬 구호이기도 했고 바다에서 목숨을 잃은 동료나 가족들이 복락을 누리며 살고 있을 것이라고 굳게 믿은 이상향이기도 했다.

작가의 말
여자는 지식 해녀는 지혜

우도 출신 시인 강영수의 아내는 해녀이다. 해녀 아내의 삶을 지켜본 시인은 육지 여자와 해녀의 삶을 비교하는 시를 썼다. 육지의 여자들도 거친 삶을 살아내느라 고생을 하지 않은 것은 아니지만 해녀들의 삶과는 비교할 수 없다. 해녀들을 테왁을 부여잡고 파도를 타며 번 돈으로 자식을 교육시키고 가족을 위해 물질을 한다.

이승에서의 삶을 사는 육지의 여자들과 저승 문턱을 오가는 해녀들의 삶은 비교가 불가하다. 그는 가까이서 해녀들의 삶을 지켜본 사람이다. 평생 물질을 하며 명품 옷 한 번 못 입어 보고 고급 식당에도 가 본 적은 없지만 구십을 코앞에 두고도 바다에만 나오면 살 수 있다는 해녀들의 고단한 삶을 시로 노래했다.

여자는 지식 해녀는 지혜

강영수

여자로선 너나 나나
삶은 백과 흑
여자는 지식의 삶을

해녀는 지혜의 삶을
여자는 생존의 삶을
해녀는 생시의 삶을
여자는 이승이 일터
해녀는 바닷속 저승 언저리가 일터
여자의 몸에선 땀내가
해녀의 몸에서 단내가
여자는 호흡의 노동
해녀는 무호흡의 노동
여자는 밥심의 노동
해녀는 곯은 배로 물심의 노동
여자는 몰아 쉬는 한숨소리
해녀는 턱밑 혼의 숨비소리
여자는 바닥을 차 허공을
해녀는 하늘을 차 자맥질을
여자는 눈으로 하늘 보고
해녀는 궁둥이로 하늘 보고
여자는 나침반으로 방향을
해녀는 바닷속 여를 찾아 방향을
여자는 시간에 의한 생활을
해녀는 물때에 의한 생활을
여자는 기상 예보에 날씨를
해녀는 자기 몸살로 날씨를
여자는 날씨에 흔들리고

해녀는 물살에 흔들리고
인생사는 너나 나나
삶의 무대는 뭍과 바다.

제주 해녀 문화에서도 개체적 대동주의의 공동체 정신이 전해진다. 바로 게석 문화이다. 게석문화는 해녀들 사이에서 상군 해녀가 이제 갓 물질을 시작한 애기 해녀나 나이가 들어 물질이 어려운 할망해녀에게 채취한 해산물을 나눠 주는 것을 말한다. 숨을 참고 건져 내는 전복 소라는 목숨값이라고들 한다. 그 목숨값을 나누는 것이 게석이다. 아무리 상군 해녀라도 깊은 바다에서 숨을 참아 가며 잡아 온 해산물을 나눈다는 것은 공동체의 배려와 연대 없이는 불가능하다. 해녀들은 공동체 안팎을 두루 살펴 소외되는 이가 없도록 세심하게 신경을 썼다. 고령의 해녀를 위한 할망바당을 비롯해 갓 들어온 새내기 해녀를 배려한 게석은 해녀 공동체의 아름다운 대표적인 문화다.

게석의 어원은 밝혀진 바 없다. 노름판이나 도박판에서 남이 가지게 된 몫에서 조금 얻어 가지는 돈이나 물건을 말하는 개평에서 유래된 것은 아닐까 생각한다. 개평은 엽전 꾸러미에서 엽전 몇 개를 떼 내어 주는데 그 엽전이 상평통보였다. 낱개의 상평통보라는 의미의 개평은 노름이나 도박판에서 내기에 진 사람이나 구경꾼들에게 지급된다. 돈이 아닌 소라나 전복 껍데기였기에 개평이 개석 혹은 게석으로 변화했을 가능성이 크다.

지난해 여름 제주 문학관에서 주최하는 문화기행에 따라간 적이 있다. 임철우 교수님이 제주 문학관에서 소설창작론 강의를 하셨는데 나도 수강생으로 참여해서 기회가 주어졌던 것 같다. 강사는 고광민 학예사님이었다. 고령인데 놀랬고 박식함에 놀랐다. 하루에 제주 한 바퀴를 다 도는 일정이었는데도 엄청난 열정과 체력을 자랑하며 참여자에게 여러 번 감동을 주었다.

"제주 속담에 '아기 짐과 미역 짐은 아무리 무거워도 안 내려놓는다.'라는 속담이 있습니다. 이 말은 뭣이냐. 그만큼 미역이 중요하단 말이죠. 아기는 대를 이을 자손이고 미역은 생계를 이을 재물 아니겠습니까? 대를 이을 자식만큼 소중한 것이 미역이란 말이죠. 그런 미역을 해녀들은 나눕니다. 어떨 때 나누느냐? 애기해녀가 물질하다가 그 해녀를 받아들일 만할 때 상군 해녀가 미역귀 하나를 애기 해녀 테왁으로 휙 던져 줍니다. 이것을 소위 요샛말로 말하면 '머리 얹었다.'라고 하는 것이죠. 미역은 미역귀가 있어야 제값을 쳐줍니다. 바다 모래밭에서 숨 참아서 따온 미역을 나누기가 쉽습니까? 그러나 해녀들은 그걸 나눕니다. 대단한 문화인 것이죠."

거기에 있는 사람들은 미역귀가 무엇이냐며 물었다. 나는 선생님 뒤를 따라 걷다가 말씀드렸다.

"육지에서는 미역을 산다고 안 하고 받아준다고 합니다. 저도 해산할 때 저희 어머니가 미역을 받아주었습니다. 특히 해산할 때는 미역을 구부리면 안 된다고 하여 기다란 미역을 아주 조심스럽게 다룹니다."

"선생님이 좀 사는 집 딸이었나 봅니다. 혹시 미역을 세는 단위가 뭔지는 아십니까?"

고광민 선생님이 매우 반가워하며 말씀하셨다.

"미역 10장을 '한 뭇'이라고 합니다. 육지에서는 산모가 미역을 다 못 먹을 정도로 받아줍니다. 친정에서도 시댁에서도 한 뭇씩 받아주면 다 먹고 나중엔 미역을 튀겨 설탕을 살살 뿌려서 반찬으로 먹습니다."라고 대답했다.

"여기 참 유식한 육지 양반이 여기 있습니다. 육지에서는 미역을 이렇게 소중히 다룹니다. 그러니 미역이 돈이 됐던 것이지요."

선생님은 내 말에 무릎을 치며 호응해 주었다.

제주 해녀 문화가 유네스코 유산에 등장한 것은 공동체 문화 덕분이다. 바다는 누구에게나 모든 것을 내어 주다가도 때론 변화무쌍한 날씨로 이겨 내기 힘든 시련을 주기도 한다. 열 길 물속에서 숨을 참아야 살 수 있는 해녀의 숙명은 이러한 위험에 늘 노출되어 있다. 그래서 해녀들은 함께 더불어 삶을 일구며 공동체를 구성하여 '같이'의 가치를 가꿔 가고 있다.

평소 물질은 개별적으로 하더라도 천초, 미역, 톳 등 해조류 작업은 공동 작업을 원칙으로 하고 있다. 공동 작업을 할 때는 모든 해녀가 모여 물질을 한다. 공동 작업에는 나이가 많고 적음도 가리지 않고 기술의 높고 낮음도 가리지 않는다.

해조류 작업은 특히 위험이 따르는 작업이기에 개인 성과로 돌아가는 작업도 공동 작업을 원칙으로 한다. 이렇게 공동으로 채취를 함으로써 지역 주민 간에 서로에 대한 배려를 통해 유대 관계를 쌓아 간다. 공동으로 채취한 해산물의 운반, 건조 등의 작업도 공동으로 이뤄지는데 기여도와 상관없이 얻어진 수익금 또한 공동으로 분배한다.

7장

느영나영
따로 또 같이

1. 개체적 자작농의 평등 사회
2. 노동 등가의 수눌음
3. 배타성 이야기

1. 개체적 자작농의 평등 사회

광활한 무주공야의 용암 평원이 근접하여 있어 제주 섬의 농민들은 마음만 먹으면 누구든지 그리고 얼마든지 경지를 가질 수 있는 환경이었다. 그것은 곧 제주 사회에서 무산자가 생겨나지 않고 평등 사회를 이루도록 했음을 의미한다. 중산간의 용암 평원의 '캐왓'(공동 밭) 문화에서 보듯이 자유롭게 누구든지 농지를 소유케 하기도 했지만 그런 농경지뿐 아니라 누구든 목축도 할 수 있도록 하였다.

🚗 타리거생(他離居生) 하라

한반도에서는 골짜기를 중심으로 씨족 중심 사회를 이루며 살았다. 마을의 입지는 산사태와 산짐승의 습격이 없어야 하고 강의 범람을 막을 수 있는 곳이라야 했다. 산이 너무 가까워도, 강이 너무 가까워도 되지 않았다. 그러다 보니 가옥의 밀도가 커져서 모여 살게 되었다. 그나마 집 짓기에 가장 좋은 곳은 권세 있는 양반 집안이 차지했다.

논농사를 짓는 한반도에서는 개울을 중심으로 마을을 이루며 살았기 때문에 자연스레 혈연 중심의 집성촌이 생겨났다. 집성촌은 가문을 중심으로 똘똘 뭉치는 배타적인 혈연 공동체를 형성했다. 내부 갈등과 분규를 최소화하기 위해 가장인 아버지에게는 효를, 미래의 가장인 형에게 절대적 공경심을 보였다. 이런 상황에서 효심과 공경심은 자연스럽게 우러나오는 것이었다. 논농사를 짓는 육지에서는 논농사의 특성상 한곳에 모여 사는 것이 이득이었다. 한반도 사람들은 "대문 밖이 저승이다.", "집 나가면 개고생이다."라며 고향을 떠나 사는 것을 떠돌이 생활이라 폄훼하고 '객지', '타향살이'의 설움을 노래했다.

결핍의 화산섬에 살아온 제주 사람들은 "나간 개가 사나(사냥)흔다.", "나도는 개가 꿩도 물어 온다.", "노루도 본바닥에 들민 죽나", "나간 놈 직신 셔도, 자는 놈 직신 웃나(나간 사람 몫은 있어도. 집 안에서 자는 사람의 몫은 없다)."라는 속담을 인용하며 바깥 생활을 권장하였다. 제주의 현자들은 궁핍한 사람에게 태생지를 떠나 살라는 의미의 '타리거생'을 화두로 던진다. '내창(乾川, gateria)'이든 '오름'이든 바다든 그곳이 어디든 본향을 떠나 독립적인 삶을 살라는 의미이다. 제주는 독립된 생계에 의해 생활하며 부부 가족을 중심으로 사고하고 행동하는 경향을 띠는 곳이다. 제주 사람들은 타리거생 해야 잘살 수 있다고 했다. 이 말은 논도 없이 척박한 땅에서 가난하게 사느니 다른 지방으로 건너가 밭을 일구며 살라는 의미였다.[51]

타리거생의 문화야말로 제주인의 특성을 대표할 수 있는 용어이다. 제주인들은 고향을 포근하게 느끼는 사람들은 아직 덜 성숙한다고 생각했고 타향이라도 어디든 상관없이 고향처럼 느끼는 사람은 어른스럽다고 생각했다. '이동'에 생산성이 있다는 것이다. '이동'의 또 다른 의미는 '자유'이다. 지리적 '이동'은 계층 이동, 의식 구조 변화, 직업 선택의 다양성, 지식과 지혜의 고양을 가져온다.

제주도의 이러한 이동성 문화는 혼성 촌락의 전통에서도 찾아볼 수 있다. 제주인들은 선조들로부터 아무런 사회적·경제적(가문 등의) 지위를 받지 못한 사람들로 경제적 생활 기반인 농토와 이웃 관계 이외에는 일정한 거주 지역을 세거지로 만들어 뿌리박은 생활을 고수해야 할 이유도 없고 가능하지도 않았다.

국내나 국외에 거주하는 제주 출신 출향 인구는 제주도에 사는 사람만큼의 인구수와 맞먹는다. 제주인들에게 거주 공간에 대한 해방 의식이 없었다면, 전통 사회에서 고향을 떠나 '타리거생' 할 수 없었다. 이동성을 갖는 집단은 중앙 집권적 정치 지배를 혐오하여 자유스러워지려는 경향이 높다. 이동 생활을 천시한 선비양반의 붙박이 문화에서 이동은 자유보다는 퇴출이나 어쩔 수 없는 상황에 의한 야반도주 형태였다.

개인의 성장 가능성을 저해하는 닫힌 사회에서 벗어난 일부 개인들은 고향에 대한 원망을 품고 살아가기 마련이었다. 하지만 바다의 유목민이라 불렸던 제주 사람들에게 집을 떠난 생활은 곧 자유를 얻는 삶의 시작이었다. 이동과 정착을 반복하는 반유반착(半遊半着) 생활이 아니었더라면 제주 사회는 원시 야만인 그대로의 삶을 살았을 것이다.

제주 섬에서는 설령 추방된다고 하더라도 얼마든지 생존·생활할 힘을 갖고 있었다. 현기영의 장편소설 『바람 타는 섬』에서 작중 인물은 다음과 같이 말한다.

> "바다밭을 생활 터전으로 삼고 있는 해녀들의 사회야말로 인류가 꿈꾸는 이상적 공동체의 원형이라고 할 수 있어. 바다밭의 공동소유, 공동관리를 통해 이룩된 평등사회, 고물이란 바로 이런 거지. 이 공동체 안에서는 사람이 사람을 지배하는 권력은 존재하지 않아. 권력의 억압을 받지 않는 자연아, 본능아, 자주인, 자치인으로서의 개인들이 상호 부조로써 꾸려 가는 거야."[52]

🍙 혼성 공동체

한반도에서 농경과 취락의 입지는 '배산임수(背山臨水)'나 '문전옥답(門前沃畓)'이라는 말에서 알 수 있듯 '논에 물대기 좋은 곳'이 최적의 입지 조건이었다. 전답을 따라 사는 곳도 정해졌다. 제주에서는 한반도와 달리 마실 물이 있는 곳을 찾아 촌락을 정하고, 농경지는 촌락의 입지에 따라 결정되었다. 주인 없이 놀고 있는 넓은 들(無主空野), 누구나 들어갈 수 있는 넓은 바다(無主空海)는 땅이 메마르고 잦은 재해로 인해 생산력은 떨어졌지만, 누구에게도 공평한 기회를 주었다.

논농사 중심의 한반도에서는 한곳에 뿌리를 내리고 살며 강한 혈연 공동체를 형성했으나 밭농사 중심의 제주에서는 '개체'를 중심으로 한 개방적인 혼성 촌락을 이루게 하는 계기가 되었다. 각성바지로 구성된 혼성 공동체에서 효율적이고 합리적인 생산 활동을 위해서 연대적 유대가 필요했고 '경쟁과 연대의 원리'가 가능하게 된 계기가 되었다. 한반도에서 혈연 간에 상부상조만이 지극한 미덕이라 여기는 '의리와 연대의 원리'와는 사뭇 대조된다. 의리는 주관적이고 정의보다 의리가 중시되지만, 경쟁은 객관적이고 의리보다 정의가 더 중시되었다.

[표 4] 한반도·제주도의 촌락 공동체 문화 비교

지역별	입지	구성	기층 이념	롤 모델	농사 형태
한반도	배산임수	동족 촌락	가문(씨족) 중심	선비	논농사 중심
제주도	용천	혼성 촌락	부부 가족 중심	해민	밭농사 중심

삶에 있어서 경쟁과 연대는 양립 불능의 행위이지만 제주인들은 이의 조화에 성공한 사람들이었다. 소위 공동 목장, 공동 어장 등의 관리와 운영이 바로 대표적인 예시이다. 이런 의미에서 제주인의 생활 세계는 한반도보다 넓은 광역적 생산 공동체(生産共同體)를 가졌다고

할 수 있다. 제주인들은 흔히 '놈의 대동'이라는 말을 잘 쓴다. 개별성과 차이를 인정하는 삶을 살면서도 마을 공동체의 일에는 군말 없이 힘을 합한다.

제주인들이 공동체를 유지해 온 이념은 동양에서 꿈꿔 오던 이상향으로서의 대동 세계(大同世界)를 추구한다. '대동 세계' 혹은 '대동주의'라는 이념은 원래 유가에서의 공동체 모두가 평등하고 고통이 없는 이상 세계를 말한다. 제주인들의 '대동주의'란 오늘날 사회주의자들이 말하는 평등 평균 지상주의의 이상 세계를 뜻하는 것이 아니다. 이타적 이기주의 선상에서 개체 인정을 전제한 현실적인 공동체주의라고 할 수 있다.

[표 5] 개체적 대동주의

개체적대동주의	따로 또 같이	이타적 이기심 + 공동체 정신	홀로서기 + 더불어주의
개인주의	나 홀로	이타적 이기심	이기적 고립주의
집단주의	떼거리	공동체 이기심	이기적 집단주의

개체적 대동주의에서 개체적이란 말에는 이타적 개인주의 의식이 내포되어 있다. 타인들의 필요나 관점에 예민한 감수성, 타인들의 독자성 등을 수용하고 존중하면서 관용, 사랑, 공감, 동정 즉 박애의 정신도 강조한다.[53] 제주 해민은 이타적 개인주의이면서 대의를 위해서는 대동 정신을 발휘하는 '개체적 대동주의'라고 정의할 수 있다.

우리가 그리는 바람직한 사회의 모습은 독립적인 개인이 주위의 사람들과 건전한 관계를 형성하는 것이다. 다시 말해, '홀로'를 바탕으로 하여 '함께' 나아가는 것이다. 그러기 위해서는 일단 홀로라는 인간이 바로 형성되어야 한다. 이를 위해서 아버지를 비롯한 주위의 여러 존재에 관해 맹목적인 복종보다는 필요에 따라 갈등과 충돌도 감내해야 한다. 나아가 홀로서기에서 필요한 것은 단순한 갈등과 극복, 객관화라는 '형이상학적' 요소뿐 아니라 자기 삶을 독립적으로 꾸려 갈 수 있는 물질적인 요소도 필요하다.

단자(單子) 우대 균분 상속제

제주도의 균분 상속제가 보편적이 아니라는 주장도 있다. 현용준 등에 의하면 한라산 남동쪽은 장남 중심 상속제가 있고 문화·역사적으로 제주도의 중심권을 이루어 온 북서쪽은 아들들에 대한 균분 상속제와 아들·딸에 대한 차별 상속제가 공존하고 있다고 주장한다.

이 주장에 동조하는 이가 토양학자 현해남이다. 그는 갈색 토양(된 땅) 마을에서는 형제가 제사를 나누어 지내는 '분짓거리(分祭)' 풍습이 있지만, 검은색 토양(뜬 땅) 마을에서는 반드시 장남이 제사를 지낸다고 했다. 그 이유는 갈색 토양은 비교적 비옥하여 농지를 고루 나누어 유산으로 물려주고 제사의 의무도 물려주었기 때문이다.

제주도 전 지역의 토양은 화산 활동에 의한 화산회토라 할 수 있다. 다만 그 형성 시기에 따라 고화산회토(古火山灰土)와 화산회토(火山灰

土)로 나눌 수 있다. 화산회토는 흑색토로서 화산재에 억새가 자라 부식하면서 알루미늄이 결합하여 만들어진 토양이다. 토양에는 규소가 많아 잡초가 잘 자라는 대신에 작물은 잘 자라지 못한다. 흑색 토양에서는 이랑을 만들어 씨를 뿌리면 비가 올 때 이랑이 허물어지면서 농사를 망치기 때문에 산파를 했다. 점성이 있는 고화산회토인 갈색 토양에서는 이랑 재배를 했다.

세계에서 가장 검다는 제주의 검은색 토양에서는 인산이 부족하여서 구황 작물인 피도 재배하지 못할 정도로 땅이 척박하였다. 여러 자식에게 나누어 상속하면 모두 먹고살기 힘들었기 때문에 장남에게만 재산을 몰아 상속하고 제사의 의무도 지게 했다는 것이다. 산남 동부에 장남이 일괄 상속받는 문화가 있다면, 소유 토지가 매우 영세한 경우 이를 나누어 버리면 똑같이 빈곤해질 수 있으므로 이를 극복하기 위해 나타나는 일부 현상으로 보인다.

제주도의 신거제에서 볼 수 있는 바와 같이 부부중심가족에서의 부부는 혈연관계에서는 무촌으로 단지 애정에 기반을 둔 관계이다. 혼성 촌락인 제주에서는 친족 집단의 간섭을 덜 받게 되어 이혼과 재혼이 쉽게 이루어져 개체성이 강함을 알 수 있다. 제주도가 전통적으로 전국 제1의 이혼율을 보이는 원인 중 하나도 여기서 찾을 수 있다.

육지에서는 제사를 지내는 사람은 무조건 장자이다. 장자가 일찍 사망하여 어린 손자가 있어도 제사를 지낼 의무와 권리를 어린 손자가 진다. 만일 손이 없이 죽으면 양자를 들여서라도 장자가 제사를 지낸다. 재산도 장자 우선 상속이다. 최근 법이 바뀌어서 장남이고 차남이고 딸이고 상관없이 똑같이 상속되지만, 재산을 물려줄 부모의 마음은 여전히 장남에게로 향해 있다.

제주에서는 아버지 제사를 형이 지내년 어머니 세사는 동생이 지내는 풍습이 있다. 이것을 분짓거리라고 한다. 형제가 돌아가면서 지내는 윤제랑은 조금 다른 형태이다. 돌아가면서 제사를 지내는 것이 아니라 아예 제사를 나눠서 지내는 형태이다. 설 명절은 형 집에서 모이면 추석 명절은 동생 집에서 모인다.

제주의 노인들은 늙을수록 가진 게 있어야 한다고 생각하여 가난과 고독에 철저히 준비한다. 노인이 되어서도 거리왓이라고 하여 집에서 가까운 밭을 직접 경작한다. 죽을 때까지 갖고 있던 밭은 자기 마음에 드는 자식에게 주는데 일찍 집을 떠나 형들보다 늙은 부모 옆에 붙어 있는 막내가 되기 십상이다. 그래서 제주에서는 막둥이가 부모를 모시는 경우가 흔하다.

이런 점에서 제주의 상속 제도는 육지의 상속제보다는 현대적이고 합리적이다. 육지에서는 무조건 아들 우대, 아들 중에서도 장남 우대이고 딸은 뒷전이다. 딸의 권리를 찾으려면 부모로부터 감정적 저항을 이겨 내야 한다. 육지의 문화는 아직도 조선 후기의 유교적 문화 때문이고 제주는 유교 문화가 뿌리를 내리지 못한 이유 때문이다.

한반도에서도 고려 시대와 조선 시대에는 재산이 균분 상속되었다. 그러나 17세기 이후 점차 장자 우대 상속으로 전환되었다. 장자 우대 상속은 장남에게 가계 계승의 명분을 주면서도 나머지 아들들이 상속에서 배제되지 않고 장남 주변에 머물러 살며 집성촌을 이루며 살아가게 하는 제도를 뒷받침하였다. 고려대학교 권내현 교수는 『유유의 귀향 조선의 상속』[54]에서 조선 시대 상속 제도에 대한 심도 있는 연구를 하였다.

 조선 전기까지는 균분 상속 제도였다. 하지만 조선 후기로 넘어가면서 점차 장자 우대 상속으로 변하는 과정에서 상속을 둘러싸고 장자 유유의 행방불명 사건을 다룬 이야기이다. 사건 당시 주요 당사자들이 보인 행위, 이에 대한 세간의 평가 등을 당대의 상속 제도를 중심으로 설명하였다.

 현재에도 전답을 가진 육지의 시골 노인들의 정서는 여전히 장자 우대 상속이다. 장남을 우대하며 차남 이하의 아들들에게 나머지 재산을 고루 나눠 주고 딸은 철저하게 배제하는 방식이다. 지금은 장자라고 하여 부모를 봉양하지도 않고 어린 동생을 돌보지도 않는다. 차남 이하의 아들들은 아들대로 딸들은 딸대로 계산법이 다르기에 재산을 둘러싸고 부모가 돌아가시기 전부터 소란스러운 경우가 허다하다.

 "막내둥이가 부모를 돌본다."라는 속담과 『문전 본풀이』의 막내둥이 녹디생이 '녹디성인'이 되는 영웅담은 철저한 동족 촌락의 항렬과 나이에 의해 지배되는 권위주의 문화권에서는 이해할 수 없는 일이다. 제주에는 "큰 쇠 큰 쇠 하면 촐은 아니 주곡 일만 허랭햄쪄(큰 소 큰 소 하면서 꼴은 안주고 일만 하라고 한다)."라는 말이 있다. 의역하면 "맏자식 맏자식 하면서(한반도의 장남 우대처럼) 응당한 대우는 안 해 주고 집안의 모든 일을 처리하라."라고 한다는 뜻으로 장남·장녀의 처지를 대변해 주는 하소연이다. 집안의 대표로서 일을 많이 보아야 하는 장남에게 일의 비용을 보태라는 의미에서 덤(제월전)으로 더 주는 것이 있기는 하지만 한반도의 장남 우대 상속제와 비길 바가 못 된다. '형은 나누는 권리, 동생들은 고르는 권리'라는 말에서 보듯이 형이라고 해도 집행하는 실리 없는 권리만 주어지고, 제월전이라 해도 그것은 관리권만을 갖는 공유 재산이나 마찬가지였다.

단자 우대 균분 상속제는 분산된 경지를 경영하는, 분산 경지 전작 경영 과정에 나타난 상속제로 자식들에게 재산을 골고루 나누어 주지만 모든 토지를 상속해 버리는 것이 아니고 '거리왓'이라 부르는 동네 가까운 일부 밭은 부모가 갖고 멀리 떨어진 '난밭'이라 하는 밭들은 자식들에게 상속해 주게 된다.[55] 이때 부모가 모든 밭을 상속해 주지 않고 남기는 이유는 부모 자신이 죽을 때까지 자식들에 손 벌리지 않고 독립적으로 살아가기 위해 남겨 두는 것이다. 장남이 결혼하면 당연히 부모와 동거하면서 가정을 꾸리는 한반도와 달리 제주에서는 자식이 따로 떨어져 나가 살았다. 이는 경지가 분리되어 있어 따로 농사짓는 게 합리적으로 되기 때문인데, 이런 과정을 거쳐 자식들이 분가해 나가도 부모는 아직 일할 수 있는 나이라서 스스로 농사지을 땅을 소유할 수밖에 없는 것이다. 이런 제주도의 상속 형태를 분거이재형(分居異財型)이라 하여 한반도의 동거공재적(同居共財的) 분가별산형(分家別産型)과 구별하고 있다.

🚗 신구간

제주 사람의 이동성은 신구간 풍습에서도 잘 드러난다. 예로부터 하늘을 천신(天神)이라 하고 땅을 지신(地神)이라 하여 신성시했다. 특히 땅을 터전으로 삼는 사람들에게 지신은 삶과 밀접한 연관이 있었다. 지신이란 대지에 깃들어 있는 힘이나 신성을 의인화한 것이다. 지신은 마을 공동체의 수호신임과 동시에 집안의 평안을 지켜 주는 가신(家神) 역할을 했다. 조왕(부엌), 통시(변소), 외양간, 집수리는 물론, 울타리 돌담을 고치는 일, 집안의 나무를 자르는 일을 아무 때나 하면 동티가 난다고 생각했다. 급한 동티가 생겼을 때는 심방을 청해 빌 사이도 없이 죽는다는 것이다.[56]

제주에서는 이사나 현 주거 시설을 개·보수할 때 신구간에 하였다. 신구간은 대한 이후 5일에서부터 입춘 전 3일까지 약 8일간을 말한다. 이 기간에 인간사를 관장하는 1만 8천 신 모두가 승천하여 옥황상제께 지난해의 업무 보고와 새해의 업무를 받으러 간다고 믿었다. 지상에 있던 신들이 하늘로 출장을 간 기간에는 이사나 집수리를 해도 아무런 탈이 없다고 믿었다. 신구간에는 "어느 방향으로 가든, 또는 어떻게 집을 고치든 재앙이 없다."라고 믿은 것이다.

제주 지역에서 입춘은 신구간이 끝나 하늘로 올라갔던 1만 8천 신이 새로운 임무를 부여받고 지상으로 내려와 새롭게 한 해의 일을 시작하는 때이다. 그래서 제주에서는 양력 2월 초에 해당하는 입춘을 새해의 시작으로 여긴다. 신구간 즈음의 제주 기후는 바깥 노동을 할 수 있을 정도로 상대적으로 따뜻하다. 해양성 기후로 한반도보다 봄을 빨리 맞이하는 제주에서는 입춘을 새해 농사의 시작으로 알았다. 입춘을 전후해서 고향을 떠났던 사람이나 타지 사람들이 제주에 들어와 여러모로 새로 출발하기 때문이다.

   지금은 많이 퇴색됐지만, 제주에는 아직도 신구간이라는 이사 문화가 있다. 제주 토박이들은 지금도 신구간을 기준으로 집을 계약하며 신구간이 오기 전에 이사를 할 때는 세를 들어 사는 사람들이 신구간까지 집세를 내거나 자신이 알아서 신구간까지 살 사람을 구해야 한다. 그래서 제주는 전세보다는 연세 개념의 집세가 있다. 집을 중개하는 오일장, 신구간이라는 생활 정보지가 있을 정도였다.

2. 노동 등가의 수눌음

수눌음은 이웃 간에 노동을 교환하는 품앗이의 한 형태로 제주인의 독특한 공동체 문화이다. 제주 전통 사회에서 수눌음의 양식은 단순히 노동력 교환에 머물지 않고 생활 전반에 걸쳐 다양한 형태로 행해졌다. 농사일뿐 아니라 지붕의 이엉을 잇는 일은 물론 상여계, 잠수계, 목장계, 산담접, 방목접, 그물접 등의 다양한 형태의 수눌음 문화가 있다.

수눌음은 이웃 간에 노동을 교환하는 품앗이의 한 형태로 제주인의 독특한 공동체 문화이다. 제주 전통 사회에서 수눌음의 양식은 단순히 노동력 교환에 머물지 않고 생활 전반에 걸쳐 다양한 형태로 행해졌다. 농사일뿐 아니라 지붕의 이엉을 잇는 일은 물론 상여계, 잠수계, 목장계, 산담접, 방목접, 그물접 등의 다양한 형태의 수눌음 문화가 있다. 수눌음에 작동하는 베풂 정신은 받은 만큼 반드시 갚는다는 책임과 의무가 뒤따른다. 노동력을 베풀었는데 상대가 갚지 않으면 적대감이 형성된다. 공동 노동, 노동 교환을 기반으로 형성된 마을 공동체에서 유대 관계가 깨지기 때문이다.

　수눌음은 상호 신뢰를 바탕으로 자신의 몫을 철저히 하는 자립 의식을 기반으로 한다. 그렇기 때문에 남에게 신세를 진 것은 반드시 갚는다는 자존적 공동체 의식이 강화되었다. 혈연보다 지연 공동체 의식이 발달한 제주에서 수눌음 문화는 마을 공동체의 결속력과 마을에 대한 귀속 의식을 강화해 왔다. 수평적 인간관과 평등 의식을 배경으로 염치와 실리, 책임감에 기반한 상호 교환의 호혜성이 수눌음의 정신이었다.

　절해고도의 섬이라는 지리적 조건과 억압과 수탈이라는 역사적 조건에서 수눌음은 고향을 떠나 사는 사람들이 고향에서 살아가는 사람들에게 빈축을 사기도 하는데 그 이유는 그들이 평소에 무관심하다가 경조사 등 아쉬울 때면 찾아와 도움을 청하고는 일이 끝나고 나서는 고향의 일을 돌보지 않기 때문이다. 출향인들은 객지 생활에서 오는 시간적, 공간적 비용 때문이라고 하지만 상주인들 입장에서는 구차한

변명에 지나지 않는다. 쌍무적 상조관의 수눌음(give and take) 정신에 어긋나기 때문에 이러한 사람들은 빈축을 사기 마련이다.[57] 수눌음은 물질적으로 넉넉하지 못했던 제주 사회에서 제주인들의 합리적인 생존 방식이었고 가치 있는 생활 문화였다. 강제성이 부여된 두레와 달리 수눌음은 마을 구성원 간에 남녀노소 구별 없이 개별적으로 극히 자유로운 형태의 '개인 간 계약'에 의해 품을 교환한다.

조선 후기 한반도에서는 이앙법이 발달하면서 모내기는 때를 놓치면 안 되는 농사일이었다. 이를 위해 두레 조직이 체계화되었다. 두레는 한마을에서 16세~55세 사이의 성인 남자가 한 사람씩 동원되었는데 농악을 연주하거나 농가를 부르며 일을 하였다. 두레에 의한 공동 노동은 모내기, 물대기, 김매기, 벼 베기, 타작 등 논농사의 전 과정에 걸쳐 행해졌고 특히 일시적으로 많은 품이 요구되는 모내기와 김매기에는 거의 두레가 행해졌다. 절기와 노동 주기에 일시에 집약된 노동력이 요구되었고 집단 노동이 효율성을 가져왔기 때문이다. 또 노동력을 교환하는 품앗이가 있었다. 두레가 집단으로 이루어졌다면 품앗이는 개인 대 개인끼리 이루어졌다는 것이 차이점이다.

수눌음은 두레와 품앗이와는 성격이 조금 다르다. 두레가 계의 형태로 노동력을 교환했다면 수눌음은 품앗이처럼 개인 간에 이루어진 노동력 교환이었다. 마을 구성원 간에 자유로운 형태로 계약에 행해지는 협업 노동이었다. 수눌음은 검질 매기(김매기) 외에 파종, 수확, 운반, 돌담 수리, 연자방아 돌리기, 집 짓기 등에서도 이루어졌다. 뜬 땅(화산재)이기에 보리, 조, 파종을 하루 안에 마치지 않으면 씨앗이

날아가 버리거나 새들의 먹이가 돼 버리기 때문에 집중적인 노동력이 절실히 요구되었다. 또 여러 사람이 함께하면 심리적으로 피로감을 덜 느끼게 되고 분업의 효과로 노동의 효율성이 좋아지기 때문이었다.

수눌음은 대부분 나와 남이 동시에 노동하므로 시너지 효과를 낸다. 협동 노동의 질 차이는 물론 시차 여부 때문에 수눌음은 영어로 'give and take'로 번역되나 품앗이는 'give now-and-take later'로 번역하는 것이 적절하다. 수눌음은 동일한 노동을 동일한 날에 하는 의무적 협동 노동이다. 품앗이는 오늘 개똥이네 일을 했다면 내일은 쇠똥이네 일을 하는 형식의 보은적 노동 교환의 성격이 강하다. 다수가 노동에 참여할 경우 분업 노동과 전문 노동까지도 가능해지고 여기에 참여자 간의 세상사에 관한 대화를 통해 육체적, 정신적 부담이 줄고 즐기는 심리적 효과로 노동의 시너지 효과는 나타나는 것이다.

제주도의 수눌음은 조건에 따른 계약적인 노동 교환 즉, 감성이 아닌 이성적인 등가 교환을 전제한 노동 교환이다. 수눌음은 '서로의 이익을 위해' 그리고 '일의 효율성(시너지 효과)을 위한 마음 때문에' 성립한다고 설명하는 것이 타당하다. 수눌음은 인간을 제한적 경쟁을 하는 '협력적인 동물'로 전제하고, 사회적 촉진으로서의 원언 즉 공조 에너지 교환에 의한 공조 효과와 맥락을 같이 한다. 예를 들어 자급적 주곡 농경 사회에서의 그 공조 효과를 보면 김매기 등에서는 보통 한 농가가 5일 정도 해야 할 작업을 하루에 끝낼 수 있으며, 수확된 농작물 탈곡은 10일 정도 해야 할 작업을 하루에 끝낼 수 있었다. 김매기 작업은 심리적 효과로 설명되나 농작물 장만(탈곡)은 분업의 효과가 그에 더해진 것으로 설명된다.

수눌음이 계산적인 등가 지향의 이성적 대등 노동 교환제(對等勞動交換制)라면 품앗이는 보은적 부등 노동 교환제(不等勞動交換制)이다. 따라서 수눌음은 노인은 노인끼리, 젊은이는 젊은이끼리 공평한 계약(조건)으로 노동을 교환하지만, 정에 기반한 느슨한 협동인 품앗이는 이를 가리지 않는다는 것이다. 대등 노동 교환이라는 면에서 한반도 삼남 지방의 두레는 청년 두레, 장년 두레, 노인 두레 등 6~10명 정도의 노동 동질적 조직들이 있는 것으로 보아 제주도의 수눌음 상조 조직과 유사성을 갖는다고 할 수 있다.

가족 구성원이 많으면 노동의 자급을 기할 수 있으므로 수눌음을 하지 않으려 한다. 동서고금을 막론하고 농경 사회에서는 가족 수가 많을수록 생계 안전에 도움이 되기 때문에 늘리려 했다. 이는 제주의 농경 사회에서도 마찬가지였다. 그래서 제주 사람들은 '귀한 자손이 나오는 곳'보다 '많은 자손이 나오는 곳'을 명당으로 생각했다. 오늘날에도 시장 출하 시 신선도를 유지해야 하는 당근 농사나 감자 농사, 그리고 고구마 줄 놓기 등에서 수눌음이 행해지고 있다. 그러나 감귤 농업에서는 도시에서 공급되는 노동력, 소위 품삯을 주는 '놉'을 사는 편이다.

수눌음에는 노동에 의한 협동도 있지만, 친척 간에 족규(族規)에 의해 재물로서의 경제적 상부상조도 있다. 집안마다 다르지만, 초상(初喪) 때에는 '고적'을 하고 소상(小喪)과 대상(大喪), 제사 때의 상조는

'지물제물[祭物]'을 한다. 고적은 쌀이나 메밀로 만든 빙떡을 만들어 갖는데 상호 대등한 양이 오갔다.

이효석의 『메밀꽃 필 무렵』 때문에 메밀의 주 생산지는 강원도로 알려졌지만 사실 메밀은 제주가 주 생산지이다. 메밀은 생육 기간이 짧고, 메마르고 척박한 땅에서도 잘 자랐다. 한반도에서 메밀은 성질이 차서 원기가 빠져나간다고 하여 소의 여물로도 주지 않았다. 몽골인들은 탐라총관부를 설치하고 해상 상인으로 호탕한 기질로 살았던 탐라인들의 기를 누르기 위해 메밀을 퍼트렸다고 한다. 슬기로운 제주 사람들은 무나물을 만들어 메밀의 찬 성질을 중화시켰다. 메밀에 무나물을 얹고 돌돌 만 것이 빙떡이다. 작은 집 큰일에 빙떡을 100개씩 지져 대나무로 만든 바구니인 차롱에 담아 부조를 했는데 이것을 고적이라고 한다. '고적'은 수눌음의 특성을 가장 잘 설명해 주는 용어로 부계는 8촌 이내에, 모계는 4촌 이내에 등량(等量) 등가(等價)의 음식을 부조하는 문화이다. 하나하나 개수를 확인하며 주고받는 의무적(쌍무적) 증여를 말한다. 내가 고적한 만큼 상대가 고적을 해 왔는지 하나하나 셈을 하면서 주고받기 때문에 이를 '수눎장시(수눌음 장시)'라고 한다. 평민 문화권인 제주에서 엥겔 계수가 100에 가까운 시절, 부조 금액은 서로 부담을 느끼지 않는 범위 내에서 자기가 받은 만큼, 자기 생활 형편에 맞춘 철저한 수눌음 형태(대등한 부조)로 이성 사회의 보편 원칙이다.

균분 상속제, 혼성 마을의 전통 사회에서 이러한 상부상조 행위는 '겹 부조' 즉 안팎 부조, 계접 부조 등 독특한 부조 문화가 생겨났다.

혈연의 연약 사회(緣約社會: kin tract society[58]가 아닌 지연의 계약 사회(契約社會: contract society)에서 온 당연한 결과이다.[59] 혈연은 신분 사회의 기초이고 지연은 계약 사회의 기초이다. 계약은 낯선 사람들이 서로를 규정하는 약정이다. 계약할 때 각자는 선택의 자유를 가지고 있다. 제주도의 이러한 전통적인 부조 관행은 오늘날 극히 불평등한 빈익빈 부익부의 부조 체계와는 거리가 멀었다. 품앗이는 대등 노동 교환의 상조 문화가 아니라 '품[勞力]' '앗이[受]'에 대한 '품갚음[報]'이다.[60] 단순한 노동의 교환 형태라고 보기에는 품앗이는 상대방의 노동 능력 평가에서 두레나 고지(雇只) 또는 머슴의 경우처럼 타산적인 것이 못 된다. 품앗이는 때론 평등이 아닌 부등한 대가성이 있게 마련이기에 거기에는 갈등, 불신을 낳았다. 증답의 품앗이 문화를 교묘·교활하게 악용하는 사람들은 이미 조선 풍토병인 도덕 불감증으로 확대되기도 하였다.

　한반도는 제주와 달리 고급성과 수월성을 지향하는 양반 동족 촌락의 신분 사회였다. 신분적 차이를 보일 때에는 원칙적으로 노동 대 노동의 교환을 이루어지지 않고 금전이나 곡식을 매개로 하여 교환이 이루어지게 된다. 그것도 품앗이다. 친족의 범위가 멀어질수록 남일수록 이해타산적이 된다.[61]

　수눌음은 철저히 타산적으로 계약 때문에 서로 협력하는 대등 노동 교환제다. 품앗이에서는 사람과 농우(農牛)의 노동력 교환, 남성과 여성, 장년과 소년 등의 질적 노동력이 다르더라도 이를 동등하게, 말하자면 인간의 노동력은 원칙적으로 모두가 대등하다는 가정하에 노동력을 상호 제공하는 경우가 많으며, 이러한 가정이 품앗이를 성립시키는 근본적 가치관이라 할 수 있다.

　제주도의 수눌음은 받음에 대해 갚지 않아도 되는 느슨한 품앗이와 달리 오히려 권리와 의무를 다 같이 지게 되는 두레와 같다. 하지만, 수눌음은 두레와 같이 상설 조직의 집단 공동체가 아닌 개인이나 다자간에 사안별로 자유로운 계약 때문에 이루어지는 임시적 협동 노동이라는 데서 두레와 뚜렷이 구별되기도 한다. 정리하자면 일종의 베풂과 갚음의 증답 의례적 사고방식이 규범화된 것을 품앗이라 한다면 베풂과 베풂의 계산적 사고방식이 규범화된 그것이 수눌음이다.

　논농사 지대(삼남 지방)의 두레는 마을의 경지를 노동 시즌 때만이나 총유적 경영 대상으로 삼았다. 가진 자와 못 가진 자 간의 노동력과 생산물의 분배 효과를 얻게 함과 동시에 과부나 노약자의 일까지 해 주는 대동 의식이 있다는 데에서 긍정적인 면이 있다. 두레의 또 하나의 특징이라면, '영좌' 혹은 '행수(行首)' 등으로 불리는 근엄한 수장 아래 강한 위계질서를 갖는다는 것이다.

　제주인의 생산 활동은 화산회토상에 흩어져 있는 밭을 그대로 경영하기 때문에 논농사 지대의 두레처럼 위계질서를 가진 공동체는 나타날 수 없었다. 자유스럽고 평등이 전제된 공동 간전(共同墾田, 띠 캐왓), 공동 목장, 공동 어장 및 공동 방아, 공동 샘물(湧泉), 공동 원담[漁垣], 공동 옹기 가마 등의 자율적 공유 공영 생활 즉 생산 공동체(生産共同體)를 이룰 수 있었다.

대정읍 구억리에서는 마을 안에 공동으로 만들어 놓은 몇 개의 옹기 가마를 팀을 짜서 윤번제로 이용하여 옹기를 생산하였다. 한반도의 옹기 가마는 모두 개인 소유이다. 공동으로 마을 바닷가의 소규모 만의 입구를 막아 호수를 만든 다음 밀물 때 들어온 물고기가 썰물 때 빠져나가지 못하도록 하여 공동으로 어획하는 돌그물 시설도 한반도 남해안에서는 '돌발'(석방염) 서해안에서는 '독살'이라 부르는데 모두 개인 소유이다.

두레를 행하는 논농사 지대에서는 모든 재산은 사유였으나 노동을 집단으로 했다면, 제주에서는 사유 재산이 있는 가운데 대동적 삶을 살게 한 공동의 총유 재산이 있었다. 두레가 입·탈퇴가 어렵고 타율에 의해 공동체를 이끄는 닫힌 대동 조직이라면, 수눌음은 자유로운 형태의 열린 대동 조직이었다. 강제적인 다자간 협약으로 행해지는 두레나 개인 간에 도움은 도움으로 갚아야 한다는 비타산적인 품앗이와 달리 전혀 강제성이 없이 타산적으로 이루어진다는 점이 특징이다. 열린 대동 조직을 갖는 공동체는 닫힌 대동 조직에 비해 정보의 교류와 공유량도 훨씬 많다.

미국의 개척민들처럼 개척 정신을 함양해 온, 즉 무의 기개(勇) 정신을 갖는 제주인들은 다분히 개인주의적이기는 해도 제주 선민들이 즐겨 사용한 '눎의 대동'이란 말에서와 같이 집단 속의 상조 관계를 돈독히 하는, 대동을 중시해 온 사람들이다.[62] 개체주의는 집단에 이바지할 때 완성될 수 있지만, 대동이야말로 충·효·신의 그 어느 이념보다도 더 절실하게 생산 공동체라는 생활 세계를 유지하고 존속시킬 수 있었던 유일무이한 제주인의 이데올로기였다.

제주 선민들이 가르쳤던 '고집부리지 말고 동참하라'는 뜻인 '눔의 대동'은 지역의 공동생활에서는 유사시 우선 모두가 집단에 동조하지 않으면 자신의 생활도 안정되지 않는다는 본능적 감각이 작용했던 것이지 개성을 죽여 버리라는 것이 아니다. '눔의 대동'은 공동체의 쟁점 있는 관심사가 있을 때 개인적인 불만이 있다 하더라도 자제하여 헌신적으로 집단에 동조·동참하라는 것으로, 이는 '자율적 연대성' 내지는 '다양성 속에서 통일성(unity in diversity)'을 지향하자는 묵자의 상동(尙同) 개념과 맥을 같이한다. 이때 '눔(他者)'이란 혈족을 넘어선 '이웃' 즉 공동체 구성원 모두를 지칭하는 것이다.

🍲 실력 사회

농경에서 풍흉은 누구에게 무차별적으로 똑같이 나타났다. 해민들은 "보자기든 줌녜든 바당에선 '머새(머정)'이신 사름이 하영 흔다(어부든 해녀든 바다에서는 재수 좋은 사람이 많이 번다)."라는 말을 곧잘 하곤 한다. '우연이 반복되면 보편이 된다'는 말이 있듯이 '재수 좋음'이 반복되면 '실력 좋음'이 되는 것이다. 따라서 바다에서는 풍흉이 있다 하더라도 동일한 상황에서 개인의 능력에 따라 수입은 달라지기 마련이다. '머새' 즉, '재수'는 도전자에게 주어지지 가만히 있는 자에게는 주어지지 않는다. 그만큼 바다에서의 생산 활동은 절차적 정의로서의 기회의 평등이 주어져 배분적 정의를 실천하는 데 좋은 환경

을 제공하고 있음을 의미한다.[63]

　능력에 관계없이 태어날 때부터 신분이 정해지는 귀속 지위 문화인 농민 사회와 달리 해민 사회는 개인의 의지와 능력으로 얻어지는 성취 지위 문화이다. 해민 사회는 농민 사회보다 기회균등한 조건에서 '경쟁의 원리'가 적용되는 실력 사회(實力社會; meritocracy)로 가는 데에 유리하다. 그 경쟁의 원리는 위대한 사상가에 의해 제시된 것이 아니라 구성원 모두에 의해 자연스럽게 암묵적으로 형성되고 합의되었기에 불만이 있을 수 없었다. 제주인들의 경쟁은 '갈등 없는 경쟁'으로 개인 경기에서의 촉진 효과(促進效果: stimulus effect)를 내면서 단체 경기의 공조 효과(共助效果: synergy effect)를 내는 '친화 속의 경쟁'이었다. 개인의 발전 원리에 '연대의 원리'가 조화를 이뤄 인류가 지향할 가치가 있다는 것이다. 연대의 원리는 '대동(大同)'이라는 이념이 전제된다. '경쟁과 연대의 원리'는 바다 생활자들에서 나올 수 있는 정신문화로서 가장 제주적이면서 가장 세계적인 것이라 할 수 있다.[64]

3. 배타성 이야기

  제주인들은 배타성이 강하다고들 한다. 과연 그럴까? 제주인의 배타성은 방어적 배타성이다. 다른 마을이나 한반도에서 이주해 온 사람들이 자신들에게 부당한 피해를 주지 않는 한 거부하지 않고 개방 수용하여 백조일손(百祖一孫)의 사상(思想) 아래 혼성 촌락을 이루어 간 것에서 잘 증명된다. 즉 제주인의 배타성은 방어형이며 오히려 개방성을 갖고 있다.

제주 사람들은 배타성이 강하다고들 한다. 과연 제주인들은 배타적인 사람들일까? 송성대는 이를 강력하게 부인한다. 그는 각종 강연에서 제주인들은 배타적이기보다는 오히려 포용적이라고 항변한다. 남을 거부하고 내치는 성질인 배타성에는 무조건 아니라는 공격적 배타성이 있고, 나를 보호하기 위한 방어적 배타성이 있는데 제주인들에게는 있는 배타성은 방어적 배타성이라는 것이다.

『조선왕조실록』의 기록을 통해 알 수 있듯이 제주에는 수많은 표류 회생자와 표착 이방인에 의한 해외 문물과의 접촉이 빈번하였다. 이를 통해 자연스레 다른 사람을 이해할 수 있는 습성이 길러져 배타적일 수만은 없었다. 바다 생활자들은 그것이 곧 자신을 위한 길이라는 것을 알았기 때문이다. "침체와 질투는 땅의 산물이고, 진취와 관용은 바다의 산물이다."라고 말처럼 제주 섬의 해민들은 다분히 개방성을 갖고 있었다.[65]

제주인의 배타성이 타 지역과 다른 것은 다른 마을이나 한반도에서 이주해 온 사람들이 자신들에게 부당한 피해를 주지 않는 한 거부하지 않고 개방 수용하여 '백조일손(百祖一孫)의 사상'하에 혼성 취락을 이루어 간 것에서 잘 증명된다. 즉 제주인의 배타성은 방어형임과 동시에 양성형으로, 제주 섬은 당대(唐代)의 시인 백락천(白樂天)이 이상향 상세국으로 노래한 동국(東國)의 '주진촌(朱陣村)'[66]이었기에 악성형의 배타성은 있을 수 없었다. 증언문학소설인 현기영의 『변방에 우짖는 새』에서 작중 인물은 다음과 같이 말하여 제주 섬에 사는 사람 모두는 성씨 불문하고 하나라고 말하고 있다.[67]

"오늘 대정 화전민들이 방성칠 하르방을 장두로 받들고 일어났으니, 이번엔 참말로 한번 밀어붙여사 헙쥬."
"그런디…… 장두 하르방이 육지 사람이라, 정의골 백성들이 수이 모다들지 어떨지 모를로고……."
"어따, 벨 걱정을 다 해염고, 저 하르방들이 입도헌 지 댓해나 되었는 디, 그만허민 이 섬 백성 다 된 거쥬. 여기 계신 동장 어른겉이 고·양·부 세 성씨 말고 이 섬 백성 종자 따로 있는가? 이 섬에 살면 다 제주 백성이라. 느네 장씨나 우리 오씨나 육지서 난리 피해영 망명 온 자손들 아닌가."

그렇다면 왜 제주인들이 배타성이 심하다는 말을 듣게 되었을까? 그렇게 된 데에는 여러 가지 역사적 사실을 주목할 필요가 있다. 해상왕국 탐라의 후예로 먼바다를 누비며 살아온 제주인들은 조선 인조 때(1629) 내린 출륙 금지령으로 뭍으로 갈 수도 없었고 뭍에 나간 사람이 들어 올 수도 없었다. 해상 활동이 금지되면서 척박한 땅을 일구며 바다의 해산물을 채취하여 사는 반농반어 형태의 단순한 경제 구조로 너나없이 못살게 되어 빈부 격차가 없었다. 대부분 비슷한 규모의 생산 활동을 하며 친인척 관계를 이루었다. 삶의 형태가 비슷해지니 생각도 비슷해졌다.
반면 외지인으로 인한 피해는 이루 말할 수 없이 많았다. 조선 시대 제주목사를 하면 3대가 먹을 것을 벌어 간다고 했다. 선정을 베푼 목사도 있었지만 대부분 제주 문화의 독창성을 무시하고 악정을 베풀었다. 제주에서 바쳐야 하는 진상품은 하나같이 구하기 힘든 것들이었다. 진상품 중에서도 말은 최고의 까다로운 진상품이었다. 대체가 불가한 품목이 많았고 생산량을 바치지 못하면 곤욕을 치러야 했다. 조선 초까지만 해도 집에서 기르는 말은 팔 수 있었다. 그러나 진상품으로 선정되면서 매해 200필 이상을 바쳐야 했다. 말을 기르는 목장의 책임자는 목사와 관리들이었지만 실질적으로 말을 키우는 사람의 제주인들이었다. 테우리들이 돌보던 말이 병들거나 죽으면 그 책임을 떠안아야 했기에 테우리들의 원한은 하늘에 사무쳤다. 비용도 비용이지만 바닷길을 뚫고 배를 진상하기란 여간 어려운 일이 아니었다. 배가 풍랑을 만나면 진상품인 말은 물론 사람마저 목숨을 잃어야 했고 설사 목숨을 건져도 산목숨이 아니었다. 현대에 와서도 말 200필을 제주에서 서울로 옮기기 쉽지 않은 일인데 그 당시 바람에 의지하여 배로 말을 싣고 간다는 것은 목숨을 담보로 내놓아야 하는 일이었다.

 진상품은 임금에게 가는 것이었기에 소홀히 할 수 있는 것이 아무것도 없었다. 귤, 해산물, 약재, 말, 흑우 등 제주에서만 나는 특산품이었다. 귤나무가 있는 집을 일부러 귤나무를 몰래 죽이기도 했다. 진상품을 위해 귤꽃이 필 때 꽃 수를 세어 그 꽃 수만큼 진상하게 했다니 얼마나 무지하고 가혹한 일인가. 꽃이 열매가 된다지만 모든 꽃이 먹을 수 있는 귤이 되지는 않기 때문이다. 가혹한 수탈에 견디지 못한 사람들은 스스로 목숨을 던지기도 하고 도망가기도 해서 제주의 인구는 점점 줄어들었다. 제주는 왜구의 침략을 막아 주는 군사적 요충지일 뿐만 아니라 진상품의 보고였다. 인조는 제주에 출륙 금지령을 내려 제주 사람들의 경제 활동을 막아 버리는 대신 수탈의 대상으로만 삼았다. 특히 포작인들은 진상품인 전복의 수를 맞추지 못해 곤장을 맞고 옥에 갇히기 일쑤였다.

신축 제주 항쟁이라 부르는 이재수의 난도 중앙 정부에서 파견한 관리가 세금을 부당하게 걷어서 생겨난 일이었다. 세금 징수원으로 고용된 가톨릭교도들은 토착 신앙과 제주의 민간 풍습에 대해 적대적인 태도를 보이며 제주인들과 사사건건 문제를 일으켰다. 이재수 등이 제주도민들을 이끌고 제주성을 점령하였지만, 이들은 진압군과 가톨릭 신부의 요청으로 출동한 프랑스 함대에 제주성을 내줬고 이재수 등은 그 후 처형됐다. 제주 사람들은 이러저러한 일로 육지 사람들에 대해서 이렇게 저항 의식, 피해 의식을 갖게 되었다.

4·3은 희생자가 3만 명에 이른다. 4·3 때 제주 사람들이 '육짓것', '밖의 것'이라고 부르는 군경과 중앙 권력자들에 의한 양민 희생자는 무려 총 1만 4504명(신고: 1만 1665명, 자료·증언: 2,839명)이나 되었다. 학살 가해자별로 보면 외지 세력이 중심이 된 군관 토벌대에 의한 것이 83%, 토착의 민군 무장대에 의한 것이 11%, 불명 6%로 나타났다. 이 엄청난 희생은 1980년 5·18 광주 항쟁 때 희생자의 70배나 된다. 광주 5·18 희생자는 228명이었다. 5·18 광주 항쟁 희생자들에게는 명예 회복과 피해 보상을 해 주면서도 제주 섬사람들의 희생은 딴 나라 사람인 양 취급하여 관심조차 주지 않았다.

아쉬울 땐 같은 대한민국 국민, 같은 한민족 하면서도 국가적 책무를 실행함에는 딴 나라 국민, 딴 민족으로 차별 대우를 해 온 중앙 정부에 제주 사람들이 어떻게 호감을 느낄 수 있었겠는가. 노무현 정부에 들어서서야 공식 추념식이 열리며 정부의 국가 폭력이었다는 것을 인정하고 사과했다. 이제야 희생자들에 대한 명예 회복 보상이 이뤄지고 있다.

제주도 없는 한반도는 동아시아에서 정치 지리학적으로나 경제 지리학적으로 보아 완전 고립국이 되었을 것이다. 그렇기에 중앙 권력이 갖다주는 것 없이 빼앗기기만 한 제주 사람들이 배울 것마저 하나 없는 한반도를 늘 귀찮은 존재로 여겼던 것이다. 제주 사람들은 '도움은 주지 않아도 좋으니 제발 피해는 주지 말아다오.'라고 말한다. 제주 사람들에게 피해에 대한 보상은커녕 태풍 조기 예찰과 광대한 해양 영토 확보로 인한 국가 안보와 경제적 기반 확장에 제주도가 한반도에 이바지하는 지리학적 수혜에 대한 보답도 없다. 공동체 의식이 강해서 누구의 도움 없이도 자립해서 살아왔고 더 잘 살아갈 수 있다고 생각되는 제주인들은 한반도에 굽히고 들어갈 아무런 이유가 없는 것이다.

제주 사람들이 강한 방어적 배타성을 갖게 된 또 하나의 원인은 1970년대부터 외지 자본에 의한 투기 붐과 개발이 시작되면서부터 나타났다. 이 시기의 토지 소유 변화 상태를 보면 국내 30대 재벌 중 20개 재벌이 제주에 땅을 사 놓은 것으로 확인되었다. 도 당국의 공식적인 발표(1989)에 의하면 개발 대상지의 60~80%, 전체 면적(한라산 국립공원 제외) 5억 5297만 평의 약 15%에 해당하는 7,514만 평이 외지 자본에 의해 팔렸다. 개발이 시작되었지만, 객체화되어 버린 제주인들은 소외감을 느끼기 시작했다. 상대적 박탈감은 심화되고 생존에 대한 위기의식마저 가질 정도가 되었다. 개발 이익의 환원 문제와 결부되어 제주인들 사이에서 땅 지키기 의식이 싹텄다. 이것이 한시적이나마 강도 높은 배타성으로 비치기도 했을 것이다. 그러나 이러한 배타성은 생산을 위한 투자가 아니라 불로 소득에 투기하려는 재벌 기업들을 향한 것이었다. 제주 섬이 살기 좋다 하여 살러 오는 외지 서민들을 향한 것은 아니었다.

제주 지역을 실질적으로 이끌어 온 것은 해안 지대였다. 유토피아적인 공동체의 화합을 조장하는 속성은 마을 구성원 모두가 생산 활동을 함께하며 공유한 의식에 기반한 동질성이 있었다. 해안 지대는 농업, 어업, 목축업 등이 혼합 병존하여 결속의 구성원이 달라져 약화된 측면이 있다. 지연 사회인 제주와 달리 동족 촌락이 우세했던 한반도인들은 저마다의 혈연적 단일 시조(始祖)를 사당(祠堂)으로 만들어 모시고 나서 한마을 안에서조차 배타적으로 신앙해 온 혈연 사회였다. 한반도인의 배타성은 '혈연적'으로 무분별한 파당 주의를 형성지만 제주인의 배타성은 내 것을 지키기 위한 방어적 배타성이었다.

온정과 의리를 바탕으로 한 혈연 공동체의 족당주의에 세뇌된 한국인들은 오늘날, 그 공동체를 향당 만드는 데에 이용하여 생산적 지역 경쟁이 아닌 소모적 지역 분쟁을 조장하고 있다. 제주에서는 혈연보다 지연이 강하다. 제주인의 의식은 조문부의 선거 형태 조사연구 결과에 잘 나타나 있다. 이 조사에 의하면, 유능한 다른 가문 출신에 투표하겠다는 사람이 39.2%나 되었다. 도시인일수록, 학력이 높을수록, 남자인 경우가 더 높아지는 성향을 보였다. 가문에서 입후보한 사람에게 31.1%, 무응답이 29.7%로 나타나고 있다. 한편 지역 출신에 대한 투표 성향에서는 향리 출신에 대해 투표하겠다는 성향이 36.4%, 타리 출신에 대해 투표하겠다는 성향이 34.4%, 무응답이 29.2%로 나타나 혈연보다는 지연을 중시하고 있음을 알 수 있다.

연줄 중에서도 한국 사회에서 가장 큰 영향력을 미치는 것이 학연이다. 국적과 족보는 바꿀 수 있지만, 학적은 바꿀 수 없다는 말이 있다. 하지만 제주에서는 학연이 크게 작용하지 않는다. 씨족을 중시하는 한국 사회에서 혈연의 역할도 무시할 수 없지만, 혈연의 범위는 학연과 비교하면 상대적으로 작으므로 사회적 영향력도 작을 수밖에 없다. 또한, 지연의 효과도 도시화로 인해 약화되는 것이 일반적이다.

전통적으로 도시는 개방적이고 촌락은 배타적인 이유는 자연보다 인간에 의존하여 살아가야 하는 도시에서는 의인화된 신, 즉 인격신을 신앙하기 때문이다. 인간보다 자연에 의존도가 높은 촌락은 토템(정령)을 신앙하기 때문에 좁은 지역 내에서도 집단은 분화되어 배타적으로 된다는 것이다. 물론 보편 종교도 배타성을 갖지만, 공통의 신을 모시는 한 혈연이나 지연이 무시되어 그 개방 범위가 넓다는 데서 차이가 있다. 제주에는 토착신을 갖고 있다 하더라도 개체적 대동 사회를 지향했기 때문에 유교의 교조주의적 배타성은 없었다. 제주인에게 배타성이 있다면 그것은 종교 이념에서라기보다는 생활상에 나타난 것으로, 공격적이기보다는 방어적 기제로 나타난 결과이다.

외국인들도 "육지 사람들과 달리 제주 사람들은 외국인들을 가족처럼 생각한다."라고 말하곤 한다. 외국인들은 제주 사람들이 육지 사람들보다 수용적이라고 평한다. '굴러온 돌이 박힌 돌을 빼려 한다.', '선한 자 오지 않고 오는 자 선하지 않다(善者不來 來者不善).'라는 속담처럼 배타성을 드러내는 속담이 제주에는 없다. 갈등이 생기면 '내가 여기 오지 않았으면 이런 갈등이 안 생겼을 것'이라고 여겨 '내 탓이오.'라고 생각하는 것은 유목민들 사이에서 이주자들의 예로 전해진다. 이주자가 바로 마을 어른이나 책임자를 방문하여 인사하고, 마을을 개척하여 오늘에 이르게 한 마을 선주민들을 인정해 주면 이주자의 예를 갖추는 유목민적 생활에 익숙한 제주 사람들은 오히려 도래인들을 선한 마음으로 수용하여 공동체의 일원으로 받아들인다.

작가의 말
살다 보면 살아진다

　제주로 이사와 처음 보금자리를 틀었던 오라동에서의 생활은 그해 신구간까지만 살다가 시내로 나가기로 계획했지만, 다음 해 신구간까지 계속되었다. 이사하는 날 할머니의 "살암시면 살아진다."라는 말씀처럼 살다 보니 정이 들어 가고 있었다. 할머니의 큰손녀딸은 결혼하여 그 집에 함께 살았고 직장에 다니는 손자도 있었다. 그 밑으로 고등학교, 중학교에 다니고 있는 손자 손녀들 사이에 유독 어린 손자가 하나 있었는데 초등학교 4학년쯤 됐었다. 동글동글 노란 콩 속에 벌레 먹은 검정콩 하나가 섞인 듯 그 아이는 그 집에서 겉도는 느낌이 들었다. 이 아이는 일주일에 두 번 이상은 집 밖으로 쫓겨나 처마 밑에 서 있었다. 아이를 때리거나 큰소리로 혼내지는 않았지만, 그 아이는 종종 집에서 무슨 일인지 모르게 혼이 났고 처마 밑에 서서 한 시간 넘게 서 있는 벌을 받았다. 집안 식구 중 누군가 그런 벌을 주었는지 스스로 선택한 방법이었는지는 알 수 없었다. 어둠이 내리면 할머니가 미닫이로 된 현관문을 열었고 그 아이는 열린 문으로 어기적거리며 들어갔다. 그 집 손녀, 손자들은 모두 할머니에게 공손했고 할머니 또한 매일 밭에 나가 일만 하는 할머니치고는 절제된 행동에 고급 언어를 사용했다. 비록 그 말을 알아듣지는 못했지만 나를 대하는 눈빛이나 태도에서 외양과는 달리 언행에는 품격이 있다고 느꼈다.

그러던 어느 날 일본에서 며느리가 잠시 다니러 와서 한 달 정도 머물렀다. 할머니는 며느리가 온다며 집 안을 대대적으로 정비했다. 마당에 어질러진 쓰레기를 치웠고 화장실을 고쳤다.

"며칠 있으면 우리 며느리가 일본에서 온다는 게."

할머니는 나를 볼 때마다 한껏 기대감에 부푼 마음을 드러냈다.

"어머, 좋으시겠어요."

"좋고말고. 일본 가서 고생한 걸 생각하면 눈물이 아니 날 수가 없다. 우리 며느리 잘도 고와 나신디 일본 가서 지문이 다 닳게 일하느라 고생햄져. 집에 와 있을 때라도 맘 편히 지내다 가게 해야 하지 안 크냐?"

할머니는 마당 밖 아스팔트가 깔린 도로에 보리를 널러 가다가 한참을 서서 말씀하셨다.

어느 날 퇴근해 보니 집 안에 고소한 기름 냄새가 가득했고 집안에서는 화기애애한 웃음소리가 흘러나왔다. 나는 드디어 할머니가 기다리는 며느리가 일본에서 왔다는 걸 알았다. 그날 주인집에서는 밤늦도록 조용한 웃음소리가 새어 나왔다.

주인집 마당엔 평상이 있었고 대문 입구 커다란 자귀나무와 우리 집 처마에 못을 박아 연결한 긴 빨랫줄이 있었다. 나는 아기 기저귀를 하얗게 삶아 빨아서 마당으로 나갔다. 빨랫줄에 하얗게 삶은 기저귀를 너는 일은 내 인생에서 몇 안 되는 행복한 장면으로 남아 있다. 기저귀가 널린 빨랫줄은 동네 사람들에게도 행복감을 주었는지 동네 할머니들도 한마디씩 말을 거들곤 했다.

"요즘 다 일회용 기저귀 쓰는데 서울 새댁 잘도 부지런 하맨. 이 동네에서도 빨랫줄에 기저귀 널린 거 잘도 오랜만에 봐졈녀."

동네 할머니들은 누구라도 바람에 날아간 기저귀를 주워서 빨래집게를 집어 주었고 해가 넘어가도록 기저귀가 걷히지 않으면 누구라도 걷어 주었다. 빨랫줄이 비어 있는 날이라도 누구도 빨랫줄에 다른 빨래를 널지 않았다. 빨랫줄에는 오직 새하얀 기저귀만이 나풀거릴 수 있다는 사실이 암묵적으로 지켜졌고 하얗게 삶아진 기저귀가 빨랫줄에 나풀거리는 것이 마치 신성시되듯 아름답고 귀하게 대접받았다. 나도 다른 빨래들은 빨래 건조대에 널었다.

한여름 태양이 수그러들 때쯤 평상에 앉아 주인 할머니는 마른 마늘을 손질하고 있었다. 양념할 마늘을 까는 것이 아니라 밭에서 캐 온 마늘을 햇볕에 잘 말렸다가 통마늘에 붙은 겉껍질을 제거하는 일이었다. 할머니는 주변에 꽤 넓은 밭을 갖고 있었다. 대부분 감물을 들인 갈옷을 입고 밀짚모자를 눌러쓴 채 한쪽 다리를 약간 절며 밭으러 나가거나 밭에서 들어오는 모습을 보고 살았다. 그날 할머니는 모시 적삼에 시원한 포도송이가 그려진 고무줄 치마를 입고 있었다. 거들려고 팔을 걷어붙이는 며느리에게는 한사코 하지 말고 쉬라고 만류했다.

"가만히 있으라. 이거 나 혼자 할 크라."

"어머니와 같이하시게 마씀. 무사 혼자서 하십니까? 이리 줍써. 같이 하게 마씀."

할머니는 며느리에게 등까지 보이면서까지 돌아앉으며 나중엔 마늘이 든 포대를 다리 사이로 끼고 등을 웅크렸다.

"너는 그저 가만히 있으라. 오랜만에 집에 와시난 편히 쉬라."

그 모습이 아름다워 보여서 나는 집으러 들어가 주전자에 커피 물을 끓였다. 주전자에서 삐 소리가 나며 물이 끓을 동안 나는 찬장에서 신혼집 집들이 선물로 받은 본차이나 커피 잔 세트를 꺼냈다. 달달하게 커피를 타서 평상으로 가져가 자연스레 며느리와 인사를 나눴다. 할머니의 며느리는 키가 크고 마른 체형으로 50대 후반의 아주머니였다. 얼굴은 온화했으나 손톱 발톱이 다 닳은 것으로 보아 고생을 많이 한 것처럼 느껴졌다. 그때까지도 내가 알아들을 수 있는 할머니의 말은 "영", "경", "아기 어멍" 정도였다.

나는 김이 모락모락 나는 커피 잔을 평상에 내려놓았다.

"아이고. 커피 그릇도 잘도 예쁘다. 영 예쁜 잔에 얻어먹어 부난 참말로 커피 맛이 잘도 좋다."

할머니는 커피 잔을 두 손으로 받쳐 들며 커피를 내온 나에게도 평상에 앉으라고 자리를 내어 주었다. 자연스럽게 이 얘기 저 얘기 하게 되었고 그때 할머니가 해 주신 말씀이 검정콩 같은 그 아이는 밖에서 데려온 자식이라고 했다. 4·3 때 할머니의 남편과 며느리의 친정 식구들이 그 아이의 외할아버지에 의해 희생당했다고 했다. 그런데 특이하다고 할 만한 점은 그 아이 외할아버지는 경찰이었다고 했다. 아이의 엄마는 시내의 다방 여자였으며 아들이 외도해도 하필이면 그런 원수 놈의 지집바이와 외도를 했다며 할머니는 얼굴을 찡그렸다. "그러찮아도 미운 자식인데 사정이 그렇다 보니 고울 리가 있겠느냐." 하며 몸서리를 치셨다.

"전생에 뭔 죄가 그리 커서 인연을 엮어도 어쩌다 그런 인연을 엮었을까? 원수 놈의 핏줄이라도 내 핏줄이 섞인지라 한집에 거둬 살지만, 그 아이만 보면 잊혔던 일들이 어제 일처럼 생각난다. 나도 나지만 우리 며느리 보기가 얼마나 죄스러운지 모르켜."

할머니는 며느리 등을 연신 쓰다듬었다. 며느리는 할머니 손은 잡더니 괜찮다는 듯 손등을 어루만졌다. 그런데 신기하게도 이런 얘기를 할 때 할머니가 거의 표준어를 썼다. 몇 개월 사는 동안 내가 알아듣는 말은 여전히 "아기 어멍", "서울 새댁" 정도였다. 그런데 이날 할머니는 표준어를 섞어 얘기했고 중간중간 몸서리를 치며 두 눈을 꼭 감았다.

"서울 새댁아. 나 고생한 거 말로 다 못 한다. 이 가슴에 천불이 올라와서 앉아도 정신이 왁왁하고 서도 왁왁한 세월이 많았다. 내 다리 한번 볼래?"

할머니는 치마를 걷어 올리더니 속바지를 들춰내며 오른쪽 무릎을 보여 주었다. 할머니 정강이뼈는 어긋나 있었고 큰 흉터가 우물처럼 자리 잡고 있었다.

"이거 다 그놈의 4·3 때 이리 된 거라. 아이고 말도 못 한다. 내 이 다리 해서 지금까지 살아 나온 세월을 책으로 엮으면 한 권 가지고는 모자란다. 사람이 사는 세상이 아니었다. 짐승도 그리하지 못할 세월을 살았다. 아직도 들에 가면 불이 훤하게 불타는 장면이 훤해서… 아이고 저 곡식을 어찌하나. 곡식이나 거두고 불이 나도 나야지. 저 곡식을 어쩌나 하는 꿈을 꾼다."

할머니는 목이 타는지 뜨거운 커피를 꿀꺽꿀꺽 삼키다 말고 화들짝 놀라 커피 잔을 급히 내려놓았다.

며느리는 그런 할머니의 어깨를 가만히 안아 등을 쓸어 주며 그만 진정하시라고 하였다. 시어머니와 며느리라기보다는 어려운 일을 함께 견뎌 낸 다정한 모녀 같은 모습이었다. 4·3이 뭔지 잘 알지 못했던 내게 4·3은 평상에 앉아 몸서리를 치는 할머니의 모습과 처마 밑에 서 있는 까무잡잡한 피부의 사랑받지 못하는 소년 같은 것이었다. 그런데 경찰이 사람을 죽였다는 사실은 너무나 의외여서 내가 할머니 말을 잘 알아듣지 못했을 거라는 생각을 했다. 그리고 그곳이 양민 학살의 도화선이 되었던 오라리 방화사건의 진원지였다는 사실도 알지 못했다. 제주인들은 4·3의 상처를 안고 살면서 서로 "살암시민 살아진다."라는 말로 위로하며 살아갔다.

8장

제주인의 삶 속에 나타난 해민정신

1. 안거리-밖거리 주거 경관의 독립성
2. 제주 해녀의 공동체 문화
3. 관용적 신앙 공동체의 개방성

1. 안거리-밖거리 주거 경관의 독립성

전통적으로 제주도 민가의 주거 형태는 하나의 울타리 내에 두 채의 독채가 마련되어 있다. 대문을 기준으로 내측에 있는 독채를 '안거리(內棟, Inside unit)'라고 부르며, 외측에 있는 독채를 '밖거리(外棟, Outside unit)'라고 부른다.

제주도 안거리-밖거리 주거 문화의 공간적 구성 원리는 독립의 지향성과 결속의 지향성이 공존하는 '개체적 대동주의'의 개념과 맞닿아 있다. 안거리-밖거리의 주거 형태는 노부모와 기혼자 가족 간의 완전히 나뉜 그러나 고립되지 않은 공존의 삶을 살아가는 문화가 반영된 것이다.

제주 섬의 개체주의 현상은 유럽에서 부부중심가족제가 되어 가는 과정과 개인주의가 배태되어 간 것과 유사하다. 제주인의 개체주의를 설명할 수 있는 부부중심가족제의 출현은 분산된 경작지에서 개체적 자작농으로 적응한 단자 우대 균분 상속제가 주원인이다.

제주도에서 개체주의를 대표하는 부부중심가족제가 되어 간 또 하나의 원인은 제주도의 자연조건이 반영된 가옥의 구성과 배치에도 있다. 한반도는 모든 주거 기능이 ㄱ자, ㄷ자 혹은 ㅁ자든 하나의 가옥을 크게 연장하여 한데 모이도록 한 단동 일체형(單棟一體型)의 가옥 배치가 일반적이다. 그러나 고온 다습하고 풍세가 강한 제주에서는 그러한 배치 구조는 적합하지 않다. 제주에서는 비바람 부는 날이 많아 방풍과 함께 가옥의 적정 규모상 안채와 바깥채(밖거리)가 완전히 분리되었다. 이것이 제주도에 있어서 독특한 다동 분립형(多棟分立型)의 가옥 배치가 나타나게 된 계기가 된다.

부부중심가족제의 제주에서는 아들이 결혼을 하면 시어머니와 며느리의 부엌이 따로 있는 형태로 살았다. 주거 기능이 한 채에 집중되어야 하는 가옥의 공간 구조에서는 가족원의 누군가가 다른 채에 살 가능성을 제공하는 것이었다. 이런 상황에서는 누가 다른 채로 옮겨 갔을까? 부모가 젊고 어린 형제들이 있는 상황에서는 아들 부부가 바깥채를 쓰다가 어린 형제들도 장성하여 분가한 후, 부모가 나이가 들면 노부모가 바깥채로 옮겨 갔다. 제주도의 전통 민가는 집의 앞뒤에 출입문이 있는 양통의 겹집 구조로서 큰 구들(안방)과 족은 구들(건넌방) 사이가 벽체가 아니라 창호지를 바른 샛문(마루와 방 사이의 문)

으로 노부모는 자식 가족원의 생활을 알 수 있어 심리적 안정감을 가졌다. 살림을 이양받은 자식들은 큰 집이 필요하나 노인들은 작은 규모의 집이 실용적이었기에 스스로 바깥채(밖거리)의 1평 남짓 방으로 옮겨 갔다. 제주 노인들의 이러한 주거 의식은 나름 합리적이었다. 이에 더하여 노화에 따라 노동 주기뿐 아니라 식성이 달라진 노인 세대가 자식에게 눈치 보지 않고 먹고 싶은 음식을 아무 때나 마음대로 해서 먹을 수 있었다. 취사의 독립으로 물때에 맞춰 물질 나가 버리는 며느리와 달리 하루의 생활 주기를 자신의 사이클에 맞춰서 살 수 있는 자유를 갖는다. 그렇다고 해서 부모로서의 권위가 상실되는 것도 아니고 자식에게 피해를 주는 것도 아니다. 오히려 부모와 자식 모두에게 만족을 주는 삶의 체계이다. 이것이 발전하여 점차 자식의 가족과 부모 가족은 완전히 나뉜, 그러나 고립되지 않은 경제생활을 해 나가게 되는 것이다. 이것이 소위 제주도의 은거분가제(隱居分家制)로, 부모와 자식 간 독립된 생활을 하면서도 정적인 교류를 끊임없이 할 수 있는 다핵적 직계가족제, 즉 분가공조가족제(分家共助家族制)인 것이다. '실버형 가족 아파트'라고도 불리는 요즘의 3세대형 아파트의 3세대 가족이라는 것도 이 제주의 가족제 문화에 연유한 명칭이다

　제주의 노인들은 세계에서 가장 자립심이 강하다. 그 노계(老計)야말로 인류 사회의 보편적 가치가 될 돋보이는 내용이다. 그것은 개인의 자유와 자립적 삶을 보장함과 동시에 책임과 상조의 공동체 생활을 만족시킬 수 있는 유일한 대안이었다. 또한, '개체적 대동 사회'를

이룰 수 있는 가장 합리적인 기제이기도 했다. 도민헌장 제4항에 '자립정신으로 공익 우선의 사회 지향⋯'이라는 내용이 있는데, 여기의 '자립정신'은 개체 중심의 삶을 의미하고, '공익 우선의 사회 지향'은 대동 사회로의 지향을 의미하는 것이다.

개인이든 집단이든 발전을 기대하려면 우선 창의적이고 자립적이어야 하는데, 이를 위해서는 각자는 개체 혹은 개인의 존재로 그 자체로 남아 있어야 한다. 부모와 형제자매로부터 분가하게 되면 개체화가 이루어지게 되고, 그로 인해 나타나는 부부중심가족(夫婦中心家族)[68]은 사회의 최소 단위가 부자 중심의 가족이 되는 동양적 대가족의 씨족주의와 달리 하나의 '개인', 곧 개체(家口; individualism)로 간주되는 것이다. 개체주의는 개인주의 혹은 자립주의의 의미를 가져 긍정적으로 쓰이는 'individualism'으로 해석될 수 있는 말로, 나만 아는 이기주의를 뜻하는 'me-ism'과는 다른 개념이다.[69] 제주도의 가족제도를 '오늘날 형태의 부부중심의 핵가족제'라 표현하지 않고 '부부중심가족제'라 한 것은 가족 단위에서의 개체라고 할 부부의 독립된 생활을 인정하면서, 부모의 권리와 기대에도 어느 정도는 종속되었기 때문이다. 도시의 핵가족은 부자간의 관계가 전혀 없을 뿐더러 정신적으로까지도 완전히 단절된 가족을 말한다. 제주도 형제자매의 개체화에 따른 그 부부중심가족제는 서양보다는 가족주의이기는 해도 한반도의 가족주의와는 달리 개체성이 강하다. 따라서 개체적이란 신거제나 은거분가제 또는 부부중심가족제를 갖는 제주에서만 보이는 것으로, 제주이즘(Jejuism=개체적 대동주의)의 출발이라 할 수 있다. 개체를 인정하지 않는 혈연 공동체의 문화를 가져온 한반도에서는 부부는 가족에게 매몰되고 다시 가족은 가문(족당)에 매몰되어 버렸지만, 개체 의식이 강한 제주도에서는 그런 의존심이 큰 유교적 가족제도에서 벗어났다.

지금까지도 한국 사회의 최소 단위는 개인을 인정하는 지연 결합체가 아니고 개인이 매몰되어 버리는 혈연 결합체의 성격을 그대로 유지하고 있다. 사실상 가족주의에서의 가족의 범위는 얼굴을 서로 기억할 수 있는 직계 존비속, 즉 정서적으로 자기를 중심으로 한 혈족의 연속성은 면식조상(面識祖上)의 범위로 고조에서 현손까지로 한계하는 것이다. 많은 한국인은 아직도 후대(미래)에 출산될 가족보다는 선대(과거)에 이미 출생한 가족을 더 중시한 나머지 육친구족(六親九族)을 넘어선 족당을 하나의 가족으로 보아 개체를 매몰시켜 버리고 있다. 이는 육신은 오늘날에 살고 있으면서도 정신은 죽은 왕조 시대 사람들 곁에 있음을 보여 주는 것이다.

제주도가 부부중심가족제화되어 간 또 다른 이유로는 앞서 기술한 바와 같이 무주공야의 미개척지가 많았던 것과 관련 있다. 한라산 산록에는 넓은 무주공야의 용암 평원이 그대로 남아 있어 비록 척박하지만 개간한 자가 경지를 소유할 수 있었다. 그런 이유로 제주도에서는 소작인이나 머슴이 없었고, 빈부의 차가 없어 구성원 간의 갈등이 없었다.

이런 현실은 제주인의 세계관을 엿볼 수 있는 신들의 세계에서도 나타나 마을신들 간의 관계도 극히 화평적이다. 본가를 떠난 신들은 다른 나라의 신들처럼 요처를 차지하기 위해 혈투를 벌이는 것이 아니라 우선 아무 신도 없는 곳을 찾아가는 것을 도리로 알았다.[70] 누구나 차지할 수 있었던 땅이 널리 있었기 때문에 자유롭게 정착지를 선택할 수 있었던 것이다. 따라서 가옥의 배치 과정에 나타난 한 울타리 내에서의 동거·은거 현상도 있었지만, 이는 한마을 안에서 혹은 딴 마을로 이산·분가하게 되는 이거제(離居制)로서의 타리거생 하는 역외(域外) 별거은거제[71]로 인한 인구 이동이 비교적 빈번했었기 때문이다. 여기서 '은거'란 단지 가정 내외의 경조사의 집행과 안채(主屋)를 자식에게 넘겨준다. 한반도에서는 노인들이 생산 활동을 하지 않고 뒷방 늙은이로 물러나지만 제주에서는 동거·은거든 별거·은거든 부모와 자식 간에는 생산 활동은 물론 숙식을 따로 하였다.

신거제와 은거분가제의 결과는 혼성 촌락이 발달할 수 있는 결정적 계기 중 하나가 되었다. 인류 지역 공동체의 조상은 단시조(單始祖)로 되는 것이 일반적이나, 제주만은 한 지역에서 고(高)·양(梁)·부(夫)라는 복시조(複始祖)가 동시에 출현했다. 이는 '백조일손(百祖一孫)'의 '천하일가(天下一家)' 사상을 갖게 되는 실마리가 되어 제주에 성이나 본관이 만들어질 때 이미 혈통을 달리하는 각성바지의 혼성 촌락이 이루어져 있는 상황이었음을 반증하였다.

제주가 혈연보다 지연주의 사회라고 할 수 있는 또 한 사례는 타지로 출가한 해녀나 전출한 남자에게는 마을의 총유 재산(總有財産)인 공동 어장이나 공동 목장의 이권을 주지 않았지만, 타지에서 들어와 살게 되는 영주자에게는 성씨를 불문하고 이권을 행사토록 한 것인데, 이 또한 지역 공동체 의식을 강화하는 계기가 되었다. 그리고 마을 남성들에 의한 포제(酺祭), 여성들에 의한 당굿 등이 지역 공동체를 정신적으로 강화했다. 더구나 수평적인 평등의 혼인으로 인한 혼성 촌락이 발달하게 되면서 동네 사돈을 맺는 문화(域內婚)가 있었다. 혈연에 의해 경직된 위계를 갖는 파편적 동족 촌락에서처럼 가문 간(혈연 간) 혹은 남녀 간(신랑·신부 측 집안)의 차를 크게 하지 않은 하나의 평등한 지연적 사회로 융화되어 가게 하기도 했다.

넓은 용암 평원에서 혼성 촌락을 이루며 자유롭게 밭농사를 짓는 제주도는 촌락들의 규모가 커지게 되면 촌락을 다시 작게 나누었는데 이렇게 나누어진 촌락을 '가름'이라 하였다. 가름들은 방위나 상·하 위치의 가름 새에 따라 웃가름(윗동네), 중가름(중동네), 알가름(알동네) 또는 동가름(동동네), 서가름(서동네) 식으로 나누어진다. 20호 내외의 가호를 갖는 '가름'은 최소 단위 공동체를 이루어 공동 작업, 공동 생산, 공동 경작, 공동 상조 등의 생활 단위가 된다. '수눌음' 작업이나 '연자방아' 이용, '번쉐' 목축 등도 가름 단위로 하였다.

'번쉐(번쇠, 番牛)' 목축은 여름(7·8·9월) 동안은 중산간의 목장에 올려 키우다가 농번기가 되면 각기 마을로 몰고 와 각 농가에서 키우게 된다. 이때 농가마다 각기 소를 몰고 다니며 풀을 먹이는 것보다 당번 집을 정하여 돌아가면서 모든 소를 관리하여 많은 노동력과 비용을 절감했는데 이를 '번쉐'라 한다.

제주도에서 자연 마을의 규모가 크다는 것은 그만큼 각성바지들이 많이 모여 살 기회가 커지고 이에 따라 혼성 촌락화가 됨과 동시에 혼인에서도 마을 안에서 쉽게 이루어질 가능성을 충분히 제공했음을 의미한다. 한반도에서는 "사돈과 뒷간은 멀수록 좋다."라는 속담처럼 한반도의 지체 높은 양반 가문에서는 최소한 백 리 이상 떨어진 가문과의 혼사를 원칙으로 삼았다. 동시에 "삼대 적선을 해야 동네 혼사를 한다."라는 속담이 있는 것으로 보아 덕을 많이 쌓은 집안이 아니면 동네 사돈 맺기를 꺼렸다는 것을 알 수 있다. 3대 적선은 보통 어려운 일이 아니다. 집안의 가풍이 훌륭하고 인심이 좋아야 한동네에서 딸을 안심하고 출가시킬 수 있다는 사실을 우회적으로 표현한 것이라고 할 수 있다.[72]

제주도에서는 봉제사할 아들이 없는 경우, 딸 편에서 그 친정 조상에 대한 제사를 지낼 수 있도록 하는 외손봉사(外孫奉祀)도 가능했다. 한반도에서의 여성들은 출가외인이라 하여 일단 시집가면 친정과 단절된 삶을 살았으나 제주에서는 친정 제사에도 남편과 동행했다. 그만큼 제주는 남녀평등 사회였다. 제주에서는 외손봉사는 물론 '가냐귀 모르는 식게(食會=祭祀)'라 하여 어린아이의 사혼(死魂)을 관장하는 신을 섬기며 후손 없이 혼인하지 않고 죽은 미성년자의 제사도 지낸다. 이는 혈통 중심의 유교 윤리를 떠나 나이의 많고 적음을 가리지 않고 감성과 합리의 균형 감각을 갖춘 제주인만이 갖는 휴머니즘(人間主義)이 잘 나타난 예로 높이 평가될 만하다.

은거분가제는 부모가 자식 세대를 분가시켜 부모의 임종 시까지 친자 간의 '정의 의리'는 나누지만 독립된 가계를 꾸려 나가는 가족제도를 말한다. 부자간에도 권위와 종속됨이 없이 자긍심을 갖고 평등한 처지에서 자유롭게 살았다. 부모를 모시는 자식은 누가 되었든 우대하여 더 많은 재산을 상속해 준다. 한 울타리 내에 부모와 함께 동거하게 되더라도 부모가 노환이나 병으로 임종에 가까울 정도가 아니면 부모된 자는 스스로 일하기 위하여 남겨 둔 밭을 직접 경작하고 또 취사, 빨래 등도 따로 하는 것이 바로 제주도의 부부중심가족제이다. 가계와 주거를 같이한다는 개념에서의 한 가구는 아니며, 한 울타리 안에 동거하는 직계 가족적이지만 일가구주의에 의한 직계 동거 가족이 결코 아니다.

　장남에게 모든 생활을 의존했던 한반도의 직계동거가족제와는 달리 제주도의 은거분가제는 부모와 자식 세대의 살림살이마저 완전히 분리되었다. 한반도에서의 대가족제도에서는 한 공간에서 고부가 살며 갈등이 구조화되었지만, 제주에서는 생산 활동은 물론 의식주를 달리했기에 갈등이 사전 차단되었다. 육지의 며느리는 다른 건 안 해 와도 시부모님 이부자리와 신랑 신부가 덮을 이불을 해 왔다. 제주의 며느리는 다른 건 안 해 와도 별거 식생활(別居食生活)을 해야 했기에 솥단지가 혼수에서 가장 중요한 것이었다.

　'솥가름'이라는 말에서 실감할 수 있듯이 제주의 부자 가족 간 별거 식생활제는 제주 특유의 신거제(新居制; neolocal residence)에 해당하는 관습이었다. 이러한 주거 형태는 세대 간의 상호 작용 빈도수를 감소시키기 때문에 그들의 상대적 독립성을 강화하게 된다. 전통적으로 혼성 촌락 동네에서는 동네 혼이 많았기에 사돈끼리는 익히 아는 관계였고 고부간에도 어렸을 때부터 안면이 있었다. 유사한 가풍을 가졌기에 한국과 같은 악성의 고부간 갈등은 덜할 수 있었다는 것이다.

전통 사회에는 '먹고사는 것'이 가장 큰 문제였다. 한반도에서는 가족적 집단주의에 의한 직계동거가족제였기에 주부의 권리는 교체가 아니라 단순 위임으로 당연히 경제생활이 분리될 수 없었다. 한반도의 시어머니는 일정 기간 어려움을 참으면 출세한 아들을 길러 낸 어머니라는 명예를 얻고, 아들에게 효도받고 며느리를 지배하며, 손자를 거느리는 '여자 가장'으로서 권위가 드높았다. 하지만 이제는 '시집살이'라는 말 대신 시어머니가 며느리의 눈치를 보는 '며느리 살이'라는 말이 등장하고 있다.

영남 지방에서는 나이가 들면 안방 물림이라 하여 며느리에게 안방을 내어 주고 뒷방으로 물러나지만, 여전히 한솥밥을 먹기에 안방 물림과는 하등 상관없이 시어머니의 간섭을 받게 되어 고부간의 갈등을 피할 수 없었다. 호남·호서 등의 서부 지방에서는 평야 지대로 단동일체형(單棟一體型)의 가옥 배치로 애초에 시어머니와 며느리가 같은 크기의 방을 배치한 가옥 구조를 갖는다. 안방 물림이 필요 없어 시어머니는 죽을 때까지 종신 주권을 갖게 됨에 따라 고부간의 갈등은 더욱 컸다. 한반도의 여성들은 일생 아침에 일어나 취침할 때까지 지겹도록 얼굴을 서로 보며 살아가 마찰이 잦았다.

오늘날에야 한반도에서도 제주도의 신거제와 은거분가제에 많은 호감을 느껴 이를 받아들이려 하고 있다. 그것도 논농사의 동족 촌락에서 떠나 도시에 살게 되면서야 가능하게 된 것이다. 자세한 내막을 모르는 외지인들은 제주 사람들은 늙은 부모를 혼자 살게 한다고 하여 부모를 모실 줄 모르는 사람들이라 흉처럼 여겼다. 제주 사람들의 효는 하나의 보편적 계율로서 인식되었지 유교식 이데올로기로서 행하라고 강요·강제한 것은 아니었다.

　제주도에서는 은거분가 생활로 한 울타리에 살지만 독립된 생활을 해 나는 은거분거제 형태로 살았다. 부모가 살던 안채를 상속자가 들어가 살고 부모는 더 관리하기 쉬운 작은 바깥채나 다른 집을 마련하여 나가는 형식의 집채 물림(안채 물림)이 이루어진다. 집채 물림은 가신(家神)을 포함한 제사 또한 맡아야 한다는 책임을 떠맡았다. 부모와 자식 간의 독립성은 그대로 유지되며 시어머니와 며느리의 고팡을 각자 갖고 부엌마저 따로 가졌기에 간섭할 일이 적어져 고부간에 갈등이 없었다.

　제주에도 「시집살이요」가 상당수 채록되고 있으나 다른 지방에서 나타나는 '고된 시집살이에 관한 설화'나 '못된 며느리 행실 고치기' 등의 이야기가 제주에서는 거의 채록되지 않고 있다. 한반도처럼 구체적인 고부간의 충돌이 나타나지 않고, 어느 면에서 해학적이라 할 수 있을 정도의 상황을 보일 뿐이라는 것이다.

　제주의 노부모들이 임종 때까지 침식을 자식에 의존치 않고 스스로 해결하는 것은 노부모 자신이 원한 것이었다. 큰가시고기 수컷은 암컷이 알을 낳으면 아무것도 먹지 않고 등과 꼬리의 지느러미를 연신 흔들어 대며 신선한 공기를 만들어 알들에 산소를 공급한다. 알들의 부화가 시작되면 수컷의 기력은 완전히 쇠진해 버린다. 지느러미는 온통 헤어져 그 형태조차 알아볼 수 없게 된다. 꼬리는 그 처절한 사랑의 수고로 인해 너덜너덜해진다. 푸르고 아름답던 비늘은 모두 떨어져 나간다. 자식들을 위한 지극한 사랑으로 큰가시고기는 자신의 아름다움도, 건강도 모두 잃어버린다. 결국, 기력을 다 소진한 큰가시고기 수컷은 무수히 태어난 새끼들이 화려하게 헤엄치는 그 아래로 주검이 되어 가라앉는다. 그런데 여기서 그치는 것이 아니다. 새끼들은 그 주검을 먹음으로써 생명을 얻는다. 제주 어버이들의 자식을 위한 살신친도(殺身親道)는 내리사랑을 넘어 차라리 그지없는 연민에 의한 '인간 사랑'이었다.

  제주의 어버이들은 '백 년 살 것처럼 일하고, 내일 죽을 것처럼' 자식을 사랑했다. 이런 현상은 형제 사이에서마저도 개인주의 요소가 강하게 나타난다. 제주에서는 자연히 혈친이나 이웃에게 의존하지 않고 자식에게 폐를 끼치지 않으려 했다. 노년기에 접어든 부부가 있을 때 남편 되는 사람이 부인보다는 자신이 빨리 죽게 되기를 스스로 바라는 심정도 제주에서 할망들은 죽을 때까지 일을 놓지 않았지만 하르방들은 일 없이 밥만 축내며 자식들에게 폐를 끼친다고 생각해서였다.

  죽을 때까지 일을 손에 놓지 않고 자식에게 의지하지 않고 당당하게 살아갔다. 삶의 질곡으로부터 해방되기 위한, 그래서 저 피안의 세계인 서방 정토인 이어도로 빨리 가기 위한 제주인다운 이타적 이기주의의 발로라고 해석될 수도 있다.

오늘날 고령화의 선진국에서 만성 질병에 고통을 받는 노인들이 스스로 죽을 수 있는 '죽음의 권리' 즉 안락사를 요구하는 것과 일맥상통하는 고차원의 생사관인 것이다. 제주 어버이들의 그런 자기희생적 내리사랑으로 효도라는 것이 부모된 자가 가지는 권리가 아니고, 자식된 자가 무조건 지켜야 할 의무가 아니라는 것을 미리 터득한 결과였다.

제주의 어버이들은 어느 지역의 어버이들보다도 가장 열정적인 내리사랑을 주면서도 치사랑을 요구치 않았다. '내 몸이 움직이는 한 나는 내가 알아서'라는 달관의 인생철학을 가져 자존적 삶을 산 냉철한 사람들이었다. '걸어 움직이는 사지 멀쩡한 거지에게는 한술의 밥도 주지 말라'를 엄격하게 가르친 말을 스스로 자신에게도 엄격히 적용한 무의 기개의 자유정신이었다. 그들 생애에 있어서 의존의 성격은 "나는 도저히 할 수 없으니까 살려 줘!"라는 말이 아니라, "나도 할 수 있을 만큼 해 볼 테니 도와줘."라는 의미이다.

제주의 어버이들이 자식에게 바라는 것이 있다면 죽을 때 자식과 대면하게 되는 고종명(考終命), 그리고 죽은 후 그 주검을 고이 묻어 달라는 장송지효(葬送之孝)에 대한 기대뿐이었다. 부모의 자식에 대한 사랑은 뒤에 자식이 품앗이로서 부모의 은혜에 갚아야 할 '보은'을 바라서가 아니라 자식 이전에 인간으로서 행하여야 할 너무나 당연한 인간의 '책무'로 생각했다.

제주인에 자립정신이 강하다는 것은 바로 제주 노인들이 자식에 의존하지 않고 태만하지 않아 임종 시까지 자력에 의존한 삶을 살았던 무의 기개의 자유정신에서 그 일의적인 원인을 찾을 수 있을 것이다. 제주 노인들은 우선 자기 자신으로부터 자유를 찾았다. 생산은 하지 않고 소비만 하는 한반도 노인들과 달리, 스스로 자청하여 자식들과 별거하면서 생산의 주체가 되었기 때문에 가능한 것이었다.

2. 제주 해녀의 공동체 문화

해녀들은 모여서 물질을 한다. 마을마다 톳, 미역, 우뭇가사리는 해녀 공동체 사업으로 작업을 한다. 공동 작업을 할 때는 천하없어도 참석하는 것이 묵계로 정해진다. 상군 해녀는 깊은 바닷속에서, 중군, 하군 해녀는 그보다는 낮은 곳에서, 애기 해녀와 할망 해녀들은 뭍에서 가까운 바다에서 갓물질을 한다.

제주도 안거리-밖거리 전통 주거 문화 경관은 제주 해녀들의 경제 활동 리듬과 척박한 환경에서의 생존 전략이 서로 맞물리면서 나타난, 독립 지향성과 결속 지향성이 결합한 '개체적 대동주의' 문화의 재현물(再現物, Representational Mediation)이라 할 수 있다. 즉, 제주도 안거리-밖거리 전통 주거 문화 경관의 재현적 구성 원리가 '개체적 대동주의' 문화라는 것이다. 여기서 반드시 강조되어야 할 사실은 '개체적 대동주의'라는 재현적 구성 원리는 제주 해녀들에게 체화(體化, Embodied)된 정서로 존재하는 '자유주의적 공동체주의'라는 사상을 통해 나타난다는 점이다.

'자유주의적 공동체주의'가 제주 해녀들에게 체화된 정서로 존재하였다는 것은 이 사상이 제주 해녀들 사이의 구체적 관계에 대한 감각에 기초해 있었음을 의미한다. 달리 표현하자면, 무엇이 옳은지 그른지처럼 어떤 가치관을 지향해야 하는지에 대한 도덕적 믿음에 선행해서 존재하는 직접적 관계에 대한 감각에 근거해 있다는 것이다. 제주 해녀들에게 있어서 '도덕적 믿음에 선행해서 존재하는 직접적 관계'란 물질(잠수) 작업, 개인으로서의 제주 해녀, 공동체로서의 제주 해녀 사회라는 세 가지 요소의 상호 관계를 의미한다.

자유주의적 공동체주의가 이와 같은 세 가지 요소의 상호 관계에 대한 감각에 근거하여 제주 해녀들의 체화된 정서로 존재할 수 있었던 사회적 기제는 제주 해녀들의 고유한 문화에서 추론해 볼 수 있다. 이를 위하여 제주 해녀 문화를 자유주의적 가치와 공동체주의적 가치라는 두 가지 층위로 구분하고, 각 층위의 정서적 의미가 어떻게 성립하고 서로 연결되는지에 대한 분석이 이루어질 필요가 있다.

자유주의적 공동체주의란 '개인에 대한 관념의 보장에 기반한 공동체의 공동선을 추구하는 사상'이라고 정의할 수 있다. 물론, 수많은 자유주의 철학자들은 '공동체의 공동선'이라는 것은 자유주의 사상을 통해 자연스럽게 보장되는 것이라고 주장하는 반면, 수많은 공동체주의 철학자들은 '개인에 대한 관념'은 공동체주의 사상을 통해 자연스럽게 보장되는 것이라고 주장하면서, '자유주의적 공동체주의'라는 사상에 대한 지적 재산권이 양측 각자에 있음을 역설하였다.

분명한 사실은 자유주의와 공동체주의 각각은 모두 단일한 방점만을 지니고 있다는 것이다. 자유주의는 개인에, 공동체주의는 공동체에 각각 방점을 찍는 데 반해 제주 해녀 문화에서 드러나는 '자유주의적 공동체주의'는 개인과 공동체 모두에 방점이 찍혀 있어 개인과 공동체 간의 사회, 정치적 우선순위는 존재하지 않는다는 것이다. 이는 제주 해녀 문화가 개인과 공동체의 사회정치적 동등성을 기반으로 개인주의적 이해관계의 기초 위에 이타적 사회관계의 구축이 이루어졌던 문화였음을 의미한다.

자유주의적 공동체주의라는 가치가 제주 해녀들의 신체적 감응의 반복을 통해 정서로서 자리 잡을 수 있었던 것은 척박한 환경 속에서 나 자신과 내가 속한 공동체가 모두 살아남기 위해서는 '응당 그냥 그래야만 했던' 삶의 지혜들이 몸에 배고, 또 그것이 전승되어 왔기 때문이다. 선대의 해녀들은 척박한 환경을 개척하는 과정에서 자신도 모르게 스스로 '개인주의적 가치에 기반한 공동선의 지향'을 머리가 아닌 몸으로 터득하게 되었다.

🚗 공동체 작업

추운 겨울에도 톳, 미역은 공동 작업으로 이루어진다. 그래서 해안 마을을 따라 어촌계가 형성되어 있다. 바다의 콩이라 불리는 톳은 모자반과에 속하는 다년생 식물로 경사가 완만하고 울퉁불퉁한 바위 위에서 서식한다. 식감이 오도독하며 영양분이 많아 식량이 부족했던 시절 곡식과 섞어 톳밥을 지어 먹었다. 제주에서 수확 시기는 1월에서 3월 사이이다. 칼슘과 철분이 풍부한 톳은 건강식품으로 알려져 일본에서 인기가 좋다. 바닷바람에 잘 마른 톳은 일본으로 수출되어 해녀들은 목돈을 마련할 수 있었다.

톳(1월~3월)   미역(2월~6월)   우뭇가사리(3월~5월)

[그림 27] 톳, 미역, 우뭇가사리 공동 작업

미역은 예로부터 해산을 한 산모가 미역국을 먹는 풍습이 있다. 해녀들이 출산한 고래가 미역을 먹는 모습을 보고 먹기 시작했다는 속설이 전해진다. 미역에는 칼슘의 함량이 많을 뿐 아니라 흡수율이 높아서 칼슘이 많이 요구되는 산모에게 좋고, 갑상샘 호르몬의 주성분인 요오드의 함량도 높다. 또한, 혈압강하작용을 하는 라미닌(laminin)이라는 아미노산이 함유되어 있으며, 핏속의 콜레스테롤의 양을 감소시키는 효과도 있다.

제주의 미역은 가을에 싹이 나기 시작하여 겨울에는 부들부들한 미역 맛을 볼 수 있다. 바닷속 물 온도가 오르기 시작하는 3월에는 자라는 속도가 빨라져 미역귀가 붙은 미역을 만날 수 있다. 미역은 미역귀가 있어야 최고의 품질로 친다. 미역은 수심 5~10m 사이에서 잘 자란다. 제주의 청정 바다에서 자라는 미역은 육질이 쫄깃하고 담백한 맛을 자랑한다. 해녀들이 손으로 딴 귀한 자연산이라 더욱 인기가 높다.

한천의 원료 우뭇가사리는 깊은 바다의 바위에 붙어서 자라며 색깔은 전체가 붉은색을 띤 보라색이며, 높이는 10~30cm쯤이다. 가지는 깃 모양으로 갈라져 나무 모양을 이루고 있다. 대체로 5~11월 사이에 포자(홀씨)로 번식하며, 가을과 겨울에는 더디 자라고 봄과 여름에 많이 자란다. 한천의 원료로 일찍부터 알려진 우뭇가사리 수확량이 가장 많은 동네는 하도리이지만, 우도의 우뭇가사리가 유명하다. 홍조류인 우뭇가사리에 푸릇한 해조류가 섞여 있지 않은 것을 최고로 친다. 잘 말려 30kg씩 자루에 넣어 놓은 우뭇가사리는 1년에 한 번 수매한다.

마을마다 톳, 미역, 우뭇가사리는 해녀 공동체 사업으로 작업을 한다. 공동 작업을 할 때는 천하없어도 참석하는 것이 묵계로 정해진다.

상군 해녀는 깊은 바닷속에서 중군, 하군 해녀는 낮은 곳에서 애기 해녀와 할망 해녀들은 뭍에서 가까운 바다에서 물질을 한다. 물때에 맞춰 진행되는 해녀들의 물질은 물때가 맞아떨어져도 날씨의 영향을 받는다. 날씨가 궂은날은 물질할지 말지를 두고 해녀들끼리 설전이 벌어진다. 위험해도 바다에 들어가야 한다는 쪽과 위험하니 접자는 쪽이다. 물질 작업은 공동으로 이루어지기 때문에 생각을 모아야 한다. 최종 결정은 상군 해녀가 한다.

물질은 위험한 작업인 만큼 금기시되는 것도 많다. 해녀들은 물질 나가기 전 사진 찍히는 것을 꺼린다. 정신을 모아야 하는 일이기에 사진을 찍는 일은 혼을 분산시킨다고 느끼기 때문이다. 하필 물때에 바람이 많이 부는 날은 낭패다. 해녀들은 쌀을 흰 종이에 싸서 용왕 신에게 바치며 안정과 풍요를 빈다.

바다는 변덕스러워서 물속에서 오래 머물수록 위험하다. 소라 채집 시기는 유독 짧아서 해녀들은 위험을 감수하며 소리가 나는 동안 최대한 많이 채집하려 애쓴다. 바다에서 욕심을 내다가는 목숨을 잃을 수 있다. 바다가 주는 만큼만, 내 숨만큼만 얻어 가야 한다는 걸 해녀들은 잘 알고 있다. 노련한 해녀는 수심 20m까지 잠수하고 2분 이상 참을 수 있다. 깊은 곳까지 잠수하는 것은 젊은 잠수부에게도 몹시 힘든 일이다. 혹시나 물속에서 잘못되지는 않을까 서로서로 숨비소리를 확인하며 서로서로를 지켜 준다. 해녀들은 밀물을 견디며 거센 파도를 헤치며 함께 일한다.

바다의 보물을 캐기 위한 해녀들의 힘찬 물질이 시작되고 한참 후

참았던 숨을 한 번에 몰아쉰다. 숨비소리는 살기 위해 물속에서 숨을 참아야 하는 해녀들의 고통이 담긴 소리이다. 해녀들이 바닷속에서 분투를 끝내고 돌아올 때는 망사리 가득 해산물이 들어 있다. 해녀들이 수확한 망사리의 무게는 80kg~100kg에 이른다. 멀미를 참아 가며 바다가 내어 준 선물을 힘겹게 얻은 수확물을 가득 싣고 뭍으로 나오는 일도 만만치 않다. 이때 남자들이 지게나 경운기를 대고 해녀 아내의 망사리를 기다렸지만, 요즘은 어촌계에서 대신하는 경우가 많다.

🍥 공동체 바당

저승 돈을 벌어 이승의 자식들을 먹여 살린다는 해녀의 일은 목숨을 담보로 하는 극한 직업이다. 해녀는 누구나 될 수 있지만, 아무나 될 수는 없다. 제주에 살고 있어야 제주의 해녀로 받아들여진다. 해녀의 딸일지라도 6개월 이상 제주에서 살아야 하고 해녀회에서 만장일치의 찬성을 받아야 한다. 그런 후에라야 애기바당에서 물질을 배울 수 있다.

해녀 집단에도 엄정한 위계가 있다. 해녀 집단은 서로를 보호하기 위해 위계질서가 분명하다. 해녀는 상군, 중군, 하군으로 분류한다. 상군은 깊은 바닥 10m 이상, 20m까지 잠수할 수 있고 중군은 8m까지 하군은 5m 정도의 깊이에서 일한다. 상군이 수확한 일부를 하군의 애기 해녀들에게도 나누어 준다. 중군과 하군들은 상군들이 양보한 얕은 수심의 물 밑을 헤집어 소라를 잡는다. 상군 해녀들은 보기에도 아찔한 먼바다까지 나가 있다. 깊은 제주의 봄 바다는 육지의 봄처럼 수중 동식물들이 활기를 띠고 있다. 먼바다까지 나와 있는 상군 해녀들의 자맥질에는 망설임이 없다. 해녀가 수없이 많은 횟수로 바닷속을 숨비는 동안, 가늠이 안 될 정도로 깊은 곳에서 의지할 수 있는 것은 닻줄밖에 없다. 닻줄은 물 위에 또 있는 망사리가 파도에 쓸려가지 않게 하고 해녀들의 의지처가 되어 준다. 바위에 둥둥 뜬 주황색의 테왁은 튜브 역할을 한다. 20m 아래까지 내려가 2분 이상 숨을 참아 내는 상군 해녀들의 기량과 의지는 그야말로 초인적이다. 기량에 따라 중군과 하군들은 상군들이 양보하고 지나친 얕은 수심의 물 밑만 헤집어 채집 활동을 한다.

테왁 밑에 달린 그물 모양으로 짠 망사리에는 어획물을 넣어 둔다. 해녀들이 수없이 많은 자맥질을 하며 숨을 견뎌 내면서 깊은 바닷속에서 해산물을 찾는다. 예전 같았으면 매번 양손 가득 전복이나 해삼을 잡아서 올라왔지만, 요즘은 수확량이 예전 같지 않다. 빈손이라도 숨이 다 되면 미련 없이 올라와야 한다.

할망바당

해녀들은 빠르면 10살부터 물에 들어간다. 10살 무렵엔 공동 작업으로 하는 미역이나 우미 작업에 투여된다. 90세가 넘는 최고령 해녀들도 많다. 아기 해녀로 상군 해녀가 던져준 미역귀 하나를 질그릇에 받아들고 기쁜 마음으로 물질을 시작하던 때가 있었지만 이제는 숨이 허락하는 만큼만 물질해야 한다. 고령 해녀들은 뭍에서는 못 걸어도 물에서는 잘 걸을 수가 있다고 말한다. 바다에서 죽는 불행을 두려워하면서도 죽는 그날까지 바다로 나아간다. 젊었을 때처럼 오랫동안 잠수할 수는 없어도 할망 해녀들의 발걸음은 자연스레 바다로 나아간다.

나이 든 해녀들을 위한 할망바다는 상군 해녀들의 배려이다. 상군 해녀는 물질을 잘하는 것 외에 지역 바다의 온갖 상황에 대한 예측과 판단 그리고 문제 해결을 완벽하게 처리할 수 있는 능력을 가진 사람으로 나이가 들어 능력을 발휘하지 못하는 상황이 되면 자진해서 상군의 자리를 내놓는다.[73] 상군이 수확한 일부를 하군의 애기 해녀들에게도 나누어 준다. 제주 해녀의 공동체 문화는 발전 계승해 나가야 할 미풍양속이다. 불턱은 해녀들이 옷을 갈아입고 준비를 하기도 하고 휴식을 하기도 하는 공간이다. 불턱에서 상군들의 경험담과 바다의 지식이 공유한다.

[그림 28] 불턱(해녀박물관)

망사리에 잠수 도구인 대나무로 만든 바구니인 테왁을 지고 물질을 나간다. 가까운 바다에서 나가는 일을 갓물질이라 하고 배를 타고 먼 바다에서 나가는 일을 뱃물질이라고 한다. 제주를 떠나 부산, 경상도, 강원도, 전라도 멀리 일본, 블라디보스토크까지 해외로 나간 해녀들을 출항 해녀라고 한다. 테왁은 바다에서 몸을 뜨게 하는 부력 도구이다. 지금의 잠수복은 70년대 이후부터 사용했다. 그 이전에는 속옷에 해당하는 소중이를 입다가 일제 강점기 들어서는 광목에 검정 물을 입힌 해녀복을 입었다.

제주의 바다 풍경은 화려하다. 풍경 안쪽엔 물질하는 여인들의 분주한 삶이 녹아 있다. 보름에 한 번 오는 물때마다 많으면 7번 정도 물질을 나간다. 고령 해녀들이 평생 물질을 나간 횟수는 헤아릴 수밖에 없다. 그러다 보니 대부분 잠수병이라 불리는 고질병을 얻었다. 뇌선이란 이름의 진통제를 먹는 일은 물질 전에 치르는 의식이 됐다. 물속에서 몸을 가라앉혀 주는 납 벨트는 무게가 10kg까지 나간다. 해녀들이 평생 짊어진 고통의 무게이기도 하다. 해녀들에게 바다는 낭만이 아니라 고단한 삶의 터전이었다.

피해 갈 수 없는 세월이 상군 해녀를 할망바당에 주저앉혔다. 해녀 할머니 물속에서의 움직임은 육지에서보다는 자유롭다. 하지만 물숨이 짧아진 탓에 이젠 수심 2~3m에서 맴돌 수밖에 없는, 하군 해녀다. 이들도 한때 깊은 바다를 이용하던 상군 해녀였다. 바다처럼 무서운 건 없고 먹고살기 위해 뛰어든 바다에서 뭔가를 얻어 가려면 숨을 참고 목숨을 걸어야 한다. 물질은 삶과 죽음을 위태롭게 넘나드는 일이다. 제주에서 여자로 태어났다는 이유로 어린 나이에 해녀가 되어 늙어 죽는 그날까지 평생의 힘이 달려 못 하는 게 물질이다. 물질은 삶과 죽음을 위태롭게 넘나드는 일이다. 제주의 해녀들은 바다에서 삶과 죽음의 경계를 건너야 했다.

　해녀들은 머리끝부터 발끝까지 무장한다. 바닷속은 위험하기 때문이다. 해녀들이 자식보다 더 의지한다는 테왁을 메고 파도가 넘실대는 바다를 향해 비척거리며 발걸음을 옮긴다. 고령 해녀들은 젊은 해녀들을 보며 자신의 젊은 시절을 회상한다. '물질은 용왕님 물건을 훔쳐 오는 일이다.'라고 말한다. 그녀들의 젊음을 바다에 바치고 물질로 자식들을 키우고 집 한 채씩 마련해 주는 것은 제주 해녀들에게는 사명 같은 일이었다.

[그림 29] 할망 해녀들은 가까운 바다에서 갓물질을 한다.

값나가는 물건들은 상군 해녀들의 수확물이다. 고령 해녀들이 물질을 가지 못하는 날은 바닷가에 밀려온 감태를 줍는다. 거센 파도에 뿌리째 뽑혀 밀려온 것이다. 말린 감태는 일본에 수출돼 화장품 원료로도 쓰인다. 물질이 힘든 노인들에게는 이만한 돈벌이가 없다.

앞서 말했듯, 뭍과는 다르게 겨울 바다는 생명체를 풍성하게 품고 있어 해녀들에겐 보물 창고다. 그래서 해녀들은 거센 물살과 추위에 떨며 수없이 많은 자맥질을 한다. 물살이 거셀 때는 해녀들이 물살에 휩쓸려 목숨을 잃기도 한다. 바다의 변덕엔 맞서지 않아야 한다. 해녀들은 체념에도 익숙하다. 목숨을 잃는 동료들을 수없이 많이 지켜봐 왔기 때문이다. 해녀가 실종되면 동료들은 수색선을 구해 동료를 찾아 나선다. 테왁을 발견하면 시신을 찾는다는 속설이 있다. 그래서 테왁이라도 찾으면 동료들은 안도의 한숨을 내쉰다. 동료의 테왁 앞에서 사고 전 동료가 마지막으로 붙잡은 세월을 생각하며 한없이 눈물을 터뜨린다. 이승과 저승이 맞닿아 있는 해녀가 바다에서 삶으로 돌아오는 문턱을 끝내 넘지 못한 동료의 일은 언젠가는 나의 일이 될지도 모르는 일이다. 숨비소리 하나가 한스러운 생애와 함께 바다에 묻힐 때마다 그녀들의 가슴엔 무거운 닻돌이 내려앉는다. 해녀들은 바다의 자원을 공유해 왔다. 고령 해녀들은 자신이 얻은 정보가 다음 세대로 전해져 바다와 조화를 이루는 해녀 문화가 계속 번성하길 바란다.

🪨 학교바당

온평리는 제주도에서 바다가 가장 넓은 마을이다. 해녀의 수도 가장 많다. 온평리에는 '학교바당'이라는 이름의 바다가 있다. 이 바다에서 얻은 수확물로 온평초등학교의 건물이 지어졌기 때문이다. 1946년 개교한 온평초등학교는 학생 수는 많고 시설은 열악했다. 더구나 1950년 화재로 온평초등학교의 전 교실이 소실되는 일이 있었다. 온평리 해녀들은 학교를 살리는 길이 내 아이를 살리는 길이라고 믿고 바다에서 나오는 미역을 팔아 돈을 만든 후 이를 학교에 기부하기로 뜻을 모았다. 어려운 살림이지만 아이들을 공부시켜 좀 더 잘 살게 하려는 생각 때문이었다.

온평리는 동쪽의 신양리, 서쪽의 신산리 사이에 있었다. 학교바당은 신양리와 맞닿아 있는 동쪽과 신산리와 맞닿아 있는 서쪽 두 곳으로 결정되었다. 해녀들은 이곳에서 공동으로 미역을 캐냈다. 해녀들이 미역을 채취하여 뭍으로 나오면 남자는 널고 말리는 일을 도왔다. 밤에는 순번을 돌며 미역을 지켰다. 학교바당에서 채취한 미역의 수익금은 전부 학교 건립 자금으로 헌납되었다. 당시에는 미역이 값이 나가던 시절이었다. 수년간에 걸쳐 마련한 기금으로 지금의 온평초등학교를 재건할 수 있었다. 제주 해녀들은 어려운 시기마다 마을과 공동체를 위해 앞장서 왔고 이들의 이야기는 앞으로도 이어 가야 할 제주 공동체 정신의 가치이다.

🔖 해녀들의 연대 의식

해녀가 혼자서 물에 들어가는 때는 없다. 바다는 변덕스러워서 오래 머물수록 힘들고 위험이 뒤따른다. 물질하러 가는 길, 물안경을 쑥으로 닦아 김 서림을 방지하고 별다른 장비도 없이 바다로 뛰어드는 해녀들이지만 혼자서는 바다에 들어가지 않는다. 평생을 드나들어도 파도가 높이 이는 날의 바다는 두려운 존재이다.

[그림 30] 동료들과 함께 물질 나가는 해녀들

동료가 있어야 마음을 놓고 물질을 할 수 있다. 비창으로 전복을 따고 헤아릴 수 없이 고된 작업이 해녀의 물질이다. 비교적 값이 많이 나가는 소라 채집 시기는 짧아서 해녀들은 위험을 감수하며 채집을 한다. 화산섬 제주는 아름답지만, 돌이 많은 척박한 땅이었다. 그런 제주에서 바다는 또 하나의 밭이라 불리는 고마운 존재이고 삶의 터전이었다. 해녀들에게 바다는 밭이고 직장인 것이다.

상군 해녀들은 영역 수심이 10m가 넘는 깊고 먼바다에서 물질한다. 바닷속 지형을 손바닥처럼 훤하게 꿰고 있어도 결국 자신의 한계와 싸워야 한다. 날이 흐린 날, 바다는 어둠 그 자체이며 날이 밝은 날에도 보호색을 입은 해산물은 쉽게 해녀의 손에 잡히지 않는다. 가쁜 숨을 참고 참다 한계에 이르러서야 수면 위로 가쁜 숨을 몰아쉰다. 물속 깊은 곳에서 숨을 꽉 참았다가 바다 위로 올라와 '호이' 숨을 한꺼번에 내쉰다. 숨비소리는 동료들에게 살아 있음을 알리는 신호이기도 하다. 물질은 위험을 담보로 하기에 해녀들이 서로서로 곁에서 의지가 되고 위로가 된다.

망사리를 가득 채우는 동안 기진맥진한 해녀들이 뭍으로 나오기까지도 거친 파도는 해녀들을 사정없이 밀쳐 댄다. 한없이 지친 몸으로 수확물을 뭍으로 끌고 오기까지도 방심할 수 없는 상황이 계속된다. 바다에서 동료를 잃은 경험을 공유하는 해녀들은 서로서로 지켜야 한다는 강한 연대감이 작동한다.

해녀들은 돌고래를 만나기도 한다. 수천 km나 떨어진 바다로 나아갈 수 있는 돌고래는 제주의 풍성한 바다를 놀이터 삼는다. 제주 바다의 남방큰돌고래는 사회성이 발달한 동물로 유대감이 강해 무리를 지어 다닌다. 또한 독특한 울음소리로 구성원을 식별하여 의사소통한다. 해녀들은 돌고래를 '수애기'라 부른다. 돌고래처럼 자유롭게 헤엄치며 호흡 한 번만으로 바다 깊은 곳을 탐험하는 해녀들에게 돌고래는 호기심을 품고 다가간다. 호기심이 많은 돌고래 무리는 해녀들을 향해 달려오기도 한다. 돌고래가 해녀를 해치지는 않지만, 바닷속에서 만나는 고래는 해녀들에게 두려움의 대상이다. 돌고래가 지나갈 때는 배 아래로 얌전히 지나가길 바라며 '배알로 배알로'라고 주문을 외운다. 수백 년간 그랬던 것처럼 돌고래와 사람은 사이좋게 지내고 있다. 대정 영락리 앞바다에는 멸종위기종인 남방큰돌고래 수십 마리가 무리 지어 사냥하거나 헤엄치는 장면을 목격할 수 있다. 남방큰돌고래는 배를 뒤집을 만큼 힘이 세지만, 최근엔 낚싯배나 관광선에 의해 상처를 입는 모습이 보도돼 안타까움을 자아내고 있다.

3. 관용적 신앙 공동체의 개방성

> 제주도의 본향당은 공동체의 질서와 안녕을 도모하는 기능을 갖지만, 제물 차리기는 집단주의를 지향하는 한반도의 서낭당이나 사당과는 달리 개체주의를 지향하여 집마다 따로따로 제물을 만들어 대바구니에 담아 와 공동으로 제를 지내는 것이 특징이다.

제주인들은 정착 농경 사회에 접어들면서 마을 단위로 본향당(神堂)을 두어 성씨 구별 없이 섬겨 왔다. 본향당은 태를 묻은 땅을 지켜 주는 토주관[地緣祖上]이 머무는 곳이며, 어머니와 아이를 이어 주는 새끼줄, 하늘과 땅을 이어 주는 탯줄이며, 속화된 인간의 땅에 마련된 하느님과 영적인 교류가 가능한 거룩한 장소[聖所]이다. 모든 마을 사람들은 이 당신(堂神)을 자신들의 조상신임과 동시에 마을의 수호신으로 신앙해 왔다. 이는 제주의 본향당이 육지의 천신 신앙 혹은 산신 신앙의 서낭당(성황당)과 차별화됨을 의미한다.

  용암 평원에서 혼성 촌락의 전통을 갖는 제주도의 생산 공동체에서는 양반도 상민도 없었다. '대동의 이념'을 중시해 온 제주는 반상의 구별이 없는 평민 문화를 가졌다. 한반도처럼 배산임수 아니라 평토임수(平土臨水)의 입지를 지향하여 신분에 따라 가옥의 입지나 재료가 달라지는 것이 아니라 마을에 들어온 순서에 따라 집터 또한 결정되었다.

  가문 종교(家門宗敎)의 사당을 섬기는 한반도와 달리 제주에서는 선산 대신에 평지에 개별 분묘가 있었고 마을 내에서조차 혼성공동체를 이루며 개방적인 지연 종교(地緣宗敎)라 할 마을당인 본향당(本鄕堂)이 있었다. 마을 수호신을 모신 본향당에 전속되어 제의하는 무당을 심방이라 하며 본향당 신은 마을의 수호신이고, 단골은 곧 그 마을 사람이다. 단골은 성씨별로 상·중·하단골로 계층 구분이 되어 있는 경우가 많다. 이를테면 김씨가 상단골, 이씨가 중단골, 박씨가 하단골이라는 식으로 마을 주민들이 성씨에 따라 그 어느 계층의 단골에 속하게 된다는 말이다. 이 경우 상단골의 집안은 매인 심방과 협의하여 본향당을 관리하고 여러 가지 제의를 주관할 뿐 아니라, 매인 심방의 생계를 보장할 대책을 마련해 주는 데도 힘을 써야 한다. 그래서 매인 심방들은 단골 곧 그 마을의 주민들이 십시일반으로 모아 준 식량으로 생계를 유지해 왔었다. 오늘날, 이 제도는 완전히 사라졌지만, 30~40년 전까지만 해도 이 제도의 자취가 남아 있었다. 사당이 씨족 신과 족당을 중시하는 신당이라면, 본향당은 토지신을 받들고 평안을 비는 신당이었다.

〈송당본향당 신과세제〉

1월 13일 제물 차리기의 모습이 이채롭다.
각자 대바구니에 음식을 마련하여 정성을 들인다.
사진 제공: 최창남

〈한반도의 동구(洞口)에 있는 서낭당〉

서낭당은 그때그때 각자의 사정에 따라 치성을 드릴 때 찾는 곳이다.

[그림 31] 제주 본향당, 육지 서낭당

남성들의 유식 제의하는 포제단과 다른 점은 본향당은 일단 장소가 정해지면 이동 없이 영속성을 갖는다. 본향당은 밭 가운데, 숲속, 해변, 천변, 동산, 노변 등 호젓한 곳이면 어디든 가능했다. 한반도의 서낭당은 마을의 입구에 있었다. 고갯마루나 마을 어귀에 세워진 '천하대장군(天下大將軍; 방어의 신)'과 '지하여장군(地下女將軍; 생산의 신)' 등 나무로 만든 장승(영호남에서는 벅수)은 마을을 지키며 이정표로도 삼았다. 장승은 사찰의 전답과 산림이 사찰 소유임을 나타내 주는 경계표 역할을 하며 수호신으로 삼았으나 후에 마을 어귀로 내려와 이정표 역할을 하며 잡귀와 질병을 막는 수호신이 되었다. 한반도의 촌락 경관은 마을로 들어가는 입구인 동구(洞口)가 분명하여 촌락이 폐쇄적이었다. 제주도는 성으로 둘러싸인 3개 읍성 촌락을 제외한 나머지 자연 촌락들은 도로가 사통팔달(四通八達) 산과 들과 바다로 뚫려 있다.

  한반도에도 마을의 공동체를 돈독하게 하기 위한 마을제가 있었다. 마을 수호신을 모시는 산신당(山神堂)이 있어 산신제가 전통적으로 행해졌다. 그러나 지방에 따라 이 산신당은 당산(堂山; 전라·경상), 산제당(경기·충청), 부군당(서울), 서낭당(강원) 등 그 이름이 다르다. 그 당들에는 산신당적인 요소가 많아 이곳에서 산신의 신위를 모시고 제를 지내는 게 마을제 형태 중 70% 차지를 차지한다. 따라서 그 신당들은 제주도의 여성 중심의 본향당과 근본적으로 다르다. 한반도의 산신당, 서낭당 등의 마을 당과 거리제, 돌탑제 등은 본래 남녀가 공유하는 마을 수호 신당이거나 수호제였다. 하지만 점차 남성들이 점유하여 여성 금역의 유교식 제의·제당이 돼 버렸고 가정에서 드리는 안택제에만 여성이 참여했을 뿐이다.

제주도에서는 이들 무속의 본향당은 여성들이 차지하고, 남성들은 떨어져 나가 포제당이라는 제당을 만들었다. 제주도에서도 19세기 초엽에 이르러 남성만을 중심으로 '유식(儒式) 마을제'라는 포제(酺祭)[74]를 지냈다. 다만 포제가 한반도의 마을제와 다른 점은 자연재해의 액을 막기 위한 제사라는 것이다. 물론 지방(紙榜)이 '포신지위(酺神之位)'의 단일 신위를 쓰기도 하지만 마을에 따라서는 토지, 질병, 목동지신위가 더해져 포제단 역시 만신전이 되고 있다.

산신당 신앙의 기원은 신목[神木]에서 보는 것처럼 신이 하강할 때 높은 곳인 산을 타서 내려온다는 의식과 결부되었다는 것이다. 여기에는 단군이 죽어 산신이 되었다는 신화도 곁들여진다. 둘째, "조선 사람은 일 년의 반을 호랑이를 쫓느라 보내고 나머지 반년은 호랑이에게 잡아먹힌 사람 문상하러 가느라 보낸다."라는 말에서 알 수 있듯 조선 사람들은 호랑이로 인한 피해로 밤에는 감히 밖에 나가지 못했다. 산을 넘다가도, 곡식을 거두어들이다가도 호랑이를 만났다. 『호랑이와 곶감』, 『팥죽할멈과 호랑이』 등의 전래 동화에서 알 수 있듯이 호랑이가 주인공이 되어 사람을 잡아먹는다고 겁주는 이야기가 수두룩하다. 이렇듯이 호환을 당하는 경우가 비일비재해 한반도의 신당들은 그 두려움에서 벗어나고자 호랑이를 신으로 모시게 되었다.[75]

어느 터부에나 '공경과 두려움'에는 양가성(兩價性)이 있다. 호랑이에게도 권위·용기·무용의 상징이 있다. 사람이나 가축이 호랑이에 물려 죽는 일[虎患]은 일제 강점기 이후에야 사라졌다. 대대적인 산림 벌채가 행해지자 호랑이들의 서식처가 없어지면서 산신당은 마을의 안녕과 풍년을 비는 목적으로 변했고, 점차 산 정상에서 산 아래로 내려오게 되었다. 제관도 무당이 아니라 마을의 유지나 심신이 정(淨)한 사람이 되었다. 한반도의 산신제, 마을제(洞祭)는 제주도의 본향당과 공통점보다 차이점이 더 많다. 각종 굿 놀이에 쓰이는 풍물 악기도 호랑이를 쫓기 위해 인적을 알리는 경고음이기도 했다.

제주도는 호랑이가 서식하지 않아 한반도형의 산신 숭배 사상이 거의 없다. 용암 평원상에 촌락이 발달하여 배산임수의 입지와는 거리가 멀었다. 이형상의 『탐라순력도(耽羅巡歷圖)』에는 숙종 28년(1702)에 사찰과 신당을 불태우고 있는 그림이 있다. 숙종 때 목사로 왔던 이형상은 제주·대정·정의의 삼읍(三邑) 무당들이 모여들어 굿을 하는 것을 보고 절과 당을 불태워 없애 버렸다. 신당 129곳, 사찰 5곳을 불사르고, 심방 285명을 농사를 짓게 했다. 당시 제주도민들은 땅을 치고 통곡하였지만 이형상은 "사람들은 모든 질병과 생사화복을 음신에게 구하여 극복하려 하므로 자연 무당들의 횡포가 심하고, 그 무리 또한 많아 백성들의 피폐가 크다… 이에 지역 주민들의 호응을 얻어 신당 129개소와 신당에 관계되는 기물 의복까지 부수고 불살랐다."라고 기록했다.

현용준은 이를 두고 "제주 백성들의 신앙을 전연 돌보지 않고 저지른 제주도 문화의 파괴 행위였다."라고 비판하며 "참으로 웃기는 것은 이형상 목사 뒤에 부임한 이희태 목사는 파괴된 신당들을 다시 복구시키고 굿을 허용했다는 것이다."라며 이형상 목사의 행동이 헛되이 권력을 휘둘렀음을 지적했다.

삼성(본향)당은 상단골 고씨, 중단골 양씨, 하단골 부씨에 의해 유지되었다. 조선 중종 때(1526) 목사 이수동의 지원을 받아 삼성(본향)단으로 개칭하여 자연신을 배제한 조상신 중심으로 유교화하였다. 이렇게 되자 섬 전체를 상징하여 도민을 하나로 통합할 수 있는 산토신(産土神)으로서의 당신(堂神)은 자연스레 사라져 버렸다. 제주도에 부임하는 목사는 2월에 한라산 백록담에 올라가 산신제를 지내야만 했다. 날씨가 춥고 길이 험해 제물을 지고 올라가는 사람이 얼어 죽거나 다치는 일이 허다했다. 성종 원년(1470) 이약동 목사는 한라산 백록담에서 올리던 천제(天祭)를 산천단(山川壇)으로 옮겼다.

산천단에서는 한라산 신묘를 비롯하여 농사의 재해 예방을 기원하는 포신묘, 가뭄이 심할 때는 기우제를 올리기도 하였다. 제의는 유교식이나 심정적인 면에서의 신의 성격은 다분히 토착적인 전도(全島)를 수호하는 제주도 본향신, 즉 한라산 신으로 하는 제의가 나타나게 되었다.

산천단의 제의는 제주인이 가진 특유 백조일손사상(百祖一孫思想)의 발로라고 할 수 있다. 제주 섬 본향당이라 할 수 있는 이 산천단에서의 한라산신제 재현이야말로 혈연, 지연, 학연, 교연 등의 다양성을 통일할 수 있는 미래 지향적 궨당 문화를 정립할 수 있다. 공동체가 공동체로서 기능하려면 공동체가 공동으로 공감·공유할 수 있는 가치관, 즉 그것이 신이 되었든 상징이 되었든 뭔가가 있어야 한다.

제주도 본향당과 이에 딸린 당매인 심방(전속 무당)은 한반도의 신병이라 불리는 종교 체험을 거쳐 입무(入巫)한 강신무나 부모로부터 무당의 신분이나 직능을 물려받은 세습무나 무당과 공통점도 있지만 다른 점이 많다. 제주의 심방은 세습무와 강신무의 절충형이다. 무교의 가장 큰 기능은 발복을 비는 것보다는 한을 푸는 것에서 찾을 수 있다.

제주도의 본향 대제와 동해안의 별신굿은 모두 신성한 존재와의 상호 작용에 대한 믿음을 연극적인 역동성을 통해 드러낸다. 본향 대제에서는 본향 신이 놀라운 기적을 보이며 나타나는 것이 아니라 미신에 대한 성향이 없다. 이에 비해 별신굿에서는 서낭신과 마을 사람들 간의 상호 작용하면서 신과 경이적인 떨림을 통해 분명히 드러나기를 학수고대할 때 미신으로 전개될 성향이 존재한다.

사당은 전제적 통치하기 위해 지배 계급인 사족(士族), 혈족 결속을 위해 남성들만이 참여하는 조령당(祖靈堂)이다. 한국인의 조령 숭배는 인간은 '백(魄)'과 '혼(魂)'이라고 부르는 두 가지의 정기를 가지고 있다는 데서 시작되었다. 혼비백산(魂飛魄散)이란 말에서 '혼'은 영혼(靈魂)이라는 말처럼 '정신의 에너지'라고 할 수 있고 '백'은 기백(氣魄)이란 말에서 보듯이 보통 '육체(생체) 에너지'라고 설명된다. 사람들은 '백'을 될 수 있는 대로 오래 보존하기 위하여 시체가 부패하지 않도록 세심한 주의를 기울인다.

민중들은 추수를 끝내고 겨울철이 되거나 정월 대보름에 마을의 안녕과 다음 해의 풍년을 기원하며 농악의 걸립패를 중심으로 당산나무 아래에서 동신제를 지내고 향회도 개최했다. 이외에 당산목은 정자목의 기능을 하여 어른과 아이들의 놀이터도 되었다. 그러나 마을의 선비나 벼슬아치들은 곧잘 향회 모임 등을 외면하였기에 당산나무에서 행해지는 마을제나 이 나무 아래서 열리는 향회에도 참석하지 않았다. 그들은 무엇보다 상놈들과 어울릴 수 없다는 것이었다. 괴력난신(怪力亂神)을 금하는 공자의 가르침에 충실한 선비들은 당산숭배를 못마땅하게 여겼다.

우리의 지배 계급은 민중에게 권력이 분산되는 것을 막기 위해 유사시에는 외세와 결탁했다. 조선이 식민지가 된 근본 원인의 하나는 대원군과 명성황후, 안동 김씨 등 세도가 사이의 정권 다툼 때문이었다. 이들은 외세에 의해 나라가 망하는 것보다 자신의 세력이 망하는 것이 더 두려웠던 것이다.

사당 공동체의 대륙 문화와 달리 제주에서 보이는 씨족 결합 공동체는 공동체의 내부적으로는 경쟁적 공생 관계를, 외부적으로는 선린적·평화적 공생 관계를 갖는다. 제주도의 본향당은 공동체의 질서와 안녕을 도모하는 기능을 갖지만 제물 차리기는 집단주의를 지향하는 한반도 부의 서낭당이나 사당과는 달리 개체주의를 지향하여 집집마다 따로따로 제물을 만들어 대바구니에 담아 와서 공동으로 제를 지내는 것이 특징이다. 본향당이 온포 사회나(溫飽社會) 대동 사회의 신당이라면 사당은 소강 사회의 신당으로 대비될 수 있다.

대동(大同) 사회보다 조금 못한 세상이 소강(小康) 사회다. 온포 사회는 그저 배를 채워 기아를 면하고 절대 빈곤을 해소하는 단계이고 소강 사회는 총체적 생활 수준은 윤택해진 단계이나 빈부의 차이로 상대적 빈곤을 느끼는 단계이다. 대동 사회의 단계에 이르면 모든 사람이 평등하게 별 불만 없이 인간다운 삶을 사는 단계로서 유토피아적 복지 사회에 이른 단계를 말한다. 소강 사회에서는 법으로 다스리나 대동 사회에서는 법 없이도 산다. 소강이나 대동은 『논어』, 『예기』의 「예운」편에 나오는 말로서 공자는 소강 사회를 초급 단계의 이상 사회로, 대동의 단계를 인류의 이상적인 사회로 말하고 있다. '대동 사회'는 유토피아와도 같은 의미가 있다 하겠다. 본향당의 사제는 주로 '평화', '관용', '포용'의 성(性)인 여성 심방(무당)이었다. 어떤 특권도 종속 의무도 존재하지 않고 남자든 여자든, 부자든 빈자든, 승자든 패자든 존귀한 자든 비천한 자든 모두 지연으로 묶였기에 '나'와 '너'가 '제3의 종족인 백조일손(百祖一孫)'으로 하나 되어 누구나 평등했다. 그 지역 공동체의 체온을 따뜻하게 하는 본향당 신앙은 결국 평등주의 이념의 본향이기도 한 것이다.

작가의 말
이어도사나 이어도 사나

　제주 해녀 문화가 세계적인 관심사로 떠오르고 있다. 지난가을, 아프리카 토고에서 온 35세 Akofa라는 해양법학자가 해녀를 취재하고 싶다며 제주를 방문하였다. 소설가 한림화 선생님의 도움으로 성산어촌계 해녀의 집을 찾아 고애순(75) 해녀와 인터뷰를 할 수 있었다. 스무 살에 시작할 때는 지금처럼 해녀복이 없어서 추위에 벌벌 떨어야 했는데 지금은 해녀복이 있어서 그때 비하면 어려움이 없다고 했다. 나이가 들어도 해녀 일을 계속할 수 있는 것을 행복으로 알고 감사한 마음으로 나온다는 그녀는 자신의 삶을 스스로 힘으로 이끌어 가니 당당하고 손주들이 오면 용돈을 줄 수 있는 할머니라서 행복하다고 했다.
　성산포 어촌계에서는 매일 오후 2시에 해녀 공연을 하였다. 네 명의 해녀가 테왁을 들고 물질 나갈 때 불렀다는. 이어도사나 민요를 부르고 물질하는 장면을 시연한다. 이어도사나는 제주도의 해녀들이 배를 타고 바다로 나갈 때 부르던 민요이다. 특별한 기록 없이 구전되는 민요 특성상 부르는 사람과 지역마다 사설 내용은 조금씩 다르다.

　공연을 관람하는 사람들은 외국인들이 더 많았고 더 큰 관심으로 연신 카메라를 눌러 댔다. 해녀들에게 정중하게 인터뷰를 요청하는 외국인들도 많았다. 제법 쌀쌀한 날씨에도 고령 해녀들은 해녀복을 입은 채 그들과 사진을 찍으며 자세를 취하고 웃는 얼굴로 인터뷰에 응해 주었다. 어촌계장님은 나이 드신 어른들이 해녀 문화를 알리기 위해 무료 공연을 하고 있음에도 국내 관광객들 사이에서는 정부에서 돈을 받고 공연을 하는데, 너무 시간이 짧다는 등의 불만을 터트리곤 한다며 하소연했다. 한림화 선생님은 제주도나 관광협회 등에서 제도적 마련이 시급하다며 위로해 주었다. 나는 무료로 공연을 할 것이 아니라 정부에서 공연비를 지원하는 것도 하나의 방법이라는 생각이 들었다.

〈성산포 해녀 공연을 관람하는 외국인들〉

〈제주 해녀가 토고의 해양법 학자에게 주는 희망〉

[그림 32] 세계로 전파되는 해녀 문화

성산에서 고령 해녀들을 인터뷰하고 이호 해녀의 집으로 향했다. 이호 해녀의 집에서는 이유정 해녀(35세)를 만났다. 그녀의 아버지는 작은 배를 부리는 어부였고 어머니는 농부였지만 어릴 때부터 자기의 꿈은 해녀였다고 했다. 그녀는 Akofa에게 줄 선물도 마련했는데 해녀 캐릭터를 모은 기념품이었다. 사인을 요청하는 Akofa에게 '이유정 DREAM'이라고 적었는데 give의 의미와 hope의 의미를 담은 것이라고 설명했다. 성산포 해녀들을 만났을 때 마음이 아팠다면 이유정 해녀를 만났을 때는 매우 기뻤다. 생계를 위해 어쩔 수 없이 물질했던 세대를 지나 이제 해녀가 되는 일이 꿈이 되었다는 사실 때문이었다. 일반화할 수 없는 사례이기는 하지만 내 주변에서도 해녀가 되기 위한 절차를 밟는 이들이 꽤 있다. 이유정 해녀는 그런 면에서 꿈을 이룬 셈이다.

문제는 바다 환경이다. 척박한 땅 제주였지만 '바다가 곳간'이라는 말처럼 제주 바다는 풍요의 상징이었다. 하지만 지금의 제주 바다는 어떠한가? 영화 물꽃의 전설에서 은퇴한 현순직 해녀가 상군이 된 채지예 해녀에게 물꽃이 피어나는 곳을 알려 주지만, 그곳에는 이제 물꽃이 피어나지 않았다. 삼달리 바다는 석회화가 진행되고 있었기 때문이다. 바다 어장의 자원 관리문제는 젊은 해녀들의 꿈을 이루는 데 중요한 문제이다. 젊은 해녀들에게도 물꽃의 전설이 이어지길 바란다. 그러려면 바다의 생태계 보전이 중요하다.

세계가 인정한 우리만의 문화유산, 대한민국 제주 해녀 문화가 잘 보전되고 전파되길 바란다. 제주도는 대한민국의 부속 도서라는 이미지를 벗어나 태평양으로 나가는 길목에 있어 지경학적으로 매우 중요하다. 그 바다 한가운데 자랑스러운 대한민국의 해녀가 있다는 것을 명심해야 할 것이다.

참고문헌

팀 마샬, 『지리의 힘』, 김선희 옮김, 사이출판사, 2022.

송성대, 『문화의 원류와 그 이해』, 도서출판 각, 2017.

최미경, 「해민정신이란?」, 이어도저널 22호.

송원섭, 「제주인의 해민정신이 지닌 인류 보편적 가치」, 이어도저널 11호.

김정숙 외 3인, 『제주문화의 원류-해민정신』, 도서출판 각. 2023.

야콥 바리온·존 플라메나츠, 『이데올로기란 무엇인가?』, 김진욱·강수택 옮김, 1982.

EDMUNDS V. BUNKSE, "HUMBOLDT AND AN AESTHETIC TRADITION IN GEOGRAPHY", The Geographical Review, April. 1981, Vol.71, №.2.

김봉옥, 『제주통사』, 도서출판 제주문화, 1987.

송성대, 『제주인의 해민 정신』, 도서출판 제주문화, 1996.

유몽인, 『어우야담』, 신익철 외 역, 돌베개, 2006.

강대원, 『해녀연구』, 한진문화사, 1973.

윤태림, 『한국인』, 玄岩社, 1994.

박용후 역, 『탐라문헌집』-『남사록(김상헌)』, 신일인쇄사, 1976.

『고전자료총서 제1집』-『남환박물(이형상, 1704)』, 한국정신문화연구원.

유형원 외, 『한국의 실학사상』-『북학의(박제가, 1778)』, 강만길 외 역, 삼성출판사, 1998.

(사)제주도서관 친구들, 『성산 인생』, 도서출판 각, 2021.

제주어연구소,『제주어를 쿰다』, 사단법인 제주어연구소, 2020.

김순자,『제주 사람들의 삶과 언어』, 도서출판 한그루, 2018.

고광민,『제주 생활사』, 도서출판 한그루, 2018.

제주특별자치도 가을 Vol.12,『제주특집 제주의 말』, 2018.

현기영,『변방에 우짖는 새』, 창작과비평사, 1983.

김봉옥·김지홍,『옛 제주인의 표해록』, 문화인쇄, 2021.

이민수 역,『조선전』-『동이전』,「왜」, 탐구신서, 1992.

석주명,『제주도수필』, 보진제, 1968.

후쿠다 가즈히코(1987),『요지경 풍속기행』, 홍영의 옮김(1996), 강천.

W. F. 샌즈,『朝鮮의 마지막 날』, 김훈 옮김, 未完, 1986.

이은웅,『수도작』, 향문사, 1983.

문옥표,『일본의 농촌사회』, 서울대학교출판부, 1994.

페이샤오퉁 저(1984),『중국사회문화의 원형-鄕土中國』, 장영석 옮김(2011), 비봉출판사.

이즈미 세이지(1966),『제주도 濟州島』, 김종철 옮김(2014), 여름언덕.

하승우,『희망의 사회 윤리 똘레랑스』, 책세상, 2003.

현기영,『바람 타는 섬』, 창작과비평사, 1989.

권내현,『우유의 귀향, 조선의 상속』, 너머북스, 2021.

박숙자 외 편역,『가족과 성의 사회학』, 사회비평사, 1995.

진성기,『남국의 무속』, 형설출판사, 1987.

정종화,『한국 전통사회의 정신문화 구조양상』, 고려대학교출판부, 1995.

김태곤,『한국민속문화의 탐구』-「민간신앙 속의 호랑이」, 국립박물관, 1996.

미주

1. 팀 마샬, 『지리의 힘』, 김선희 옮김, 사이출판사, 2022.
2. 송성대는 『문화의 원류와 그 이해』에서 대한민국 최대의 섬 지역인 '제주'와 대조되는 육지 부분을 '한반도'라고 칭하였으나, 본 연구자가 도외(제주도 밖)의 문화 관습을 비교 방법에 의해 서술할 때는 '육지'로 통일하여 지칭한다.
3. 팀 마샬, 『지리의 힘』, 김선희 옮김, 사이출판사, 2022.
4. 송성대, 『문화의 원류와 그 이해』, 도서출판 각, 2017.
5. 송성대, 『문화의 원류와 그 이해』, 도서출판 각, 2017.
6. 송성대, 『문화의 원류와 그 이해』, 도서출판 각, 2017.
7. Cuerrier, A., Turner, N. J., Gomes, T. C., Garibaldi, A., & Downing, A., Cultural keystone places: conservation and restoration in cultural landscapes. Journal of Ethnobiology, 35(3), 2015, pp.427-448.
8. 야콥 바리온·존 플라메나츠, 『이데올로기란 무엇인가?』, 김진욱·강수택 옮김, 1982, p.38.
9. EDMUNDS V. BUNKSE, "HUMBOLDT AND AN AESTHETIC TRADITION IN GEOGRAPHY", The Geographical Review, April. 1981, Vol.71, №2, pp.127-129.
10. 송성대, 『문화의 원류와 그 이해』, 도서출판 각, 2017.
11. 고충석, 『어느 행정학자의 초상』, 고충석, 도서출판 장천, 2022, p.33.
12. 손종흠, 『지역문화와 문예콘텐츠』, 한국방송통신대학교출판문화원, 2018, p.325.
13. 고광민, 『제주 생활사』, 도서출판 한그루, 2018, pp.43-47.
14. 김봉옥, 『제주통사』, 제주발전연구원, 2000 pp.21-28.
15. 김봉옥, 『제주통사』, 제주발전연구원, 2000 pp.35-39.

16 송성대, 『문화의 원류와 그 이해』, 도서출판 각, 2017.
17 김봉옥, 『제주통사』, 도서출판 제주문화, 1987, pp.38-39.
18 김봉옥, 『제주통사』, 도서출판 제주문화, 1987, pp.153-154.
19 송성대, 『제주인의 해민 정신』, 도서출판 제주문화, 1996.
20 송성대, 『문화의 원류와 그 이해』, 도서출판 각, 2017.
21 이규태, 『韓國人의 意識構造』, 신원문화사, 1993, p.119.
22 박용후 옮김, 『탐라문헌집』 - 『남사록(김상헌)』, 신일인쇄사, 1976, p.50.
23 『고전자료총서 제1집』 - 『남환박물(이형상, 1704)』, 한국정신문화연구원.
24 송성대, 『문화의 원류와 그 이해』, 도서출판 각, 2017.
25 송성대, 『제주인의 해민 정신』, 도서출판 제주문화, 1996.
26 송성대, 『문화의 원류와 그 이해』, 도서출판 각, 2017.
27 김순자, 『제주 사람들의 삶과 언어』, 도서출판 한그루, 2018.
28 서귀포시, 의귀리 동네삼춘 그림이야기책, 제주: 서귀포시, 2021, pp.68-70.
29 고충석, 『어느 행정학자의 초상』, 도서출판 장천, 2022, p.34
30 유형원 외, 『한국의 실학사상』 - 『북학의(박제가, 1778)』, 강만길 외 옮김, 삼성출판사, 1998, p.324.
31 박용후 옮김, 『탐라문헌집』 - 『남사록(김상헌)』, 신일인쇄사, 1976.
32 (사)제주도서관 친구들, 『성산 인생』, 도서출판 각, 2021.
33 고광민, 『제주 생활사』, 도서출판 한그루, 2018.
34 제주특별자치도 가을 Vol.12, 『제주특집 제주의 말』, 2018.
35 『제주어연구소, 제주어를 쿰다』, 사단법인 제주어연구소, 2020.
36 굴묵: 제주도의 독특한 전통 난방 시설
37 『제주도민요해설』, 홍정표, 성문사, 1963.
38 송성대, 『문화의 원류와 그 이해』, 도서출판 각, 2017.
39 이민수 옮김, 『조선전』 - 『동이전』, 「왜」, 탐구신서, 1992, p.70.
40 송성대, 『문화의 원류와 그 이해』, 도서출판 각, 2017.

41 幣帛: 웃어른에게 드리는 예물

42 송성대, 『문화의 원류와 그 이해』, 도서출판 각, 2017.

43 石宙明, 『濟州島隨筆』, 寶晉齊, 1968, p.187.

44 후쿠다 가즈히코(1987), 『요지경 풍속기행』, 홍영의 옮김(1996), 강천, pp.175-176.
'아마존'이란 여인들만 사는 나라를 말하는데 세계 여러 지역에 있었다고 전해진다. 리비아의 서부에는 날쌔고 사나운 여인족들이 있었는데 이들은 남자들이 있었지만 여자들이 전쟁에 임했으며, 전쟁을 수행하기 위해 불편한 유방을 성숙기 전에 제거하였다. 동유럽의 아마존은 루스의 서쪽에 있었으며 이 지역에서는 노예에 의해 임신을 하게 되고 남자 아이가 태어나면 죽이고 여아만 키웠다. 그 외 코카서스, 유고슬라비아 지방에도 여인 군단이 있었다고 한다. '아마존'의 강 이름까지 된 남미의 아마존강 유역에 16세기 중반에 광포한 아마존이 살고 있었다고 한다.

45 W. F. 샌즈, 『朝鮮의 마지막 날』, 김훈 옮김, 未完, 1986, 11장 서문.

46 입관하기 전에 사체(死體) 아래 받쳐 두는 긴 널빤지.

47 모내기 전에 물을 담아 잡초를 죽여 버리기도 하고 밭갈이, 즉 이경(犁耕)에 의해 제초가 가능하고 맨손으로 김을 뽑거나 그 자리에 그냥 묻어 버리기도 함.

48 李殷雄, 『水稻作』, 鄕文社, 1983, pp.199-200.

49 김봉옥·김지홍, 『옛 제주인의 표해록』, 문화인쇄, 2021.

50 입관하기 전에 사체(死體) 아래 받쳐 두는 긴 널빤지.

51 송성대, 『제주인의 해민 정신』, 도서출판 제주문화, 1996.

52 현기영, 『바람 타는 섬』, 창작과 비평사, 1989, p.71.

53 송성대, 『문화의 원류와 그 이해』, 도서출판 각, 2017.

54 권내현, 『우유의 귀향 조선의 상속』, 너머북스, 2023.

55 '거리왓'을 '가름밭', '난밭'을 '난전'이라고도 한다.

56 송성대, 『문화의 원류와 그 이해』, 도서출판 각, 2017.

57 송성대, 『문화의 원류와 그 이해』, 도서출판 각, 2017.

58 문옥표, 『일본의 농촌사회』, 서울대 학교출판부, 1994, p.165.

59 페이샤오퉁(1984),『중국사회문화의 원형-鄕土中國』, 장영석 옮김(2011), 비봉출판사, p.147.
60 두산백과사전
61 韓榮炫,「朝鮮時代 同族마을의 土地 所有 形態에 관한 硏究」, 전남대학교대학원 석사학위 논문, 1987, p.20.
62 하승우,『희망의 사회 윤리 똘레랑스』, 책세상, 2003, p.39.
    똘레랑스를 실천하는 것은 '냉정한 계산'이나 '적절한 선에서의 타협'이 아니라 '정의'와 '연대'를 강조하는 '뜨거운 이성'이다.
63 송성대,『제주인의 해민 정신』, 도서출판 제주문화, 1996.
64 송성대,『문화의 원류와 그 이해』, 도서출판 각, 2017, p.587.
65 송성대,『문화의 원류와 그 이해』, 도서출판 각, 2017.
66 주(朱)씨와 진(陣)씨 양성이 혼성 취락을 이루어 혼인을 맺어 모두가 친족으로 화목하게 지내 걱정 근심이 없어 장수하는 사람들이 많았다고 함.
67 현기영,『변방에 우짖는 새』, 창작과비평사, 1983, p.69.
68 박숙자 외 편역,『가족과 성의 사회학』- E. 뒤르켐(1977), "부부중심가족"(조명덕 옮김, 1995), 사회비평사, 1995.
    "가족에게서 영구적인 것은 단지 남편과 아내뿐이며, 자녀들은 성장하여 부모 곁을 떠나 버리기 때문에 나는 이러한 가족 형태를 '부부중심가족'으로 칭한다."
69 송성대,『문화의 원류와 그 이해』, 도서출판 각, 2017.
70 송성대,『문화의 원류와 그 이해』, 도서출판 각, 2017.
71 진성기,『남국의 무속』, 형설출판사, 1987, p.139.
72 정종화,『한국 전통사회의 정신문화 구조양상』, 고려대학교출판부, 1995, p.186.
73 송성대,『문화의 원류와 그 이해』, 도서출판 각, 2017.
74 酺祭라는 명칭은 마을에 따라 농포제, 리포제, 춘포제, 향제, 동넷제, 모을제(마을제)라 불리며, 이에 따라 신격도 달라져 포신(酺神), 리사신(里社神), 리포신(里酺神), 토지신, 본향신 등 다양하다. 제일(祭日)도 정월, 6월, 7월에 한 번 하는 경우와 정월과 7월에 두 번 날을 잡아 행하게 된다. 제단 역시 마을에 따라 상설 혹은 임시로 마련하게 되는데, '유식(儒式) 마을당'인 포제단에는, 정주신(定住神)이

있는 '무식(巫式) 마을당'의 본향당과 달리, 제의 때에만 잠시 머무는 강림신(降臨神)이 있다고 믿는다.

75 김태곤, 『한국민속문화의 탐구』 - 「민간신앙 속의 호랑이」, 국립박물관, 1996.